デザイン・ドリブン・イノベーション

製品が持つ意味のイノベーションを実現した企業だけが，市場優位に立つ

DESIGN-DRIVEN INNOVATION

ロベルト・ベルガンティ 著

佐藤典司 監訳　岩谷昌樹・八重樫文 監訳・訳

立命館大学経営学部 DML（Design Management Lab）訳

同友館

DESIGN-DRIVEN INNOVATION
by Roberto Verganti
Copyright © 2009 Harvard Business School Publishing Corporation
Published by arrangement with Harvard Business Press, Massachusetts
through Tuttle-Mori Agency, Inc., Tokyo

訳者まえがき

　「日本において，技術に裏付けされた革新的商品を挙げよ」と問われると，あなたは何を挙げるだろうか？「洗浄機付き便座」だろうか？ それとも「マッサージチェア」であろうか？ あるいは「宅急便」と答えるだろうか？
　この問いを言い換えるならば，「日本が世界に誇れる商品は何か？」ということである。
　ここで言う技術とは，何も最先端のことを言うのではない。クレイトン・クリステンセンたちが言うように「イノベーターのDNA（5つの発見力－関連づける力，質問力，観察力，ネットワーク力，実験力－を絶えず駆使して，人と違う行動をし，人と違う考え方をすること）」が宿ったもののことを言う[1]。アメリカで訊ねるならばアップル，イギリスで訊ねるならばダイソンの名が答えとして挙がるような質問である。つまりは，人々のライフスタイルを変え，彼らをすっかり虜にさせ，夢中にさせるような「新しい意味」というものを根本から創出している，という点で革新的なのだ。そうした意味づくりを戦略として行う場合，それは「デザイン・ドリブン・イノベーション」を巻き起こすことであるととらえてよいだろう。
　ロベルト・ベルガンティによる本書では，このデザイン・ドリブン・イノベーションは，市場ニーズに応えていくという漸進的な進歩ではなく，人々への提案を行うために急進的な変化を促すものと見なしている。言い換えると，ユーザー志向の「マーケット・プル」から"What（人々がいま使いたいモノ）"を提供するのではなく「テクノロジー・プッシュ」を伴いながら"Why（なぜこれが生活の中に欲しいのか）"を授けることで「意味」のイノベーションを達成するのである。そうした意味を創出するのが，まさにデザインの役割となる。この"What"と"Why"の違いは，佐藤可士和が言うところの「お客様目線（想定購入者：企業が自分たちに都合よく存在していると思っている『買ってくれそうな』人たちの視点）ではなく，お茶の間目線（世の中全体：一般の

生活者としての客観的な視点）で考えるべき」という見解と軸を一とする[2]。

　そうした「お茶の間目線」ありきのデザイン・ドリブン・イノベーションでは，テクノロジーとデザインとが相互に作用することで，新しい意味がその姿を見せる。そこでは「テクノロジー・プッシュ」とともに「デザイン・ドリブン」も同時になされるのである。この相互作用の領域を，ベルガンティは「技術が悟る瞬間（technology epiphany）」と呼ぶ（第4章）。この表現は，一言にして，日本が世界に誇る革新的商品の1つである任天堂のWiiを見事に解説するものである。第4章前半におけるWiiに関する切れ味鋭い洞察だけをとっても，本著を広く日本の読者に伝える意義が十分にある。その意義とは，何よりも多くの迷える日本企業のマネジャーに，世界市場での戦い方を示すとともに，一筋の希望の灯をともすものとなるだろう。

　Wiiの開発において宮本茂（任天堂専務取締役）は，幅広い顧客層に対して「没入型の体験（immersive experience）」という新感覚のゲーム体験を提供することにこだわった。そのため「ユーザーインタフェース」の部分を最も重視し，そこにデザイン・ドリブン・イノベーション（意味の急進的イノベーション）を仕掛けた。その際に「切り口」として使用するのは，既存の技術で十分であることは，ファミリーコンピュータが開発されたときから言われている同社の「枯れた技術の水平思考」という考え方によく示されている。これについて，岩田聡（任天堂代表取締役社長）は「本来，娯楽とは枯れた技術を上手に使って人が驚けばいい」「別に最先端かどうかが問題ではなくて，人が驚くかどうかが問題」「絵がきれいになっただけでゲームから離れたユーザーが戻ってくるとは思えない」「我々が戦っている相手は，ソニーやマイクロソフトではなく，ビデオゲームに目を向けない人々の無関心さだ」と語る。要するに，驚きを呼び起こすようなマッシュアップ（mush up：混ぜ合わせ）によって，技術を悟らせることができるかどうかが問題となるのである。例えば，冷蔵庫のありものでもアイデア勝負で家族のことを考えた献立を用意できるお母さんのように，新製品が考案された。それがWiiである。

　これについては，吉岡徳仁も同様の意見を持つ。「新しい素材や技術が新し

い『切り口 (perspective)』をもたらすことはあるが，すぐにもたらすことはめったにない。多くの場合，そこには『技術の新しさ』しかない。むしろ，どこにでもあるような技術が，何かの拍子に「切り口」を見つけるきっかけになってくれる」[3]と吉岡は述べる。

　本書でも詳細に説明されているように，Wiiでは，三軸加速度センサー（MEMS）という自動車のエアバッグ用のチップをゲーム機のコントローラーに内蔵することで，今までになかったタイプ（指先だけでなく，全身を使う形）の操作法である「ジェスチャー操作」を誕生させた。しかも，そこでは枯れた技術を用いているので，ゲーム機の価格も高くはならなかった。こうした「イノベーターのDNA（発見活動）」が宿ったWiiは，世界市場で大ヒットしたというわけである。

　このWiiの開発プロセスでも分かることであるが，ここでポイントとなるのは，企業が単独でデザイン・ドリブン・イノベーションを興すのは難しいという事実である。そのために必要となるのは何であるか？　ベルガンティの視座に立ち返ると，それはデザイン・ドリブン・イノベーションを実現するには「デザイン・ディスコース」に参加し，対話し，相互作用することである（第2部）。この指摘は本書独自のもので，非常に興味深い。デザイン・ディスコースとは，デザインという共通価値を共有する者同士の間でなされる，様々な意思疎通，叙述，実践活動などを包括的に意味するものとされ，様々なアクター（企業，メーカー，デザインファーム，ユーザー，供給業者，支援サービス，大学・研究組織，展示やイベント，出版社などのデザインに関わる参加者）で構成されるネットワークとして現れる。

　Wiiの三軸加速度センサーとゲームコントローラーとの出会いで実現されたジェスチャー操作も，任天堂単独で実現されたのではなく，センサーの供給業者であるSTマイクロ・エレクトロニクスをはじめとする，様々なアクターの連携によるデザイン・ディスコースとの相互作用の成果であった。言い換えるならば，そのデザイン・ディスコースの良否が，デザイン・ドリブン・イノベーション実現のための重要な鍵を握っているのだ。実際，宮本茂は「ユー

ザー層の拡大の尺度」として，自身の奥様の反応（ゲームへの関心度）をパラメーター（Wife-o-Meterと名づけた）として，その変化を見ていったことを明らかにしている（GDC：Game Developers Conference 2007，宮本茂によるキーノートスピーチ"A Creative Vision"2007. 3. 8）。彼の奥様は，『テトリス』や『スーパーマリオブラザーズ』といったものには全く興味を示さなかったが，敵役が出てこない『どうぶつの森』で初めてゲームに関心を示したという。そうした奥様が彼にとって最初にして最大のご意見番であり，「これは面白くない」とか「それなら良いんじゃないの」という率直な感想を重んじているという。ここにWiiが，それまでゲームユーザーとして成立しにくかった「大人の女性」をも巻き込むことができた理由を垣間見ることもできる。「Wii Fit」も「Wii Sports」も，敵役が出てこない「ゲーム」であり，「お茶の間目線」を持っている。このようにとらえるならば，デザイン・ディスコースも身近なものとして感じられるのではないだろうか。

　ただし，本書で称賛される任天堂であっても，世界的に熾烈な市場競争を余儀なくされる，今日のニューノーマル時代においては，もちろん安泰というポジションに居続けられるわけではない。インターブランド社による2011年でのベストグローバルブランドにおいて任天堂は，昨年よりブランド価値を14％下げ，順位も前年38位から48位へと後退した。このブランド価値の減少率は，トップ100ブランドの中で，ノキア（15％減）に次いで2番目に大きいものであった。その背景を考えると，対外的要因としては，携帯電話やスマートフォンにおけるソーシャルゲームの台頭が大きいであろう。任天堂が復活するためには，どのような作戦が必要だろうか？　それはおそらく，現在のソーシャルゲームのコンテクストの中に分け入り，それら企業（例えば日本市場ではグリーやDeNAなど）と競合する市場で真っ向勝負することではない。そうした対外的要因の克服ではなく，より魅力的なコンテンツの創出や，ユーザーインタフェースのさらなる追求といった対内的要因に，復活への糸口は鳴りを潜めて発見されるのを待っている。その発見には，新たなデザイン・ドリブン・イノベーションによる，新たな意味の創出が必要とされる。

とはいえ，具体的にどうすればよいのだろうか？　任天堂に限らず，デザインの有するポテンシャルを最大限に引き出したいと願う企業マネジャーにとっては，本書で示されるような「デザイン・ドリブン・イノベーションの戦略（第1部）」と「デザイン・ドリブン・イノベーションのプロセス（第2部）」，そして「デザイン・ドリブン能力の構築（第3部）」を的確におさえることで，その突破口はきっと見つかるだろう。

【注】

1) Dyer, J.H., Gregersen, H.B. and Christensen, C.M., "The Innovator's DNA," *Harvard Business Review*, December 2009. / Dyer, J.H., Gregersen, H.B. and Christensen, C.M., *The Innovator's DNA: Mastering the Five Skills of Disruptive Innovators* (Boston: Harvard Business Review Press, 2011．（邦訳：櫻井祐子訳『イノベーションのDNA　破壊的イノベーターの5つのスキル』翔泳社，2012年））
2) 佐藤可士和『佐藤可士和のクリエイティブシンキング』日本経済新聞出版社，2010年：74-76.
3) 吉岡徳仁『みえないかたち』アクセス・パブリッシング，2009年：33-34.

目　次

訳者まえがき　iii

親愛なる読者諸君へ ……………………………………………………… 1
　マネジャーはマネジャーである前に人間である　2
　デザイナーはデザイナーである前に人間である　5
　…そして学者は学者である前に人間である　7

第1章　デザイン・ドリブン・イノベーション ……………………… 15
　　　　　イントロダクション

　デザイン・ドリブン・イノベーション戦略　18
　意味の急進的イノベーションによる競争　20
　手つかずの難問　23
　提案するということ　26
　解釈者たち　28
　解き放たれた関係資産の力　31
　本書の構成　32

第1部　デザイン・ドリブン・イノベーションの戦略

第2章　デザインと意味 …………………………………………………… 39
　　　　　モノに意味を与えることでイノベーションを興す

　デザイン：モノの見方の万華鏡（モノの見方は多様に変転する）　41
　モノに意味を与えるものとしてのデザイン　47
　すべての製品には意味がある　50

製品の意味と言語　　56

第3章　急速な突進 ･･･ 69
　　デザイン・ドリブン・イノベーションを企業戦略に据える

　意味の急進的イノベーション　　71
　意味とイノベーション戦略　　76
　急進的でありたい？　ならば，ユーザー中心のイノベーションは
　　　忘れよ　　80
　3つのイノベーション戦略　　90
　イノベーション・ポートフォリオの比較　　92

第4章　技術が悟る瞬間 ･････････････････････････････････････ 97
　　テクノロジー・プッシュとデザイン・ドリブン・イノベーションの相互作用

　競争を覆す：Wiiと任天堂の復活　　101
　クオーツ技術の可能性創出：ファッション・アクセサリーとして
　　　のスウォッチ　　108
　画期的技術の意味は鳴りを潜めている，だから技術の代替は近視
　　　眼的に考えられる　　115
　R&Dと技術戦略への示唆　　120
　技術サプライヤーへの示唆　　125
　どのようにSTマイクロ・エレクトロニクスがMEMSの意味を活
　　　用したか　　127

第5章　価値と挑戦 ･･･ 139
　　なぜ会社はデザイン・ドリブン・イノベーションに投資するのか，またはしないのか

　デザイン・ドリブン・イノベーションの価値　　142
　イノベーション・レースからの脱却：製品の寿命　　150
　デザイン・ドリブン・イノベーションの挑戦　　163

第2部　デザイン・ドリブン・イノベーションのプロセス

第6章　解釈者たち ……………………………………………………… 173
デザイン・ディスコースの研究

あなたはひとりではない　175

デザイン・ディスコース：研究者の輪　177

文化的生産の世界における解釈者たち　179

技術の世界における解釈者　184

デザイン・ディスコースに参加する，その「プロセス」　193

第7章　耳を傾ける ……………………………………………………… 201
鍵となる解釈者を見つけ，引きつける

ゆがんだ世界における主要な解釈者　208

先見の明がある研究者　213

仲介（Brokering）と媒介（Mediating）　218

ささやき声に企業を没頭させる　222

天才の遺伝子配列：デザイン・ディスコースの地理　224

解釈者たちを引きつける　228

陳腐化　238

第8章　解釈する ………………………………………………………… 249
自らのビジョンを展開する

アレッシィのティー・アンド・コーヒー・ピアザ　250

アルテミデのライト・フィールド　255

バリラのビヨンド・プリモ・ピアット　257

デザイン・ディレクション・ワークショップ　259

製品開発中に方針を曲げない　265

第9章 話しかける 271
解釈者たちの魅力的な力を活用する

解釈者たちに話しかける　273

文化の原型（Prototypes）を通じて話すこと　276

あなたのビジョンを守ること　280

第3部　デザイン・ドリブン能力の構築

第10章 デザイン・ドリブン・ラボ 287
どのように始めるか

その能力　289

関係資産の構築　290

デザイン・ドリブン・ラボ　296

拡張：デザイン・ドリブン能力から得る利益　303

第11章 ビジネス・ピープル 307
最高経営幹部とその文化の重要な役割

これが最高経営幹部の仕事である　309

美術商：没頭することの重要性　313

マネジャーはマネジャーである前に人間である　317

付録A　本書で紹介した企業・業種・市場　324

付録B　教育とデザイン政策への示唆　327

訳者あとがき　333

索引　336

[親愛なる読者諸君へ]

アップルのマーケティング・マネジャーは，自社の市場調査を「スティーブが毎朝，鏡をのぞき込み，彼自身に何が欲しいのか問いかけるようなものだ」と表現している。その鏡は経営者の個人文化（personal culture）を反映したものである。文化とは人類にとって最も尊い財産の１つであり，誰もがそれを持っている。あなたはその鏡を恐れることなく，逆にその鏡に影響を与え，他の人には見えない何かをそこに見ることができるだろうか？（挿絵：アップルのマックブック・エア（MacBook Air）。）

挿絵：Daniele Barillari

本書は，デザインに関する本ではない。多くの人がデザインと聞いて思い描くであろう，形や創造性，ユーザーに対する詳細な調査といった類いについての本では少なくともない。

　本書はマネジメントに関して語ったものである。消費者が思いがけず，しかし，ついには魅かれてしまうようなイノベーションをいかにマネジメントするか，ということについて記している。消費者が購入したいという揺るぎない動機を抱くような，全く新しい意味を持つ製品やサービスを創出するイノベーション戦略を，経営者チームが実現できる方法を本書では示してある。この新しい意味は，すでに市場を支配している製品が有する意味とは一線を画し，人々に驚きを与えることになるだろう。しかし，人々の心を変え，その新しい意味の虜にするのは時間の問題である。

　こうした戦略を「デザイン・ドリブン・イノベーション（design-driven innovation）」と呼ぶことにする。というのも，デザインとはもともと「モノに意味を与える（making sense of things）」[1]という意味を持っているからである。そしてまた，デザイン・ドリブン・イノベーションとは，意味づけのためのR&Dプロセスのことである。本書では，それまでは競合他社が牛耳っていたその産業における統治的方法を，つまりは競争ルールを自社が根底からひっくり返すための手順を管理できる方法を明らかにしている。

　次章以降で書かれている構想は，10年に及ぶ研究の成果である。実践的な内容とその理論を示してある。とはいうものの，私は，本書においては議論の外側に身を置き，私の発見したものがあなたのためになるであろうことを，一人の人間として，そして一人の経営者として（あるいはデザイナーとして），親密に語っていきたい。つまりこれは，私からあなた方読者に宛てた個人的な手紙なのである。

マネジャーはマネジャーである前に人間である

　アップル（Apple）のマーケティング・マネジャーは，自社の市場調査を

「スティーブが毎朝，鏡をのぞき込み，彼自身に何が欲しいのか問いかけるようなものだ」[2)]と説明する。この主張は馬鹿げていて，論理的でないし，ほとんど冒涜的だと思われるであろう。支持を得ているユーザー中心イノベーションのセオリーとも食い違っている。会社たるものは虫眼鏡で顧客を入念に観察して，そのニーズを理解すべきだ，と主張するアナリストたちが非難してきた考え方である。

本書の内容は，たとえ会社がユーザー目線にならずとも，たとえ市場を見ていなくとも，人々が何を欲しているのかについて，より洞察的になれるということを示している。スティーブ・ジョブズが彼自身を見ていると例える鏡は，予言を告げる魔法の道具ではない。経営者の個人文化（personal culture）を映す鏡である。その鏡は，人々はなぜ行動するのか，どのようにして価値，規範，信条，欲求は発展し得るのか，さらには，人々はどのようにして進化し得るのかについての彼自身のビジョンを映している。それは幾年にわたっての社会探究，経験，私的および公的なつながりによって積み上げられた文化である。

どの経営者も，独自の個人文化を持ち，自分たちの製品やサービスが使用される日常のコンテクストを進化させるビジョンを持っている。どの人も絶え間なく個人文化を築いている。それもだいたいが絶対的に，単に社会に根差していることによって，あるいは個人の生活を通じて築いている。経営者は文化人類学の専門家や伝道師のようになる必要はない。文化は人類にとって最も尊い財産の1つである。誰もがこの財産を手にしている。

それでも，ときにこの財産がきちんと活用されないままになっている。マネジメントの理論は，この文化の力を解き放つ手助けをしてくれない。むしろ，それらの理論は，人々が文化を隠すことを提案したりする。専門家たちが薦めるイノベーションの手法，スクリーニング分析モデル，体系化されたプロセスは，往々にして文化的には中立，もしくは上述の文化に対立するものでさえある。イノベーションが純粋に技術的であるとき（そのイノベーションが現存する特徴を最適化するときなど），それらのモデルはうまく作用するだろう。し

かし企業が製品の意味を根本から革新して，人々がモノを購入する新しい理由を提案したいときには，そうした文化的に中途半端な方法だと，みじめな失敗に終わってしまう。

　本書では，他の企業ではつまらない，もしくは奇抜だと切り捨てられる画期的なアイデアが，会社によっては賞賛を受けるほどのビジネスの成功にまで変えられている，その方法を知ることができる。私の問いかけとは，なぜ何人かの経営者が，いくつかある提案の中からより画期的なものを選び出し，そこに驚くようなビジネス価値があることに気づけるのか？　あなたならば，そうした機会を創出し，気づくためにどのような準備ができるであろうか？　というものである。

　それに対する答えは，経営的観点で次章以降に記してある。では，これから読まれる前に，少しだけ注意事項を述べておこう。あなたが今から本書の中で出会う，多くの経営者たちは，次の2つの特性を兼ね備えている。1つは，文化とは日常生活に（したがってビジネスにも）不可欠なものであるという信念を持っていることである。またもう1つは，既存の経営理論について驚くほどに無知であるということである。

　例えばスティーブ・ジョブズがその筆頭である。私が検討してきたイタリアの企業家たちもそうである。イタリアの初等・中等教育では，文化を企業家の個性に不可欠なものとして定着させるような人文科学系の科目にひときわ力が注がれている。一方で，イタリアにおける経営科学の発展は，他の国々におけるそれよりも非常にゆっくりとしたものである（イタリアの企業家でMBAを持っている者はほとんどいない）。イタリアの経営者は，どういうわけか，どの経営者も自らの文化的資産を活用することを妨げるものに出くわしてこなかった。これは，そうしたリーダーたちが経営者としての役割を果たしていないという意味ではない。単に，彼らのマネジメントの実践方法が既存の理論と全く異なるというだけなのだ。

　本書で示しているのは，経済価値の創造のために，あなた自身の文化（会社の内外に存在するあなたの財産および同僚の財産）を方向づけることができる

ということである。もしも適切に育み，共有できたなら，その資産はあなたがビジネスリーダーとなる時に欠かすことのできないものとなるだろう。私は，本書が，他人には見ることのできない，あなた自身の文化を活用するための鏡を恐れずにのぞき込むのを後押しすることを願っている。それは，あなたが創造的だからではない。あなたが伝道師だからではない。あなたがビジネスマン（businessperson）だからである。

デザイナーはデザイナーである前に人間である

　本書は，デザインに関する本ではない。しかし，私は，デザイナーたちに本書をきちんと評価してもらいたい。というのも，この本は，人々がとっくに忘れてしまっている，ビジネスや社会に対する天使の施しにも似たデザイナーたちの貢献を再び明らかにするものだからである。

　経営者がデザインやデザイナーについて考えるとき，通常は2通りの見方がある。1つ目は，伝統的なものであるが，外見（styling）についてである。経営者はデザイナーに製品が美しく見えるように依頼する。2つ目は，最近のものであるが，ユーザー中心のデザイン（user-centered design）である。デザイナーは，ユーザー目線で考え，そのニーズを理解し，無数のアイデアを創造的に生み出すという驚くべき能力を有している。こうした外見とユーザー中心のデザインは，自動車において体現されてきた。2通りのデザインにより，自動車会社は競合他社と違いを出せるようになっている。多くのアナリストが言うように，デザインは差異を生むのである。

　このメッセージはターゲット顧客に当然，響いている。外見を気にせず，またユーザーのニーズを分析しないまま，製品をあえて発売する会社はないだろう。デザインは，この群雄割拠の経済時代にあって，今まさにその最盛期を迎えている。

　しかし，いつの時代にも成功は，より大きな挑戦をもたらす。それらのデザイン実践がすべての会社に広まるにつれ，彼らは差異化の力を失っていく。彼

らに選択の余地はなく，早々にオンリーワンではなくなるのである。興味深いことに，それにより，これまでデザインを推進するのに利用されてきた議論が，今度は真っ向からデザインの普及に対立することになるのである。

　ビジネスにおけるこの現象は，今に始まったことではない。20年前にも総合的品質管理（TQM：total quality management）において起こっている。1980年代後半，企業は品質こそが最も重要であると考えていた。最も高品質な製品が成功し，すべての会社がTQMの原則を採用して，品質管理責任者を置き，シックス・シグマないしコントロール・チャートを持っていた。20年後，品質はもはや企業の最優先項目ではなくなっている。もちろん，それは仕方のないことである。依然として，どの企業にも品質管理責任者がいるものの，品質は戦略的差異化要因（strategic differentiator）とは見なされていない。

　もっとも，デザイナーも，イノベーションに関する第3の観点を時々忘れる，もしくは忘れてしまっているように言われる。いくつかの会社では，彼らは外見とユーザー中心のデザインを漸進的プロジェクトに使用してはいるが，急進的プロジェクトとなると，様々なタイプの専門家，つまり急進的研究者（radical researchers）を探し求める。急進的研究者は，社会，文化，技術の進化に対して，広く，深く探究しており，それに基づいて新製品の意味を想い描き，研究している，その道の専門家である。意味におけるR&Dを追求する，こうした専門家は，他の会社のマネジャーであったり，学者であったり，技術者，科学者，アーティスト，そしてもちろんデザイナーであったりする。しかし，興味深いことに，デザイナーは近年，違った立ち位置に移動した。

　体系化され，予測可能であり，そしてお決まりの手順としての現代的デザインは，昔ながらの経営理論で教育を受けた経営者には理解しやすいが，デザイナーにとっては，先を見据えたリサーチ能力を失う恐れがある。デザイナーは創造的な人々の典型となることを楽しんでいた。しかし，創造性は研究と同様に軽んじられてきている。創造性は，無数の（より多く，より良い）アイデアが早く生まれることを必要とする。研究は，1つの（より深く，より強く，より良い）ビジョンの絶え間ない探究を必要とする。創造性は，初心者目線に価

値があるとされる。研究は，知識と学識に価値があるとされる。創造性は，多様性と相違を築く。研究は，収斂に向かう具体的なビジョンをもって，既存のパラダイムに挑戦する。創造性は，問題解決に寄与する限り，文化的に中立的である。意味についての研究は，本来，目に見えるものであり，研究者の個人文化の上に構築される。ビジネス言語を模倣するにあたって，デザインは経営者の間で交わされるパターンに従ってきたように見受けられる。デザイナーの個人文化よりも，その手法に重きが置かれることで，この貴重な資産を活用する能力が失われているのだ。

本書では，漸進的イノベーションに関連する，ユーザー中心のデザイン，外見，そして創造性の実用的価値について問うたりはしない。画期的躍進をもたらすイノベーションについて問いたい。この種のイノベーションにおいては，人々は異なった態度やスキルを必要とするのに，そうした態度が足りないからだ。リチャード・フロリダが提案するように，人口の30%以上がクリエイティブクラスに属する国だと，創造性は満ち足りている[3]。私が懸念するのは，先見の明を持った研究者グループを活かせるかどうかである。彼らの文化やビジョン，主張は，企業が画期的躍進を遂げるプロジェクトにおいて必要とするものである。今日では，デザイナーが創造性，ユーザー中心のデザインに対して，大きな影響を与えるようになっている。彼らは，その独自の文化的背景を活かせるような，エキサイティングな挑戦を新たに追い求めることができる。つまり，デザイナーは急進的研究者なのである。

…そして学者は学者である前に人間である

本とは，たとえ一人の著者の名前しか記載されていなくとも，集団の努力によるものである。特に本書は集団の努力の賜物である。本書は，いくつもの学術的研究プロジェクトと，私の会社プロジェクト・サイエンス（PROject Science）のコンサルティング業務を通じた，10年に及ぶ経験的分析，議論，先駆的実践に基づいている。私のこの長い旅をサポートしてくれた，洞察的で，

優秀な方々すべてに，心から感謝している。

　何よりもまず，この研究は，ミラノ工科大学マネジメントスクール（School of Management of the Politecnico di Milano）の同僚たちの協力なくしては成し得なかった。私の研究は，その多くをトマッソ・ブガンザ（Tommaso Buganza），アレッシィ・マーチェシィ（Alessi Marchesi），そして，とりわけ，クラウディオ・デルエラ（Claudio Dell'Era）の功績に拠っている。クラウディオの貢献がどれほど大事なものであったかは筆舌に尽くしがたい。私にとって彼がそうであったように，この先も彼に多くの恵まれた出会いがあらんことを願うばかりである。

　その他のマネジメントスクールの仲間たちもまた，計り知れない援助を尽くしてくれた。アドリアノ・デ・マイオ（Adriano De Maio），エミリオ・バーテッザゲヒ（Emilio Bartezzaghi）は方法論に加え，学問のなんたるかを私に教えてくれた。ジアンルカ・スピア（Gianluca Spia）とは激動の学生生活をともに過ごした。そして，カミリア・フェッチオ（Camillia Fecchio），アドバンスド・エデュケーション・オン・マネジメント・オブ・デザイン・アンド・イノベーション（Advanced Education on Management of Design and Innovation）のための研究所マデ・イン・ラボ（MaDe In Lab）のチーム。

　また，ミラノ工科大学デザインスクール（School of Design of Politecnico di Milano）の仲間たちである，エジオ・マンジーニ（Ezio Manzini），アンナ・メロニ（Anna Meroni），ジュリアーノ・シモネッリ（Giuliano Simonelli），フランセスコ・ズルロ（Francesco Zurlo）は，私にセオリー，プロセス，デザインのジレンマを教えてくれ，ローカルとインターナショナル両方のデザインコミュニティに没頭することを手助けしてくれた。エジオは，とても信頼のおける男である。彼は，デザイン・ドリブン・イノベーションのダイナミクスの奥深さと，ユーザー中心のアプローチとの違いについて私を諭してくれた。彼こそ，まさに急進的研究者である。もし，イノベーション研究が明日どのようなものになっているか知りたいのなら，エジオが昨日，書いたものを読むだけでいい。

私が本書を執筆した，ハーバード・ビジネススクール（Harvard Business School：HBS）の同僚らにも，多大な恩義がある。アラン・マコーマック（Alan McCormack）は，私のこの研究を後押しし，その潜在価値を最初に認めてくれた。彼のイノベーション・マネジメントと製品開発のコースに，デザイン・ドリブン・イノベーションのクラスをどこよりも早く開いてさえくれた。マルコ・イアンシティ（Marco Iansiti）は，ネットワークのパワーと技術革新の生態系について，いち早く研究しており，その研究は，私がここで紹介するデザインのためのフレームワークづくりの大きなヒント，つまりアイデア，洞察，リソースを与えてくれたのである。アランとマルコは，音楽家でもあり，私の偉大な友人である。本書の執筆に費やした1年間，私たちのバンドのセッションは，机に向かい続けた日々に予期せぬインスピレーションを与えてくれた。彼らは私にとってのエリート集団（elite circle）である。マイケル・ファレル（Michael Farrell）は，支配的パラダイムを打ち破るような友情のダイナミズムが重要だと唱えたが，それを感じて止まない[4]。

　HBSではまた，ゲーリー・ピサノ（Gary Pisano）が，協調的イノベーション研究の領域で，私の仕事を手伝ってくれた。このおかげで私は，研究の新しい方向性を見つけるに至った。ロブ・アースティン（Rob Austin），リー・フレミング（Lee Fleming），カリム・ラクハニ（Karim Lakhani）は，私が見出したものと，近年の創造性および技術経営の理論との間にあるつながりと相似性を明らかにすることを手助けしてくれた。

　他の研究者たちからも，アイデア，コメント，建設的な批評を頂戴した。プロダクト・イノベーションにおけるデザイン企業プロジェクト（project Design Firms in Product Innovation）のベングト－アルネ・ベディン（Bengt-Arne Vedin），エデュアルド・アルバレズ（Eduardo Alvarez），ステン・エクマン（Sten Ekman），スーザン・サンダーソン（Susan Sanderson），ジム・アターバック（Jim Utterback），ブルース・テザー（Bruce Tether），バーサ大学（Vassa University）のマルティ・リンドマン（Martti Lindman），コペンハーゲン・ビジネススクール（Copenhagen Business School）のジョン・クリステ

ンセン（John Christiansen），ハーバード・デザイン大学院（Harvard Graduate School of Design）のマルコ・ステインバーグ（Marco Steinberg）。

　また，10年に及ぶ一連の研究を通して，分析，調査，実施のための資金と観察の場を提供してくださった，以下に挙げるすべての研究機関と会社にも感謝の意を表したい。ミラノ工科大学（Politecnico di Milano），イタリアン・ミニストリー・オブ・ユニバーシティ・アンド・リサーチ（Italian Ministry of University and Research），特にプロジェクト・システマ・デザイン・イタリア（projects Sistema Design Italia）および3つのFIRB（フォンド・パー・グリ・インベスティメンティ・デラ・リセルカ・ディ・バーセ：Fondo per gli Investimenti della Ricerca di Base）プロジェクトであるアートデコ（Art-Deco），MATT，IRIS。ヨーロピアン・コミッション（European Commission），特にHICS，EVAN，FIRSTプロジェクト，リージオネ・ロンバルディア（Regione Lombardia）およびその研究機関であるIReR（イスティテュート・リージョナル・ディ・リセルカ・デラ・ロンバルディア：Istituto Regional di Ricerca della Lombardia）また，その金融機関であるフィンロムバルダ（Finlombarda），チャンバー・オブ・コマース・オブ・ミラン（Chamber of Commerce of Milan），アソシアジオネ・トリノ・インターナジオナレ（Associazione Torino Internazionale），バリラ（Barilla），フィラティ・マクロディオ（Filati Maclodio），インデシト・カンパニー（Indesit Company），スナイデロ（Snaidero），ズッチ・グループ（Zucchi Group）。

　私は，デザイン・ドリブン・イノベーションについての議論とその実践を，多くの経営者や通訳者とともに行ってきた。彼らは，並々ならぬ有益な洞察力を有していた。そのすべての人の名をここで列記することはできないが，どの方にもとても感謝している。特にお世話になった方の名をここに挙げておこう。アルベルト・アレッシィ（Alberto Alessi），グロリア・バルセリニ（Gloria Barcellini），マウロ・ベルッシィ（Mauro Belussi），パオロ・ベネデッティ（Paolo Benedetti），スコット・クック（Scott Cook），シルビオ・コリアス（Silvio Corrias），ルシア・クロメトズカ（Lucia Chrometzka），カルロッタ・

デ・ベヴィラッキァ（Carlotta de Bevilaqua），マルコ・デル・バルバ（Marco Del Barba），エルネスト・ジスモンディ（Ernesto Gismondi），リー・グリーン（Lee Green），トム・ロックウッド（Tom Lockwood），ティジアノ・ロングヒ（Tiziano Longhi），フランセスコ・モラセ（Francesco Morace），マルコ・ニコライ（Marco Nicolai），フレミング・モレー・ペダーセン（Flemming Møller Pedersen），ミノ・ポリティ（Mino Politi），レンゾ・リッゾ（Renzo Rizzo），アルド・ロマノ（Aldo Romano），マーク・スミス（Mark Smith），エディ・スナイデロ（Edi Snaidero），ベネデット・ビンガ（Benedetto Vinga），ブラド・ウィード（Brad Weed），ギアンフランコ・ザッカイ（Gianfranco Zaccai），マッテオ・ズッチ（Matteo Zucchi）。フランコイス・ジェゴウ（Francois Jegou）には特にお世話になった。彼と私と同僚とで，いくつかの方法論を生み出し，完成させた。それらの方法論は私のコンサルティング会社であるプロジェクト・サイエンスのクライアント，特にデザイン・ディレクション・ワークショップ（Design Direction Workshops）に関して使用した。

　本書の出版は，実に多くの方々のお心と手仕事によって実現した。HBSプレスのディベロプメンタル・エディター，ジェフ・ケホエ（Jeff Kehoe）には，私が研究で使用した大量の原資料を整理し，それらが活用しやすくなるように手伝ってもらった。エディターのサンドラ・ハックマン（Sandra Hackman）は，この原稿を根気よく，そして徹底的に磨き上げ，流れるような文章に仕上げてくれた。才能にあふれたイラストレーター，ダニエレ・バリッラーリ（Daniele Barillari）は，本書を1つの写真も使わない，史上初のデザイン本にしてくれた。このアプローチそのものが，意味の急進的イノベーションである。私とダニエレとは，本書で論じるようなデザイン・ドリブン・プロセスを求めることによって知り合えた。通訳者と仲介者を通じてだが。ダニエレを私に紹介してくれたステファノ・ボエリ（Stefano Boeri）には特に感謝している。ジェフ，サンドラ，ダニエレは，本書を完成させるに当たって，そのやる気と能力を余すところなく発揮してくれた。もっと言うと，情熱を持って取り組んでくれた。私は彼らから，編集面であれこれと試みる勇気をもらった。読

者諸君が本書を楽しんでくれることを願うばかりだ。

　本書を書き上げるために，遠方で暮らす私の家族の協力があったことも記しておきたい。多大なる物理的，精神的サポートを受けただけではない。もっと奥深いものを与えてくれた。それは，博士課程では学ぶことのできない，それとなく分かる学者としての資質―知識への愛，絶えることのない疑問への情熱，他者の考えを知ることの歓びである。私にそういった資質を授けてくれた父マリオ（Mario）と母マリサ（Marisa）に感謝している。

　長い間，私は自分にそういった資質があることに気づかずにいた。妻のフランセスカ（Francesca）のほうが，私自身よりもよくそれを見抜いてくれていたようだ。彼女は手を取って，私の眠れる資質を発掘するのに協力してくれたし，辛いときには，自分の本質を信じるよう導いてくれた。これは，人が他者に与えられる一番尊い贈り物である。何より，彼女こそが神から私への授かり物である。誰もが皆，各々の眠れる意味，個人文化を持っているのである。呼び起こされるまで，それを探し求めるだけなのだ。最後に，愛おしくも彼らの生活を預けてくれた私の子供たち，アレッサンドロ（Alessandro），マチルダ（Matilde），アグネス（Agnese）。彼らの自分探しの旅において，私も手を差し伸べてやれることを願う。フランセスカが私にそうしてくれたように。

　　　　　　　　　　　　　　　　　　　　　―ロベルト・ベルガンティ
　　　　　　　　　　　　　　　　　　　　　2008年5月，ボストンにて

【注】

1) Klaus Krippendorff, "On Essential Contexts of Artifacts, or on the Proposition That 'Design Is Making Sense (of Things).'" *Design Issue* 5, no. 2 (Spring 1989): 9-38.
2) Jeffrey S. Young and William L. Simon, *Icon: Steve Jobs―The Greatest Second Act in Jthe History of Business* (Hoboken, NJ: Wiley, 2005（邦訳：井口耕二訳『スティーブ・ジョブズ』東洋経済新報社，2005年））.
3) Richard Florida, *The Rise of the Creative Class―and How It's Transforming Work, Leisure, Community, and Everyday Life* (New York: Perseus, 2002（邦訳：井口典夫訳『クリエイティブ資本論―新たな経済階級（クリエイティブ・クラス）の台頭』ダイヤモンド社，2008年））.
4) Michael P. Farrell, *Collaborative Circles: Friendship Dynamics and Creative Work* (Chicago: University of Chicago Press, 2003).

第1章 デザイン・ドリブン・イノベーション
[イントロダクション]

メタモルフォシィ（Metamorfosi）によって，アルテミデ（Artemide）は，人々がランプを買う理由を完全に変えてしまった。単に美しいランプではなく，自分をより心地よくさせてくれる灯りを求める。ランプの意味を根底から変えたのだ。（挿絵には，机上にアルテミデのヤング・ランプ（Yang lamp：メタモルフォシィ・シリーズ）。絵画にアルテミデのティジオ「タクス・ルミナリエ」（Tizio "task luminaire"）が描かれている。）

挿絵：Daniele Barillari

「市場？　何が市場だ！　誰も市場ニーズなんて見ちゃいないよ。私たちは人々に提案をしているんだ」

　それだけ言い放って，アルテミデの会長エルネスト・ジスモンディ（Ernesto Gismondi）は，教授の反応を待った。きつい個性と冴えた知性を兼ね備えたジスモンディは，著名な学者を恐れるようなタイプの人間ではなかった。たとえその相手が，かなり尊敬されるアメリカのビジネススクールの学者であっても，だ。私たちは，ミラノ中心街にあるレストラン，ダ・ビセ（Da Bice）でミラノ風蒸しリゾットを味わっていた。この日の夕食は，デザイン集約型のイタリアメーカーのイノベーション・プロセスに関心のある教授陣を連れて，照明器具の大手メーカー，アルテミデを午後遅くに訪問した後のことだった。ジスモンディは，ちょうどインフルエンザにかかっていたが，夕食の間も議論を続けようと私たちを招いてくれた。その議論において，ふと，イノベーション・マネジメントの分野で先駆的な研究を行っている，ある教授が「自分たちが先ほど見てきた製品（メタモルフォシィ）を開発するために，アルテミデではどのように市場のニーズを分析したのですか？」と，ジスモンディに尋ねた。

　メタモルフォシィは1998年に発売された，ランプとは呼びにくいような独創的な製品であった。照明業界では，ランプは近代的な造形だと見なされるのが一般的である。人々がランプを選ぶ時は普通，ランプが美しいかどうか，自分の部屋によく合うかどうかを基準とする。ランプの明るさは当然のこととして考えられるために，競争はランプの外見という1点に集中する。アルテミデは，こうした外見競争の立役者であり，1972年発売のティジオ（Tizio）など，美しい形を持った製品をつくり続けていた。

　とはいうものの，メタモルフォシィは全く違っていた。使用者のその時の気分や必要に応じて調整が効くカラーライトによって，雰囲気をつくり出す光を発するという，洗練されたシステムを持っていた。アルテミデは，色とニュアンスに特にこだわった，包囲光（ambient light）をめざしていた。包囲光は，人々の心理的状態や社会的相互作用に大きな影響を与える。だからアルテミデ

は,「人間」の光（"human" light）を発することができるシステムをつくったのである。その光は, 人々の気分を心地よいものにし, 社会に役立つものとなる。メタモルフォシィは, そうしたことのできる, 今までにはなかった製品として登場した。アルテミデは, 人々がランプを購入する理由を覆した。ランプの意味を根本から変えたのだった。

　だから, このユニークな製品に対して, 件のアメリカの教授が関心を持つのも無理はない話であり, 先に述べたような質問をせざるを得なかったわけである。世界中におけるビジネス・コミュニティにおいて, とりわけアメリカにおいては, 成功するための絶対条件とは, ユーザー主導の, もしくはユーザー中心のイノベーションである。これらのアプローチによれば, 会社は, 市場ニーズを分析し, ユーザーを注意深く観察することから, イノベーション・プロジェクトを始めるべきだという。経営者, MBAの学生, そしてデザイナーが繰り返し言うのは, 自分たちがまずしなければならないことは, 顧客の満たされないニーズを理解するために, 彼らがどのように製品を使っているかを写真に撮ることだという。ユーザー中心のイノベーションに疑いを持つ者は誰もいないのだ。

　それゆえ, 先述のエルネスト・ジスモンディの答えは予想外のものだった。教授が期待していた回答の範疇（例えば「えぇ, 私たちは, 人々が自宅でランプを使ったり, 電球を取り換えたりする姿をエスノグラフィー分析しました…」といった答え）を超えてしまった。その返答は, 教授がレストランの騒音のせいで聞き間違えたかと思えるほど, 非常にびっくりするものだった。幸いなことに, 教授は声を震わせて, 2番目の質問（「ブレーンストーミングを行ったり, 何か創造性を高めるようなテクニックを用いたりしたのですか？」）はしなかった。また同じ答えをもらうところだったろう。その代わりに彼は, 違う話題を持ち出した。おそらく彼は, ジスモンディが熱くなり過ぎていると感じたのだろう。

　ジスモンディはというと, 自信に満ちており, 彼の答えは力強く明快なものであった。その答えは別に風変わりなものではなかった。というのも, その答

えは，彼がメタモルフォシィで追求してきたイノベーション戦略，つまり意味の急進的イノベーションを余すところなく表現しているからだった。

デザイン・ドリブン・イノベーション戦略

　ここ数十年間におけるマネジメントに関する文献は，2つの重要な発見物で特徴づけられる。

　1つ目は，急進的イノベーションである。リスクは高いが長期的競争優位の主な源泉の1つである。しかし，多くの著者にとって，「急進的イノベーション（radical innovation）」という用語は，急進的「技術の」イノベーション（radical technological innovation）という少し長めのつづりの短縮形である。確かに，イノベーションの研究者たちは，新技術が産業に与える破壊的な影響に主眼を置いてきた。

　2つ目の発見物は，人々は製品を買うのではなく，「意味（meanings）」を買っているということである。人々は，実利的な理由だけでなく，深い感情的な理由や，心理的，社会文化的な理由からモノを使う。アナリストたちは，産業市場と同じように，消費者の手に渡る製品やサービスにも，すべからく意味があると主張してきた。したがって各社は，特徴，機能，効用といったものを超え，ユーザーがモノに与える意味を汲み取るべきである。

　しかしながら，意味はイノベーションの対象とはならないというのが通念である。意味は与えられるものである。意味を理解しなければならないが，意味を刷新することはできない。意味は，マーケティングとブランディングの文献において，実にたくさん登場してきている。ユーザー中心の見解は，ユーザーが（既存の）モノに対して（現在のところ）どのような意味づけを行うかを理解するために，有力な方法を提案してきた。だが，急進的イノベーションの研究においては，意味の検討はほとんど無視されてきた。意味はR&Dの対象として見なされていないのだ。

　それゆえ，イノベーションは2つの戦略に焦点が合わされてきた。1つは，

図1-1
意味の急進的な変化としてのデザイン・ドリブン・イノベーション戦略

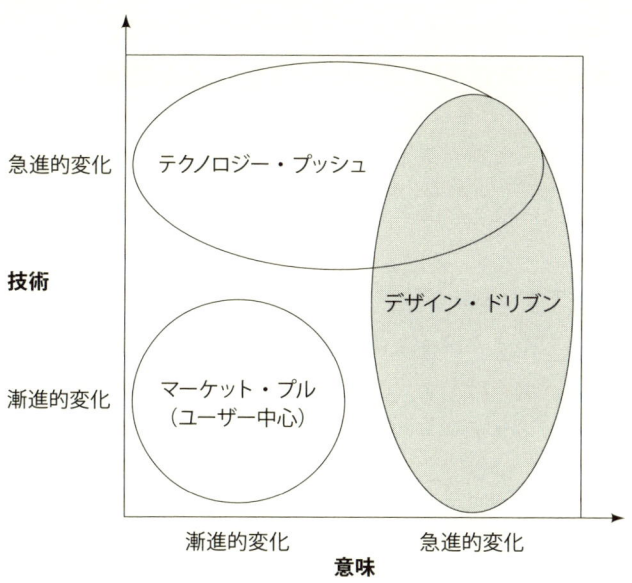

技術の躍進によってもたらされる，製品成果のめざましい進歩であり，もう1つは，ユーザーのニーズをより的確に分析することでもたらされる，製品の問題解決の改善である。前者は，技術によって推し進められる急進的イノベーションの領域（訳注：テクノロジー・プッシュ）である。また，後者は，市場によって引っ張られる漸進的イノベーションの領域（訳注：マーケット・プル）である（図1-1参照）。

アルテミデは3つ目の戦略に従っている。それは「デザイン・ドリブン・イノベーション（design-driven innovation）」すなわち，意味の急進的イノベーションである。アルテミデは，人々がランプに対してすでに抱いている意味や期待，つまりは，より美しいモノという理解を与えていない。むしろ，同社は，それとは別の，思いもしなかった意味を提案してきている。つまり，あな

たをもっと快適にするランプという意味である。求めたものではない，この意味こそ，実は人々が長らく待ち続けていたものなのだ。

意味の急進的イノベーションによる競争

　この戦略を採るにあたって，アルテミデは決して孤立無援ではなかった。デザイン・ドリブン・イノベーションは，数多くの製品と企業の成功物語の核心に位置づいている。

　2006年11月，任天堂はWiiを発売した。そのテレビゲーム機は，動作感知コントローラによって，人々が体全体を動かしながら，テレビゲームを楽しめるものとなっている。例えば，テニスゲームなら，プレイヤーはテニスボールをサーブするようなジェスチャーをするだろうし，ゴルフゲームなら，ゴルフクラブを振るようなジェスチャーをするだろう。このWiiの登場までは，テレビゲーム機は親指を動かすことに長けた，子どもたちの娯楽のための機械だと見なされていた。彼らは，ただ受身的に仮想世界へと引きずり込まれるだけだった。これを助長してきたのがソニーやマイクロソフト（Microsoft）だった。とりわけプレイステーション3やXbox360は，従来のものに増して圧倒的なグラフィックとパフォーマンスを持つテレビゲーム機である。この意味づけを覆したのがWiiだった。Wiiは，現実世界で社交的な活動ができるように，実際に体を動かす形での娯楽を促した。直観的に使い方が分かるコントローラのおかげで，誰でも簡単にプレイすることができた。Wiiは，テレビゲーム機というものを「オタク（niche experts）」だけが近づける仮想世界で没頭するようなものから，誰もが体を動かして楽しめるものへと変えたのだ。人々は，この重要性についてなど気に留めなかったが，Wiiで一度，遊んだなら，すぐさま夢中になった。発売開始から6ヵ月で，アメリカ市場でのWiiの売上は，Xbox360の売上の2倍，プレイステーション3の売上の4倍になった。もっと言うと，Wiiの価格は他の競合製品に比べてかなり安価であったが，その収益性はそれらよりも格段に高かった。

第1章　デザイン・ドリブン・イノベーション［イントロダクション］

　1990年代末に，初のMP3プレイヤーが登場した。MPマン（MPMan）とリオPMP300（RioPMP300）である。それらは携帯用音楽プレイヤーとしての性格（意味）を与えられ，音楽を聴くためにカセットやCDを持ち歩くという旧来の技術が用いられたウォークマン（Walkman）の強力なライバルとなった。これらのMP3プレイヤーは，使用技術こそ新しいものに取り替えたが，その意味について，つまり屋外で音楽を聴くということについては触れることなくそのままにしていた。市場の反応はといえば，どこか冷めていた。これとは対照的に，アップルは人々に，自分だけの音楽を創ることができるという，全く別のビジョンを提案した。2001年から2003年にかけて，アップルは，製品，アプリケーション，サービスからなる「仕組み（system）」を創出することで，下記のような経験に連続性を持たせた。それは（iTunes Storeで）音楽を見つけ出して，試聴し，購入すること，また（iTunes softwareで）個人のプレイリストに収集した音楽を蓄積し，編成すること，そして（家の中であっても関係なく「室内の」プレイヤーとして使われるようになった）iPodで，それらの音楽を聴くこと。こうした提案をなしたアップルのビジネスは衝撃的であった。

　1980年に，おいしくて健康的な食品を愛する，洞察力のある者たちが集まり，食品小売の未来を変えるためのお店，ホール・フーズ・マーケット（Whole Foods Market）を開いた。彼らは，有機食品と自然食品に注目した。もし，あなたが他の有機食品の店に入れば，苦行中のどこかの修行僧になったような感じを受けるだろう。しかし，ホール・フーズ・マーケットは食への歓びを世に知らせる。ラベルやポスターが，自然食品や有機食品の長所，健康性，栄養作用や持続可能な農業について，消費者に伝えるだけでなく，農産物がまるでステージに上っているかのように飾られている。そこは，幾重にも重なる彩りと香りの誘惑で満ちていた。ホール・フーズ・マーケットは，健康食品や買い物の意味を根本から変えたのである。つまり，それまではそっけなく，自制したような選び方をしていた健康食品を快楽的なものに変え，また，面白くなかった買い物を爽快感のある経験に変えたのである。（これらの新し

21

いサービスは，食料雑貨の従業員がショッピングリストに気をかけている間でも，人々にメッセージを発信し続けている。）ホール・フーズ・マーケットは競争の激しい食料品小売業界にあって，最も急成長している会社となっている。

　コルク栓抜きがコルクを抜くためのものであり，柑橘搾り器がレモンを搾るためのモノであることは誰でも知っている。これらは道具である。したがって，イノベーションは常に，より機能的に，より美しくということをめざして行われる。しかし1993年，家庭用品メーカーのアレッシィ（Alessi）は，それ以上機能的である必要がない，また，既存の美の基準に従わないといった，新しい製品群を発売した。この製品群は，ふざけたようなプラスチック製の造形で，そのほとんどは人や動物などをモチーフにした形をしていた。例えば，マンダリン（Mandarin）という，円錐形の帽子を被った中国の役人を模した柑橘搾り器や，ナッティ・ザ・クラッカー（Nutty the Cracker）という，歯の部分でナッツの殻を割ることのできる，リス型のナッツ割り器などがある。観察眼があまり鋭くない人々は，これらの商品に，奇抜で非常識なアイデアからつくった，その場しのぎで，何の創造性もないものだというレッテルを貼った。しかし，その批判はお門違いだった。この製品ラインは，本質的な新しい意味を提案することをめざした，長年の研究の結果であった。愛すべき対象となるような家庭用品，もしくは大人にとってのテディベアといった位置を担っていたのである。私たちの中に潜む，にわかエンジニアや，にわかスタイリストの性格よりも，アレッシィは私たちの中にある幼児性に訴えかけていたのだ。製品が製品たるために必ずしも必要ではない，これらの意味こそ，人々がまさに探していたものなのだった。ここ15年の間に，このビジョンは，台所用品産業にとどまらず，現在，人気のある「感情的デザイン（emotional design）」を追求したい多くの会社を触発してきた。その間にアレッシィは2桁台にもなる年間成長率を享受していた。

　アルテミデ，任天堂，アップル，ホール・フーズ・マーケット，アレッシィといった会社，ならびに本書で検討する，その他多くの会社が示すのは，意味

は変えられる，それも根本から変えることができるという事実である。これら各社によって導かれるデザイン・ドリブン・イノベーションは，市場から生じたのではなく，それ自体が巨大な市場を創出してしまった。各社は，長寿する製品，サービスおよびシステムを生み出した。また，会社を支えうるほど相当な額の利益とブランド価値を生み出し，会社の成長に拍車をかけた。

手つかずの難問

なぜ，ジスモンディの「人々への提案（proposals to people）」という提言が，多くの専門家や学者にとって驚きに聞こえたのかは，単に私たちが，デザイン・ドリブン・イノベーションが興るプロセスをほとんど知らないからである。長年にわたる研究では，技術上の画期的躍進が，賞賛に値するようないくつかの解釈を生み出してきた。だが，意味の段階になると，急進的イノベーションを管理する方法についての理論がないのだ。これについては，すべてが謎に包まれている難問なのである。

1998年，ハーバード・ビジネススクールにてインターネット・ソフトウェアが画期的躍進をもたらすイノベーションの管理に関する調査を終えて，ミラノ工科大学に戻ったときに，私には2つの大きなプロジェクトに参加できる機会があった。1つは，システマ・デザイン・イタリア（イタリアン・デザイン・システム）（Sistema Design Italia；Italian Design System）と言い，イタリアのデザインプロセスの経済性と組織について研究するという，今までに前例のない研究プロジェクトであった[1]。もう1つのプロジェクトは，ミラノ工科大学にインダストリアル・デザインの大学院を創設するといった，これもイタリアでは初めての試みとなるものであった。私は意欲的にも両方に参加する機会をつかんだ。イタリアはソフトウェア分野では弱いが，デザインでは定評があり，世界に先駆ける存在である。とりわけ家具，照明ないし食品といった産業に強い国である。

イタリアン・デザインの成功は，デザイナーよりもメーカーに拠るところが

大きいという事実に，特に私は惹かれた。(実際には，イタリアン・デザインと呼ばれるものの多くは，外国のデザイナーたちによる貢献が大きい。革新的なイタリアの家具メーカーに至っては，デザイナーの約50％を海外から雇っている。) イタリアン・デザインの秘密は，企業家と経営陣の手の中に隠されている。このことは実証的マネジメント研究からすると，非常に興味をそそるものである。

家庭内のライフスタイルを相手にする産業において，最も特徴的であり，最も進歩的な企業は北イタリアに集中している。アルテミデ，アレッシィ，カルテル (Kartell)，B&Bイタリア (B&B Italia)，カッシーナ (Cassina)，フロス (Flos)，スナイデロ (Snaidero) をはじめとする，北イタリアの会社の多くは，小規模でありながら (スナイデロだけが500人以上の社員を抱えている)，産業のリーダー役となっている。リーダーといっても，流通や市場浸透，低い労働コストといった補足的な資産においてのリーダーではなく，イノベーションにおけるリーダーシップを築いているのだ。1994年から2003年にかけて，何かしらの成長があれば運が良いと思われているような西欧の家具市場において (EUの家具メーカーの成長率はその10年間で11％だった)，先に列挙したような会社の収益の伸び率は実に54％ (B&Bイタリア) から211％ (カルテル) にも及んだ。

もっと興味深いことには，これらの企業は独自のイノベーション戦略を持っていた。一般論に反して，それら企業の成功は，単に美しいモノを生み出す能力とは別のところにあった。アルテミデやアレッシィの例が顕著であるが，むしろ，既存の美的観念に抗いがちだった。こうした企業が，外見やユーザー中心のイノベーションのためにデザインを用いる，他の多くの会社とどこが違うがというと，意味の急進的イノベーションの先駆者だったということにある。

だから，イタリアのデザイン・システムは，デザイン・ドリブン・イノベーションの管理法を調査するにあたっての，特別な実証研究の対象先となり得ることは間違いない。私は幸運であった。しかしながら，その研究は私が予想していたよりもはるかに，私の頭を悩ませるものだった。なぜ，デザイン・ドリ

ブン・イノベーションが手つかずのままであるのかがよく分かった。

　第1に，デザイン・ドリブン・イノベーションで大きな成功を収めた会社というのは，自社のプロセスを研究したい者，特に経営学者に対して，全くもってオープンではない。後で紹介するが，それらの会社のモデルはエリート・サークルに基づくものであり，面白い知識を持ってきた新参者に限り，仲間に入れてもらえる。残念ながら，既存のマネジメント理論は，それら企業の戦略には採り入れられていない。ほとんど役に立たないと思っているのだ。彼らの仲間として迎え入れられ，そのプロセスにアクセスできるだけの信頼を得るのに，私は文字通り幾年もの月日を費やした。幸運なことに，当初加わった2つのプロジェクトが，豊富な人脈を私に与えてくれた。

　第2に，私はそこに加わってから，何が進行しているのかを理解することが主な挑戦であると悟った。それら企業のイノベーション・プロセスには，方法も道具も段階もなかった。つまり暗黙のものであり，不可視なものであった。その代わり，主として，様々なイノベーション・エージェント間での，成文化されていない相互作用のネットワークに基づいていた。このネットワークは，それら企業のトップ経営者が直接，指揮していた。唯一できた実証的な方法は，そのネットワークの中に入り浸ることと，それら参加者と密接に接触することだけであった。

　こうした私の努力は，最終的には実を結んだ。本書は，意味の急進的イノベーションがどのように興るのかということについて有益な洞察を提供する，無比の企業への扉を開くものだ。

　10年越しの研究の中で，私は，いくつもの産業，国，市場（消費財市場と産業財市場，ニッチ市場とマス市場），および製品，サービスにおける，多種多様の規模の企業を含めるためにサンプル数を次第に増やしていった[2]。（本書で議論した会社については，本書巻末の付録Aを参照されたい。）デザイン・ドリブン・イノベーションの主たる恩恵の1つは，長く使われる製品を開発することにある。多くの事例において，私は何年も前に行われたプロジェクトに焦点を当てた。しかし，それらは古い事例ではない。それらの製品のほと

んどは，現在もなお，市場で成功しているし，最近の競合製品よりも新しく見える。

　この研究の最終段階は，理論を実践に移すことにあった。私のコンサルティング会社プロジェクト・サイエンスでの同僚チームとともに，何社かと仕事をしたが，プロセスを確立し，関連する能力を構築することによって，それら会社に意味の急進的イノベーションをもたらすことができたのだ。このような私の，執念の結晶のような研究は，とりわけ大会社におけるデザイン・ドリブン・イノベーションのダイナミズムへの洞察力も提供するものとなった。

提案するということ

　アップルは，人々がiTunesストアで映画を借りたり買ったり，楽曲をこのオンラインショップからダウンロードしてiPodでそれを聴いたり，ワイヤレスでデータをバックアップしたりアプリケーションをアップロードしたりするような生活のシナリオを描いている。このシナリオでは，CDやDVDの入り込む余地はない。だからアップルは，光学ドライブ不搭載の最新型ノートパソコンのマックブック・エア（MacBook Air）を発売した。それは驚くべき，かつ，そこまで求められていない大胆な動きであった。アップルのイノベーションに対するアプローチは，2008年にサンフランシスコで開かれた，マックワールド・カンファレンス（Macworld Conference）の場でのスティーブ・ジョブズの言葉によって明らかにされた。「あなたはこのことを知っていますか？　大勢のユーザーが，光学ドライブを恋しく思うとは『私たち（We）』は考えていない。彼らがこの先も光学ドライブを必要とするとは『私たち（We）』は考えていないということを」[3]。

　この発言は，エルネスト・ジスモンディのそれと全くに同じである。ジョブズは，自分が考える，人々が必要とするであろうものとそうでないものを彼らに語りかける。両者の発言はともに，私たちの机上に過去10年間で積み上げられてきた，イノベーションに関する膨大な資料と対照的である。

もちろんながら，私の調査による最初の発見は，意味の急進的イノベーションはユーザー中心のアプローチから来ているのではない，ということである。もし任天堂が，既存のゲーム機を楽しんでいる10代の若者に密接して観察をしていたならば，ゲーム機が何たるかを再定義するよりも，仮想世界にもっとのめり込ませるために，従来型のコントローラーを改善していただろう。もしアレッシィが，ユーザーの家庭に赴いて，彼らがどのようにコルク栓を抜くかをつぶさに観察していたならば，1つは自分用に，そしてもう1つは親しい友人にと2度買ってしまうような愛らしいモノではなく，もっと効率的な道具を考案していただろう。ユーザー中心のイノベーションは，既存の意味に対して疑問を投げかけることはせず，強力な手法を用いて，既存の意味を強調する。

　任天堂やアレッシィなどは，そうはせずに「提案（proposals）」をし，目の前にビジョンを提示する。私がこの戦略をデザイン・ドリブンと呼ぶのは，この理由による。それは，技術の急進的イノベーションのように，プッシュ戦略である。けれども，こうした提案は基盤のない単なる夢などではない。人々が目にしたときに，そうだ，これを待っていたんだと感じるようなものになっているのである。人々は，そうしたもののほうを，会社がユーザーのニーズを詳しく調べてつくり出した製品よりも気に入る場合が多い。これらの提案は持続的利益を生み出すための源となる。

　あなたは，どうやってデザイン・ドリブン・イノベーションを首尾よく展開するだろうか？　どうやって人々が求めてこなかったビジョンを提案するだろうか？　はじめのうちはおそらく人々を戸惑わせるが，最後にはユーザーを熱狂させるようなビジョンを。

　会社が，意味の本質的な変化を提案するとき，アナリストたちは，よくそれを奇抜だとか馬鹿げていると言って受け入れない。これは驚くことではない。定義上，デザイン・ドリブン・イノベーションは，その業界における支配的な意味とは，かなりかけ離れているからだ。アナリストたちは，その提案が結局は成功したと認めたとき，それは運が良かったのだ（まぐれだ）と言う。もしくは，それを提案した経営者かデザイナーが，持ち前の創造性を瞬間的に爆発

させたか，魔法のような能力があったのだろうと見なす。2008年4月，HBSの100周年記念祭の折，私は，この難問についてある教授に持ちかけると，彼は「ある種のカリスマ的な（guru）プロセスがあったに違いない」と私に答えた。彼に代わり，私の10年に及ぶ研究は，こうした急進的な提案は，非常に綿密なプロセスと実在する能力から生み出されるということを示している。

解釈者たち

　デザイン・ドリブン・イノベーションを発展させている企業は，ユーザーから距離を置き，より広い視野を持っている。それらの企業は，人々の生活におけるコンテクストがどのように進化しているのかを，社会文化的な観点（人々がモノを買う理由がどのように変わってきているのか）と，技術的な観点（技術，製品，そしてサービスがどのようにそのコンテクストを形づくっているのか）の両面から探究している。とりわけ，それらの企業は，この生活のコンテクストがどのようにより良いものに変化し得るかを予想する。「し得る（could）」という言葉は，偶発的なものではない。それらの企業は，絶対に現在のトレンドに従わない。そのコンテクストを修正するような提案をしている。自社が提案をしない限り，おそらくは決して起こらないであろう（もしくは，よりゆっくりと起こるであろう）シナリオを描いている。それゆえ，それら企業が問題とするのは「進化している，この生活のコンテクストにおいて，人々にモノへの意味をどうやって与えることができるだろうか？」ということである。

　会社がこのように，より広い視野に立つとき，そうした質問をするのは自社だけではないことに気づく。どの会社も，利害を分け合ういくつものエージェント（同じユーザーをターゲットにする他業界の企業，新技術の供給者，研究者，デザイナー，アーティスト）が周りにいる。考えてみてほしい。例えば食品会社が，どのように人がチーズを切るかを注意深く観察する代わりに「あなたの家族が，家で夕食をとるとき，どんな意味を求めていますか？」という質問をするとしよう。台所用品メーカー，白物家庭用品（布製品）メーカー，テ

図1-2
集合的な調査研究網における解釈者たち

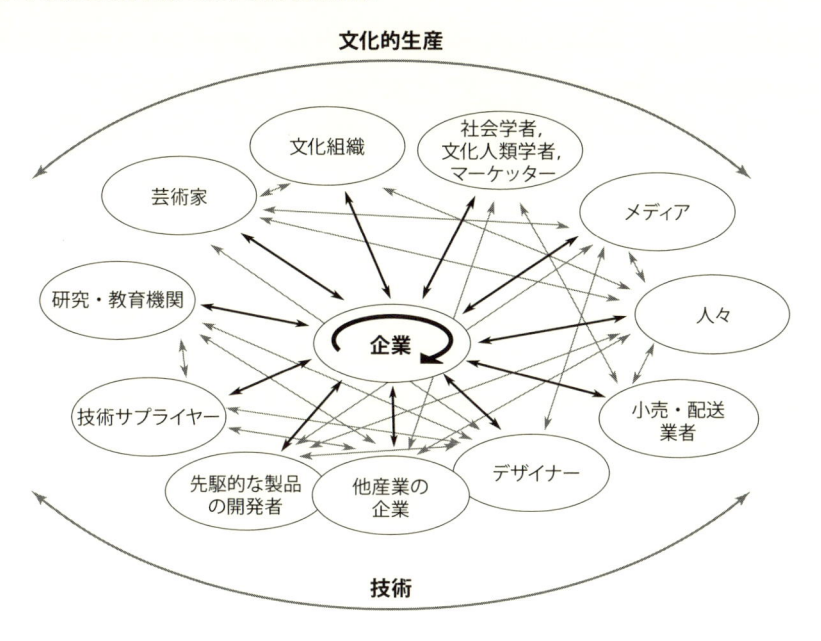

文化的生産

- 文化組織
- 社会学者，文化人類学者，マーケッター
- 芸術家
- メディア
- 研究・教育機関
- 企業
- 人々
- 技術サプライヤー
- 小売・配送業者
- 先駆的な製品の開発者
- 他産業の企業
- デザイナー

技術

レビ局，インテリア・デザイナー，食品ジャーナリスト，食品小売店といった，他の会社も，これと同じ質問調査をしている。あらゆる者たちが，自宅で家族とともに夕食をとるという，同一の生活のコンテクストの人々を見ていることになる。そして，あらゆる者たちが，どのようにそうした人々にモノへの意味を与えることができるか，ということを調査しているのだ。言い換えれば，彼らは「解釈者たち（interpreters）」なのである。

デザイン・ドリブン・イノベーションを興す会社は，こうした解釈者たちとの相互作用を高く評価する。彼らは互いに，シナリオについての情報交換を行い，自分たちの仮説がどれほどしっかりしているかを試す。そして，自分たちの有するビジョンについて議論する。これらの会社がよく分かっていること

は，意味に関する知識は，外部環境を通じて普及するということである。それら会社は，集合的な調査研究網（collective research laboratory）にすっかり取り囲まれている。そこでは，各々の解釈者が独自の調査を遂行しており，継続的な相互対話に従事している（図1-2参照）。

したがって，デザイン・ドリブン・イノベーションのプロセスは，解釈者たちに近づいていくことを必要とする。だから，そのプロセスは，解釈者たちの理解力に左右されるし，人々にモノへの意味を与える際の方法に影響を及ぼす。本書で詳細に論じた，このプロセスは，3つの行動から成り立っている。

1つ目の行動は「耳を傾けること（listening）」である。これは，解釈者たちとの相互作用によって，あり得る新たな製品の意味に関する知識に接近できる行動である。よく耳を傾ける企業は，優れた解釈者たちからなる主要グループと特別な関係を築くことができている。そうしたグループは，必ずしもその産業内で最も有名である必要はない。むしろ，成功している企業ははじめに，見過ごされた解釈者たちを見つける。そうした解釈者たちはたいてい，競合他社が探していない分野に存在する。大事な解釈者たちは，先見の明がある研究者たちである。彼らはいずれも，自身の問題意識をもって研究を進めており，私たちが調査を望む，生活のコンテクストにおいて，いかに意味を進化し得るかについての独自のビジョンを持っている。デザイン・ドリブン・イノベーションを真に理解している会社は，察知すること，注意を引きつけること，主要な解釈者たちと相互作用することといった点において，競合他社より優れている。

2つ目の行動は「解釈すること（interpreting）」である。その目的は，会社独自の提案を発展させることにある。解釈することは，解釈者たちとの相互作用から得る知識を，企業が評価し，その後，企業特有の洞察，技術および資産によって，この知識を再結合し，統合することを行う内的プロセスである。このプロセスは，ブレーンストーミングのスピードよりも，研究の奥深く綿密なダイナミクスを反映している。これは，即席の創造性よりも，調査経験を通しての知識を共有しているということをほのめかしている。そうしたプロセス

は，クリエイティブ・エージェンシーのプロセスよりも，科学や工学のプロセスに似ている（技術よりも意味をターゲットとしているけれども）。このプロセスの結果，製品群の意味は画期的な躍進を遂げる。

3つ目の行動は，「話しかけること（addressing）」である。意味の急進的イノベーションは，予測できないものであり，はじめのうちは，ときに人々を混乱させる。草分けとなる提案をするための土台づくりとして，企業は，解釈者たちの人を引きつける力を用いる。自社の斬新なビジョンを議論し，掲げるまでに，その企業の解釈者たちは，会社の提案を人々が目にしたときに，より意義深く，魅力的になるように（自分たちが開発する技術，自分たちがデザインする製品とサービス，自分たちが創出するアートワークによって）生活のコンテクストを必ず変える。

解き放たれた関係資産の力

マネジャーは，イノベーションを成文化するアプローチに関心を持つ。彼らは，方法，道具，段階的なプロセスが大好きである。イノベーション・システムが即座に購入できて，再生できることを望んでいる。しかしながら，高度に成分化されたアプローチには欠点がある。競合他社が簡単にそれを複製できてしまうことだ。

デザイン・ドリブン・イノベーションのプロセスは，段階ごとに成分化されていない。むしろ，主要な解釈者たちのネットワークとともに，関係資産（relational assets）の中に織り込まれている。こうした関係は，競合他社がめったには模倣できない，イノベーションのエンジン，つまりはコア能力である。

1つ重要なことを述べておくと，成文化されたアプローチを追求する企業は，人気のオープン・イノベーション・モデルに関心を持っている限り，匿名のイノベーターの大集団から何千ものアイデアを得ることはない。それとは逆の企業は，最も有望な解釈者たちを念入りに調べ，選び，引き寄せては，彼らとともに仕事をする。共同作業は閉鎖的で，公開されていない。誰でも招き入れる

わけではなく，適した解釈者たちだけを招き入れている。これも能力のうちである。このため，適した解釈者たちが競合他社のもとに行かないようになり，それが差異を生んでいるのである。そうした企業は，関係性に投資する。これが問題解決につながるのだ[4]。

いったい，これらの関係資産は，どこにあるのだろうか？ まずは，あなたの組織全体に存在している。企業，とりわけ大きな会社はすでに，いずれ主要な解釈者となるだろう者たちとの間で，たくさんの相互作用をなしていることがよくある。だが，それら企業は，この多岐にわたる個人的な関係性を図式化してまとめ上げるようなことはしていない。それらを育んでもいない。彼らを意味の急進的イノベーターに変えるようなプロセスも持ち合わせてはいない。本書では，このように，たびたび未開発のままにされている財産を使いこなすためのフレームワークを提供している。

次に，このプロセスは，その主唱者として，トップ経営陣を有している。デザイン・ドリブン・イノベーションとは，クリエイティブであることに関するものではない。それよりは，方向づけをなして，関係資産に投資することについてのものである。これらの仕事は，明らかに経営陣の仕事である。

この仕事は，成文化されたテクニックに基づくものではなく，2つの典型的なマネジメント能力に基づくものである。1つは判断であり，いま1つは社会資本を築く能力である。それゆえに，デザイン・ドリブン・イノベーションのプロセスは目には見えず，魔法のように思われるのだ。その実態が理解できないにもかかわらず，このプロセスは，一連の明確な原則と慣例に基づいている。これらは典型的なイノベーション・プロセスとは異なり，目に見えにくいが，おそらくは体系的ではある。

本書の構成

本書は3部からなる。第1部「デザイン・ドリブン・イノベーションの戦略」では，デザイン・ドリブン・イノベーションのコンセプトについて詳しく述べ

る。ここでは，デザイン・ドリブン・イノベーションの本質について説明する。とりわけ，企業の全体的なイノベーション戦略における，その重要な役割について説明している。持続的競争優位を創出する上での，この戦略の価値およびその挑戦を明らかにする。特に，意味の急進的イノベーションと技術の急進的イノベーションの相互作用に焦点を当てる。それは，技術のプッシュとデザイン・ドリブン・イノベーションが重なり合う領域である（図1-1右上参照）。意味とデザインは産業が成熟しているときだけに関係する，という一般的な仮説に反して，デザイン・ドリブン・イノベーションは，画期的躍進を遂げる技術が生まれる段階において，産業をひっくり返すこともある，と私は考える。

第2部「デザイン・ドリブン・イノベーションのプロセス」では，会社がどうすれば意味の急進的イノベーションを成功できるかを説明する。それら会社がどうすれば，誰も望んではいないような提案を人々が愛するようなモノに変えることができるのかについて明らかにする。第6章では，プロセスに内在する基本原則について議論する。そのプロセスとは，ビジョンを示すために主要な解釈者たちの知識を活用して，人々にモノへの意味を与え得る際のプロセスである。第7章から第9章にかけては，デザイン・ドリブン・イノベーションにおける3つの主要な行動である，耳を傾けること，解釈すること，話しかけることについて掘り下げていく。

第3部「デザイン・ドリブン能力の構築」では，着手の仕方を示している。会社がデザイン・ドリブン・イノベーションのリーダーになるための力学を作動させる方法を解説する。会社がすでに有している関係資産の認識と価値づけの方法や，それらを育て増大させる方法についても明らかにする。特に，トップ経営陣が，このプロセスにおいて果たす重要な役割を示す。

本書には，製品の写真は掲載していない。事実，この本は，製品の形態についての著書などでは決してない。それよりは，意味づけとマネジメントに関する本である。とはいうものの，本書の特徴として，多くの事例がとりわけイタリアのメーカーである。それらメーカーは，ビジネス誌でよく取り上げられる

会社よりも知名度が低い。そこで私は，若い建築家であるダニエレ・バリッラーリに，本書の理解を助けるような視覚化をお願いした。もちろん，製品の形態ではなく，製品の意味に注目するような視覚化である。

　本書に関連したウェブサイト（www.designdriveninnovation.com）には，私がここで議論している事例の写真を見ることができるように，各社ホームページへのリンクを貼ってある。そのサイトにはカラーバージョンでのダニエレの素晴らしいイラストの数々もある（一見の価値あり）。また，本書を補足するものとして，意味の急進的イノベーションのさらなる別の事例を追加し，アップロードできるようにしている。

　本書で議論した事例の数々は，とにかくとても多様であるので，デザイン・ドリブン・イノベーションがあらゆる企業に適した戦略であることを示せている。大企業であろうが中小企業であろうが，製品を売っていようがサービスを提供していようが，消費者相手であろうがビジネス市場であろうが，耐久財を生産していようが消耗財を生産していようが（付録Aのリスト参照）。私の研究事例の多くは，イタリアのメーカーを基本としているが，その理由は単に，彼らが何十年にもわたって徹底的に，このアプローチを開拓してきたからだ。このアプローチの大部分は，未だ発見が待たれている。そうした状態ではあるが，どの国における，そしてどの産業における企業も，この戦略を用いているのだ。

　もっと重要なことは，この議論は，デザイン・ドリブン・イノベーションが単に1つの選択肢ではないことを示している点である。それは常に，そしてどこででも起きている。技術のように，製品も，ときには効用的な変遷，そしてときには急進的な変遷をたどるものである。遅かれ早かれ，意味づけにおける急進的な変化は必ず生じる。それが生じるときは，企業が急進的な変化を取り入れたからである。あなたは急進的な変化を生み出すプロセスを会得したいだろうか？　それとも競合他社がそうした変化を提案して，市場を引っ張っていくのを見ていたいだろうか？

　1980年代半ば，クオーツ動力（水晶発振）の発明により，セイコーやカシ

オといった腕時計メーカーは，人々が腕時計を技術的な機器だと見なすと確信し，腕時計にどうやって新しい特徴を付加するかに焦点を絞った。だが実際には，人々は腕時計をファッション・アクセサリーだと見なし始めたのである。腕時計の特徴や精密性は気にかけず，人々は数種類の腕時計を集めて，その中からその日の着こなしに合わせて選んだり，靴や帽子のようにシーズン毎に変えたりすることのほうに関心を持った。1986年にスイスの会社，スウォッチ（Swatch）が発表した腕時計のような革新的な製品が，急進的な市場シフトの引き金を引いたのだ。セイコーとカシオは，より綿密にユーザーと既存の意味について観察していた。スウォッチがつくり出した新しい腕時計すらも観察することになったのである。

【注】
1) イタリアの大学科学技術省が1,500万（ユーロ）の予算をかけて創立した，システマ・デザイン・イタリア（Sistema Design Italia）はイタリア全土から17人の研究者を集めた。分析プロジェクトのユニットの範囲は製品デザインだけでなく，イノベーション・プロセス，製造や経済システムにわたった。そのプロジェクトは14の詳細なケースを生み出し，イタリアで最も権威のあるデザインアワードであるコンパソ・ドーロ（Compasso d'Oro）を2001年に獲得した。プロジェクトとしてこのアワードを獲得したのはこれが初めてであった。
2) 私は，事例に没頭できるアプローチを追求することが可能な場所で，イノベーション・プロセスを先導するシニア・エグゼクティブと親密な関係を築いた。その他に，特に開示されているたくさんの情報がある企業（有名な企業としてアップルなど）に限り，本書の参考文献に示すような2次的な資料に依っている。
3) スティーブ・ジョブズは，2008年8月15日にサンフランシスコで開かれたMacworld Conference & Expoでの基調講演で強調して付け加えた。
4) 外部組織とのコラボレーションをオープンにする場合とクローズにする場合との違いに関する詳細な分析は，以下を参照のこと。
Gary P. Pisano and Robert Verganti, "Which Kind of Collaboration Is Right for You? The new leaders in innovation will be those who figure out the best way to leverage a network of outsiders," *Harverd Business Review* 86, no.12 December 2008, 78-86.

第1部

デザイン・ドリブン・イノベーションの戦略

第2章

デザインと意味

[モノに意味を与えることでイノベーションを興す]

すべての製品は意味を持っている。しかし，多くの会社は，意味のイノベーションをどうやって興すかについては気にかけていない。そうした会社は，人々が現在どのようにモノに意味を与えているかを理解することに努めている。しかし，そこで見つけられるものは，そうした意味は競合他社がデザインしたイノベーションによって提案されたものだということだけである。
（挿絵：壁にはカルテル（Kartell）のブックウォーム・ブックシェルフ（Bookworm bookshelf）。小さな机の上にあるコンピュータはインテュイット・クイックブックス（Intuit QuickBooks）を起動している。）

挿絵：Daniele Barillari

多くの会社が，市場競争は製品の意味によって引き起こされると認める。人々が製品に「何（what）」を求めているかよりも，「なぜ（why）」人々が製品を求めているのかを追求することが市場競争の原動力になるのだ。人々は，深い理由から製品を買って使う。その理由はあまりはっきりとはしないが，使いやすさと目には見えない心理的な満足感の双方を含んだものである。消費者，マネジャー，エンジニアは，食品，コンサルタント・サービス，ソフトウェアを実用的な理由から買うが，文化的および感情的な理由でも買う。

これは全くもって自然なことだ。私たちは人間なのである。実利主義者として製品を使う場合には，個人的な充足感，つまり意味を求める。心理学や社会学，文化人類学，記号論（サインやシンボルの研究）に至るまで，様々な科学的な学問領域における研究では，消費者行動に対して多くの洞察がなされてきたが，ほとんどの人が「すべての製品には意味がある（every product has a meaning）」という主張を取り上げてこなかった。

まだ，多くの会社は，製品の意味がどのように変化するか，あるいは製品の意味をどのように刷新するかということに関心を払っていない。それらの会社は，意味づけとはマーケティングとコミュニケーションの問題であり，R&Dには関係ないと信じている。ユーザー分析を通じて，それらの会社は，人々がどのようにモノに意味を与えているかについて理解しようとしている。しかし，その意味は，競合他社が導入した新製品によって提案されてきた意味であることに気づくだけである。

しかし，技術と同じように，意味づけはR&Dプロセス次第で決まる。会社が製品の意味を刷新できるプロセスこそが，デザインである。本章では，意味とイノベーション，そしてデザインの深い関わり合いについて述べていく。

デザインは，マネジメントに関する文献の中で，人気のあるトピックになっている。外見としてのデザインという直接的な概念から，デザインについての創造的で革新的なあらゆる活動を関連づけるという広範囲での概念に至るまで，かなりデザインの概念の幅が広く，その解釈は曖昧である。このややこしい事態の中で筋道を見つけるべく，本章では，デザインの理論家たちによる著

名な概念を通じて，あなたを案内しよう。「モノに意味を与える」という，デザインの本質に焦点を当てることによって，彼ら理論家たちの貢献をマネジメントの，特にイノベーション・マネジメントの眼鏡を通して再解釈する。

この視点に立つことで，あなたは，デザインの特性についてよりよく理解を得ることができる。エンジニアリングなど他のイノベーション・プロセスとどのように異なっているかについても分かることができる。また，なぜデザインが競争優位を生み出すために重要なのかを明らかにしている。つまり，デザインは意味を刷新し，意味は市場での差異をもたらすのである。

本章では，すべての製品は意味を持つという概念をより深く議論することで締め括っている。もっと言えば，技術のイノベーションによって，意味のイノベーションが食品や財務サービス，自動車，ビジネス・ソフトウェアに至るまで，あらゆる産業において生じている。だから，どの産業でも，意味のイノベーションが競争において極めて重要になっている。ということは，デザインが競争を決定づけるということである。デザインによって製品の意味を刷新しない会社は，主要な機会を逃し，競争相手にそれを持っていかれてしまう。

デザイン：モノの見方の万華鏡（モノの見方は多様に変転する）

それは12月半ば，晴れた日の素敵な昼下がり，ロンドン市街地でのことだった。コベント・ガーデンの中央にあるUKデザイン・カウンシル（UK Design Council）は，ビジネスにおけるデザインの将来についての会合を開くには最適な場所であった。王立オペラハウスの眺めは，活気を失いかける議論に熱を盛り返すのに一役買っていた。専門家の集団が，どうすれば会社がデザインへの投資を増やすように説得できるかについての議論を白熱させていた。テーブルの上にはティーカップ，ビスケット，ノートが散乱する中，参加者の名刺がまばらに並んでいた。面々は，デザイン思考家たち，デザインや経営学の教授陣，コンサルタント，そして世界中の様々な地域から訪れたビジネス・リーダーたちである。ふとした瞬間，反対側のテーブルに座っていた男性が手を挙

げ，致命的な質問を投げかけた。「えぇと，つまり…デザインとは何なのですか？」

　この質問は，専門家たちの会合の場においては，いささか奇妙に映るであろう。いったい誰がビジネススクールの教授会で「マネジメントとは何ですか？」と問うであろうか。それでも私は，この事態には慣れていた。私が，デザインの研究を始めたときから，どのミーティングでも，学会でも，ディベートでも，その参加者の肩書きにかかわらず，毎回必ず誰かが「『デザイン』という言葉をどういう意味でとらえているのですか？」と質問をしてくるのだ。

　デザインの定義は流動的であり，つかみどころがない。それは，人々がデザインの意味について考えたり議論したりしないからではない。実際には，彼らはデザインを実践している。問題は，収斂が足りないことにある。トーマス・クーン（Thomas Kuhn）は，科学の社会学という見地からの研究で，どのように新興の学問領域や定説が，原理原則や規範を共有しながら形成されていくのかを示している。彼はこれを「パラダイム（paradigms）」と呼ぶ。しかし，そうした収斂が起こる前は，各学問領域は，パラダイム以前の段階にある。例えば，デザインの領域がパラダイム以前の段階でずっと留まっているように，学者たちは自らの研究を制約してしまうことになるのではないかという不安から，定義や学問領域を共有して収斂することを恐れているように思える。インターナショナル・カウンシル・オブ・ソシエティーズ・オブ・インダストリアル・デザイン（International Council of Societies of Industrial Design）の前局長，ピーター・ブテンスクホン（Peter Butenschøn）は，ブルネル大学におけるスピーチの際，次のように述べている。「デザインについて議論することは，ますます複雑な事態となった。なぜなら，議題がしょっちゅう変わっていくように思えるからだ」[1]。

　言うまでもなく，ディベートは自由で制限のないものである。高名なデザイン論者であり，ミラノ工科大学デザイン学部の同僚であるエジオ・マンジーニ（Ezio Manzini）に私は，デザインの定義を理解することを助けてほしいと訊ねた。すると彼は私に，デザイン史の本を読むことを勧めた[2]。経営学者に与

えるには奇妙なアドバイスに思えたが（しょせん経営学者は，めったにマネジメント史を勉強しないので），これは非常に思慮のあるアドバイスであった。なぜなら私は，単純な答えへの近道をたどることなく，デザインの本質を多面的に把握することができたのだから。

会社のイノベーション戦略に対するデザイン独自の貢献を理解するには，明確な定義を必要とする。学者たちが詳細にその概念を議論し合ってきたことを考慮すれば，私があえて新しい定義づけをなすことは不要だろう。むしろ，イノベーションに対するデザイン独自の貢献を強調するような定義を選ぶべきだろう。その定義とは，デザインはモノに意味を与えるものであるというものである。とはいえ，この定義とそれが意味するところを十分吟味する前に，私が何をデザインとは考えて「いない」のかということをはっきりとさせるために，まずはデザインに対するいくつかの解釈について，簡単にとらえてみたい[3]。

製品の形態としてのデザイン

1999年，ABCの「ナイトライン」という番組で，ニュースキャスターのテッド・コッペル（Ted Koppel）は，有力なデザイン企業であるIDEOがどのようにイノベーションを実現しているのかということを例証するVTRを紹介した。この話題に入る前に彼は，おそらく最も有名で，広く知れ渡っているデザインの定義を読み上げた。「私たちが使用するあらゆるモノは，形態と機能を結婚させるようにデザインされたものである。そのデザインは，うまくいっているか？　私たちは，そのデザインを興味深く，あるいは魅力的に見ることができるだろうか？」[4] デザインとは，製品の形態（Form）のことであり，製品の機能と並列に見なされることが多い。確かに，多くの人々が，デザインとは基本的に形態を扱うものだと信じている。エンジニアが，製品の機能をつくるために技術を用いるとすれば，デザイナーは，モノを美しくするために形態を用いるものだという認識である。

もちろん，モダニストたちは，形態の支配について疑問を投げかける。例え

ば20世紀初頭にアメリカの建築家，ルイス・サリバン（Louis Sullivan）は「形態は機能に従う（form follows function）」と言っており，1919年から1933年まで開校されていたドイツのバウハウスの校長の一人である，ルートヴィヒ・ミース・ファン・デル・ローエ（Ludwig Mies van der Rohe）は「より少ないことは，より豊かなことだ（less is more）」という金言を残している。20世紀におけるビジネス世界で，最も頻繁になされたデザインの適用を見てみると，そこでは形態が圧倒的に注意されており，「スタイリング」の生みの親で，パリ出身でアメリカにおいて活躍したデザイナー，レイモンド・ローウィ（Raymond Loewy）が案出した「醜いものは売れない（ugliness does not sell）」という独断的な考えに従ってきた。現代でもまだ，ほとんどのビジネスマンが，製品のデザインを美しさと結びつけて考えている。

　残念なことに，このことは，イノベーションの世界においても少し当てはまる。言うまでもなく，美しさとイノベーションは，ときに対立する。人々は，美しさを自分の内ですでに確立している審美的な基準と照らし合わせて考えるものだ。しかし，斬新な製品，中でもとりわけ急進的に刷新された製品は，既存の基準に沿わないものであり，新しい基準を強制しようとする[5]。自動車デザイン企業，ピニンファリナ（Pininfarina）の前副社長で，現フィアット（FIAT）のデザイン部長のロレンゾ・ラマッチオッティ（Lorenzo Ramacciotti）は「私がピニンファリナに在籍していた頃，斬新なクルマのコンセプトを探し求めて，クライアントがよく来たものだ。そこで，私たちが考案した画期的なアイデアを紹介すると，彼らは『もっと美しくはなりませんか？』という反応を示した」と語ってくれた。

広い意味でのイノベーションと創造性としてのデザイン

　仮に，形態としてのデザインという概念が狭すぎるとすれば，多くの専門家は，何か革新的な活動を含むものであると，その概念を拡張するだろう。一般に，彼らが最初に取り組むことは，デザインと製品イノベーションを結びつけることである。人々が，主に技術を集中させているイノベーションを説明する

ために,「エンジニアリング・デザイン（engineering design）」や「ソフトウェア・デザイン（software design）」といった用語を使っていたのは言うまでもない。デザイン関連の著書の多くは，製品開発のためのハンドブックであった。「開発」という言葉の代わりに「デザイン」という言葉を使うことにより，それらの本は，純粋な技術開発よりも新しいアイデアの創出のほうに焦点を当てており，ユーザーのニーズに高い関心を示している[6]。

これらの本に関して，おそらく最も有名なデザインの定義は，1969年にトーマス・マルドナード（Thomas Maldonado）が提案して，それをICSID（International Council of Societies of Industrial Design）が採用した，次のようなものであろう。「インダストリアル・デザインは，産業によって生産されるモノの公式品質を決定することを目的とした創造的な活動である。それらの公式品質は，外見的な特徴だけでなく，主として構造的および機能的な関係についても含む。その関係は，システムをメーカーとユーザー双方の視点から見て，一貫性のあるものに転化するものである。インダストリアル・デザインの範囲は，産業生産が生み出した人間環境のあらゆる側面を包含するところまで広がっている」[7]。

ICSIDはこれまでに，サービス，プロセス，システムのデザインを付加することで，この定義の幅を広げてきた。その定義とは次の通りである。「デザインは，対象物，プロセス，サービスおよび，ライフサイクル全体におけるそれらのシステムといった多面的な品質を確立することを目的とする創造的な活動である。したがって，デザインは，技術が革新的に人間化を遂げる際の中心的な要因であり，また，文化的な交流と経済的な交換における重要な要因である」[8]。

定義が進歩的に拡大したことで，デザインは次第に，ブランディングやユーザーのニーズへの理解力，経営戦略，組織デザイン，市場デザインとも結びつけて考えられるようになった[9]。

これにより，ハーバート・サイモン（Herbert Simon）の「誰もが，現状をより良いものに変えることをめざし，創意工夫してデザインする」[10]という，

短いけれども，真相を見抜いている表現に近づいた。この解釈では，デザインは，環境をより良いものにしていく，すべての創造的な職業を包括している。「エンジニアリング，医薬，ビジネス，建築，塗装などは，必要性ではなく，不確定要素と関係がある。つまり，デザインによって，モノがどうあるか，ではなく，どうあり得るかということである」[11]。

　この進歩は，ビジネスにおいてもっとデザイン思考（design thinking）が必要である，という重要な議論に拍車をかけた[12]。サイモンが述べるように，そうした思考，すなわち，新しい可能性を思い描くことのできる能力は，マネジャーの必須要件である。にもかかわらず，ビジネススクールは，学生の分析能力を伸ばすことに専心してきたことが多く，彼らの創造性を無視している[13]。なお，どれほどこの議論が面白くて興味深くとも，私は，ここではそれに加担したくはない。私たちは，マネジャーは創造的でなければならないことを知っている。しかし，本書には違う目的がある。それは，マネジャーが，自社組織を革新するためにデザインをどのように「用いている（leverage）」のかを示すということである[14]。私たちがここで興味があることは，デザインを用いて「どのようにビジネスを行うのか（how to do business）」ということであり，デザインの手法ではない。例えばこれは，有能な絵画ディーラーは，芸術的な態度を取ることが必要であって，絵画そのものを描く必要はないことに似ている。本書で，あなたがお目にかかる経営者たちの多くは，デザイン態度（design attitude）を取ってはいるが，デザイナーではない。しかし，彼らは，デザインを通じて競争優位を創出する。残念ながら，先ほど紹介した，デザインをあらゆる種類の創造的な活動と結びつけて考えるような，広義のデザインの定義は，この場合においては機能しない。それらの概念はあまりにも総称的なので，もし，あなたがマネジャーや友人にデザインは「実際には」何なのか？　デザインの何が特有なのか？　と尋ねれば，その人は概念的な足場を全くもって失いながら，結局はこう言うだろう。「そうね！　デザインとは，モノを美しくするものよ。私のiPodに魔法のような感触を与えたようにね」[15]。

モノの美しさや形態のみにとらわれている人と，デザインは基本的にあらゆるものだと見なしている人という，両極にいる人のどちらであっても，イノベーション・マネジメントの研究者としての私の疑問を満たしてはくれなかった。果たして何がデザインと，技術進歩といった幅広く調査された，他のイノベーションの形態との違いを生み出しているのか？ いったい何が，デザインに投資している会社を世界市場で成功に導いているのだろうか？ 私が研究を始めたとき，1つのランプにふと出くわした…。

モノに意味を与えるものとしてのデザイン

目を閉じて，美しいランプを思い浮かべてみてください。

あなたは，どのようなランプを思い描いていますか？ すらっとしたものですか？ アルミやポリマー素材を使った，今どきのものですか？ 丸みを帯びたキャラクター型のランプでしょうか？ はたまた，それは，煌びやかな光沢，輝きのあるガラスの装飾，大胆な幾何学模様を纏った，全く新しい高級品でしょうか？

それでは，目を開けてください。

今あなたが見ているのは，ある部屋の光景で，幾重にも重なった陰と濃淡のある青色に覆われた，強い藍色と紫色からなる空間である。落ち着いた灯りは，あなたを心地よい気分にいざなっている。その空間にランプは見当たらない。あなたは，夜明けかと思い，窓辺に向かって歩く。しかし，外は依然として宵の中である。そこで，あなたは，その光がイスの後ろから漏れていることに気づく。あなたは，それにゆっくりと近づく。イスの裏をのぞくと，透明な素材と3つのバルブ，明らかな円形，それにディスプレイからなる，妙な装置を見つける。それが第1章で取り上げたメタモルフォシィである。これは，イタリアのメーカー，アルテミデがつくったライティング・システムである[16]。

アルテミデは，デザイン業界では名の知れた会社である。1961年に，ロケット工学を専門とする航空宇宙工学者のエルネスト・ジスモンディと，建築家の

セルジオ・マッザ（Sergio Mazza）がミラノで設立した，この会社は近代デザインにおいて最も重要なアイコンをいくつかつくってきている。例えば，リチャード・サッパー（Richard Sapper）がデザインした，ハロゲン・バルブと，ケーブルなしで電流を通す金属棒を使用した世界初のテーブルランプであるティジオ（Tizio：1972年）や，20年間以上もベストセラーであり続けている，ミッシェル・デ・ルッチ（Michele De Lucchi）とジアンカルロ・ファッシナ（Giancarlo Fassina）がデザインしたトロメオ（Tolomeo：1986年）などがある。

　アルテミデの製品は，世界で最も重要な現代アートおよびデザイン・ミュージアムの100以上の展示場で紹介されてきた。例えば，ニューヨークのMoMA（ミュージアム・オブ・モダン・アート）や，ロンドンのV&A（ビクトリア＆アルバート・ミュージアム）などである。また，アルテミデは，ヨーロッパのデザイン賞を含む，数多くのデザイン・アワードを獲得しており，コンパソ・ドーロやレッド・ドットは何度も受賞している。要するに，アルテミデは，世界的に名声の高い，美しいモダン・ランプのつくり手なのである。

　メタモルフォシィはいかにして，光を照らすということに対立するものとして，つまり，これまでになかったようなランプとして思い描かれたのだろうか？　1998年に設立されたブランド戦略および製品開発部長のカルロッタ・デ・ベヴィラッキァ（Carlotta de Bevilacqua）は，次のように答える。「今日では，どの市場志向型会社も，デザインに優位性があると理解している。その結果，すべての会社がデザインを利用できる。デザインは，ただ形状をきれいに見せるためだけの手段ではなく，むしろデザインでビジョンを提案して，ニーズを先回りするべきである」[17]。

　また，会長のエルネスト・ジスモンディは，こう答える。「デザインが，その最も難しい段階に突入したことを受け，私たちは，モノについてよりも，ライトそれ自体のほうに，より力を入れることを決めた。特にその色に…。現実問題として，私たちは，ライトの心理学的な要素についての研究を始めた」[18]。

美しいランプをデザインするだけでは，もはや十分ではないのである。外見におけるだけの狭い解釈では，デザインは単なる商品（commodity）になってしまう。アルテミデは，勢力範囲を拡大している競争相手との差異化を図るために，イノベーション戦略で急進的になる必要性を感じた。メタモルフォシィは確かに，新技術の相当な研究を必要としたが，アルテミデが実際に行ったのは，その製品の意味を本質から定義し直したことであった[19]。アルテミデは，人々がランプを購入する理由を再発見したのだ。つまり，ランプが美しいから買うのではなく，より心地よくなれるから買うのである。

実際，メタモルフォシィは，ヒューマン・ライトの概念に基づいている。人々の，喜びたいとか，人間関係を築きたいといった欲求に貢献するものとなっている。そのライトの持ち主は，リモコンで，自分の気分や状況に応じて，ライト色の微妙な調整ができるのである。「ドリーム」と呼ばれる，藍色の空間では，使用者が眠りにつくのに合わせ，徐々にその灯りを弱めていく。そのライトでつくり出せる空間のテーマには他に，リラックス，相互作用，創造性，愛がある。人々がランプで何かを表すという，このイノベーションは画期的である。なぜなら，人々の注意をモノからライトに移しているだけでなく（人々は，その灯りが自分のニーズにかなったものなのかどうかを確かめもしないで，単にリビングルームに置くのに適しているという理由からランプを買うことが多い），白色のライトから色付きのライト，つまり心理面を満たす灯りへと変えているからだ[20]。

この事例が明らかにしているのは，デザインは単に形態や外見についてのものではないということである。というのも，このランプは，これまでに考えられもしなかったものだからである。創造性としてデザインを解釈する一般的な見方でも，このランプを説明できない。そうではなく，このランプは，特定の種類のイノベーション，つまり意味のイノベーションによるものである。クラウス・クリッペンドルフ（Klaus Krippendorff）は1989年に刊行した『デザイン・イシュー（Design Issues）』において，このデザイン特有の側面に，卓越した定義を示している。「デザインの語源は，ラテン語のdeとsignareに起

因する。これは，何かをつくり，それにサインを印すことで見分けをつけ，それに意義を与え，他のモノや所有者，ユーザー，さらには神との関係を明確に示すという意味を持つ。この起源的な意味に基づくと，こうも言えるであろう。『デザインとは（モノに）意味を与えるものである』」。また，彼は，次のように記し，問題点を明確にしている。「一般の人が…（中略）…非常に個人的なものを贈られたとき，受け手は，それらの贈り物に関して，次のようなことを考える。これを贈ったのは誰か。どうやって手に入れたのか。誰を思い出すものなのか。どんな状況で目立つだろうか。どれほど大切にされ，愛情をもって使われてきたものなのか。他の所有物にどれほど合うだろうか。その存在はどれほど楽しめるものであるか。何を感じるのか。持ち主自身の定義にどれほど近いものなのか」[21]。

すべての製品には意味がある

　影響力のあるデザイン学者は，デザインと意味の関係を認め，支持してきている[22]。例えば，ビクター・マルゴリン（Victor Margolin）とリチャード・ブキャナン（Richard Buchanan）は，『デザインのアイデア（The Idea of Design）』という本を次のような書き出しで始めている。「製品とは，社会的に認められたアイデンティティの概念を具現化するものである。それゆえに，意味を象徴的に交換する際のしるしとなる」[23]。この本は1冊丸ごとを，製品の意味について論じることに費やしている。

　他の領域での研究も，また，すべての製品は意味を持つということを明らかにしている。例えば，心理学者のミハイ・チクセントミハイ（Mihalyi Csikszentmihalyi）とユージン・ロチバーグ－ハルトン（Eugenie Rochberg-Halton）は，家庭における個人へのインタビューと観察を通じて，人々が自分たちの私的な生活にモノをどのように馴染ませているか，そして，自分たちの経験の表現として，それらにどのような象徴的意味を与えているのかを示した。「モノは目標を具現化するし，技能をはっきりと示す。それを使う者のアイデ

ンティティを定める。使い手自体が，自身と相互作用させている，そのモノの大部分を投影している。したがって，モノも，そのつくり手（メーカー）をつくり出し，使い手（ユーザー）を使っていると言える」[24]。

消費に関する社会学的および人類学的研究は，象徴的意味と製品の意味を定義づけることにおいて，人々ならびにその相互作用が果たす役割を強調している[25]。また，記号論においては，どの分科であっても，製品言語（language of products）を研究している[26]。

ついには，マーケティングと消費者行動に関する広範囲の研究は，消費における感情的および象徴的な次元は，たとえ産業市場の中においてでさえも，古典経済学モデルで強調される実利主義的な視点と同じくらい，重要であることを明らかにしている。シドニー・レビィー（Sidney Levy）が記した1959年の代表的な論文には「人々は，それで何ができるかというだけでなく，それが何を意味するかという理由で，製品を購入する」とあり，これが，膨大な数の理論的および実証的研究を引き起こすことになった[27]。また，近年では，マーケティングと消費者行動の研究者たちは，感情的な次元がますます重要なものとなっている，サービス業に注目している[28]。

イノベーション・マネジメントの学者の間では，クレイトン・クリステンセン（Clayton Christensen）は，「なされるべき仕事（job to be done）」に基づいたフレームワークで，意味に狙いを定めることと，人々が製品を買う際に本当は何を成し遂げようとしているのかを理解することの重要性を説いている[29]。

これらの研究から生じているのは，2つの要素からなる製品の性質である。実用面では，機能と成果が論じられるが，それと等しく，シンボルやアイデンティティ，感情といったもの，言い換えると，意味に関する次元も重要視される[30]。したがって，弁証法的議論は，機能と形態の間におけるものではなく，機能と意味におけるものとなる[31]。

第1部　デザイン・ドリブン・イノベーションの戦略

人々は常にモノに意味を与えている

　製品の感情的および象徴的な側面は，「ポストモダン消費（postmodern consumption）」に向けた，最近の市場進化から生じたものではない，という興味深い観察結果がある[32]。意味は常に，製品の成功を決定してきた。

　その証拠に，1888年，イノベーションが，プロカメラマンのための複雑なカメラの製造に向けられていた時代に，ジョージ・イーストマン（George Eastman）は，人々は日常の写真を最も簡単な方法で撮影したいと思っている（あなたはボタンを押すだけでいい，あとは私たちがする）と，すでに理解していた。今日の例では，トヨタの人気ハイブリッド車，プリウス（Prius）が挙がる。プリウスは，スポーツカー（SUV）のように流線型であったり，シックであったりはしない。しかし，その所有者の財布と地球環境を同時に助けることができる（それはSUVを持つのと同じくらいかっこいいことだ）。

　このように，人々は，製品およびサービスの無形で，経験的な側面をより気にかけるようになるだろうが，製品が「余分に」感情的であったり，象徴的であったりする必要はない。これらの研究は単に，すべての製品ないしサービスは意味を持ち，企業は常に意味を刷新しているということを伝えているだけなのだ。

　形態は機能に従うべきだという文化的な命題（近代主義，合理主義の宣言）でさえ，意味の急進的イノベーションであり続けた。製品は単に実用的であるべきだという信条は，消費者集団は機能性を中核的な価値だと見なす，という仮定を前提としている。ドイツの小物家電メーカー，ブラウン（Braun）の社長，セイズ・バーンハード・ワイルド（Says Bernhard Wild）は，次のように語る。「ブラウンは『形態は機能に従う（form follows function）』ということを言葉通りに受け止めてきたか？　その答えは，はいとも言えるし，いいえとも言える。ブラウン・デザインは，人々の生活が豊かになるように努めてきている。それがブラウンの究極的な目標であり，機能である」[33]。

　まだ，多くの会社が自社製品をこの観点から見ていないし，イノベーションの対象とすらしていない。それらの会社は，新しい意味を提案することで，競

争優位を得ようとする先見的な数社を除いて，既存の市場概念の範囲内で，製品性能の改善を行い続けている。

市場セグメントと産業の壁を超える

　すべての製品が意味を持つとき，それらの意味は特定の市場セグメントだけにとどまらない。例えば，デザインを贅沢品と混同しているマネジャーは，高級品市場セグメントや成長経済においてのみ，意味が重要だと考える。もし，あなたが，自社の顧客は低価格と実用性のみに関心があるので，意味は自社にとって重要ではないと考えるのなら，あなたは，顧客を人間以下だと言っていることになる。一方で，あなたが，高級品市場で経営をしていて，意味を創出することは単に贅沢品をデザインすることだと考えるのなら，あなたは，自分の顧客は愚かだと言っていることになる。彼ら顧客は，もっと意味のあるものが欲しいのだ。

　経済の衰退期には，製品の意味は，より重要性を高める。企業は，そのアイデンティティと価値を下げることなく，コスト削減をしなければならない。巧みに出し惜しみをし，控え目な製品は，確かに強い個性を持つものとなるだろう。もし，それらに意味がはっきりとデザインされているなら，人々は，絶対必要なアイコンとして，それらを愛するだろう。顧客は，それらの商品を単に低価格だから買うのではなく，気が利いていて，責任を果たし得る生活習慣を端的に示しているから買うのであろう。例えば，スニーカーは，洗練されていて上品な革靴の廉価版ではない。スニーカーと革靴は異なった意味を単に持っているだけだ。スニーカーが，革靴の10分の1の価格しかしないからといって，価値が，それに比例しているかといえばそうではない。スニーカーは，仕事や行事，さらには結婚式でも履かれることがある。これとは反対に，低価格が，意味の無いコスト削減の産物であるときには，顧客は粗末さをはっきりと感じ取り，もっと有意義で価値のある製品を欲しがる。本書では，高級品，低価格品にかかわらず，製品における意味のイノベーションの事例について検討する。（例えば第5章では，基本的価値としての実用性と本質的要素の好例に

フィアット・パンダ（FIAT Panda）を取り上げている。）それらの事例にはいずれも，人々は意味あるモノを愛する，という共通項がある。デザインは，どの価格セグメントであっても，全くもってブレずに登場する[34]。

　意味は，特定の産業にのみ規定されるものではない。例えば，感情とシンボルは，ファッション業界のみに関連するものだと考える人がいる。最悪なことだ。意味の急進的イノベーションは，ファッション業界では稀である。本書には数多くの事例が出てくるが，どれ1つファッションに関するものなんてない。

　食品は意味を持つ。人類学者や社会学者は，よく料理学を通じて，人々のアイデンティティや文化を検証する[35]。ビジネスマンのツールから，すべての人の多様な目的のための製品へと，携帯電話の意味を変えたノキア（Nokia）について考えてみると，耐久消費財もまた，意味を持つ。屋外で電話ができる，という携帯電話の基本機能はそのままにしているが，人々は，ノキアの携帯電話を，社会関係のための個人的なアクセサリーと見なし始めた。これにより，仕事で使うためのモノというよりも「他者とつながり合うこと（connecting people）」のためのモノだと考えられるようになった。企業向けの製品もまた，意味を持つ。例えば，ユーロ・パレット・システム（euro pallet system）は，用具（パレット）に意味を与えるよりも，（EUに属さないメーカーへの貿易障壁もつくりながら）基準や規約を定めることで，貨物運送という結果に意味を与えて，ロジスティクスを再定義した。企業向け製品の多くが，ゆくゆくは消費者向けの製品にも対応する道を見つけ，急進的な変化を遂げている（後に，任天堂のWiiに使用されているMEMS加速・振動測定計についての面白い事例をご覧に入れよう）。

　サービスもまた意味を持つ。それまでの銀行窓口預金からオンラインバンキングに乗り換えた人々や，格安航空会社（LCC）が提供する空の旅，もしくは半ば公共的な交通システムとしてのカー・シェアリングの出現について考えてみてほしい。マクドナルドはファストフードの意味を変えた。マクドナルド以前では，自動車にひょいと乗って出かけて，食事を済ませることだけがファストフードの意味だった。マクドナルドは，似たような食事を提供するが，意

味は違っていた。マクドナルドは，あなたがどこにいても，安全で，清潔で，信頼できる場所となったのである。同様に，スターバックスも，コーヒーを買う場所から，まるで自宅でくつろいでいるかのようにまったりとできる場所へと，コーヒーショップの意味を変えた。サファリコム（Safaricom）の簡素なM-PESAサービスは，銀行業務の世界に簡単な通信機器を紹介したことにより，銀行口座を開設することなく，ケニアで最も信頼され，人気のある携帯電話を使って，親戚に送金できることを可能にした。

ソフトウェアでさえも意味を持つ（コードよりも機能的で形を失っているものを考えられるだろうか？）。例えば，クイックブックス（Quickbooks）について考えてみよう。会計の専門家にとってはいくらでもこなせる会計業務が，零細企業にとっては，ときに骨の折れる作業となる。そうした零細企業のニーズに応えるために，インテュイット（Intuit）はデザインされた。競合他社が，会計をしたいという人々に向けたアプリケーション・ソフトをつくり出していた一方で，インテュイットは，会計を本当に「したくない」人々のためにアプリケーション・ソフトを提案した。

私たちの調査の重要な部分は，家庭内で使われる製品（家具，ランプ，台所用品，食品，家電）に焦点を当てている。それは単に，私たちが感化された実例のイタリア・メーカーが，それぞれの産業でトップクラスにいるからである。しかし，私の主要な研究において発見し，立証した，いくつかの産業と市場に及ぶ多種多様な事例（付録A参照）が，すべての製品に意味があるということを，あなたに得心させることを願っている。

結局，私たちは人間である。私たちは，全人生を，意味を探すことに費やす。果たして誰が，配偶者や子どもに微笑んだり，同僚を励ましたりして，次の瞬間には，脳のスイッチを切り替え，無感情になって運転をしたり，職場で使う新しい周辺機器を買いに行けたりするだろうか？

製品の意味と言語

　私たちのデザインとイノベーションの研究モデル（図2-1参照）から，製品は人々にアピールし，そのニーズは2つの次元に分かれることが見て取れる。1つ目の次元は，技術開発に基づく製品の性能によってもたらされる，実用的な機能である。これは，イノベーションをマネジメントしている者なら誰にでも馴染みのあるものである。

　2つ目の次元は，感性と意味についてのものである。これは，製品の「なぜ」の部分である。つまり，人々が製品を使用する，深層心理的および文化的理由である。この次元は，個人的もしくは社会的モチベーションを示唆することができる。個人的モチベーションは，心理的および感情的意味と関連する。例えば，私はメタモルフォシィを使っている。その理由は，私が，自分の赤ちゃん

図2-1
イノベーションと人々のニーズ

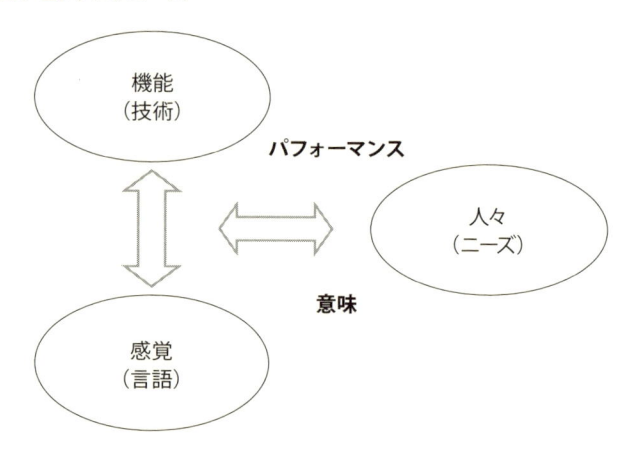

出典：Roberto Verganti, "Design as Brokering of Languages. The Role of Designers in the Innovation Strategy of Itarian Firms," *Design Management Journal* 14, no.3 (Summer 2003): 34-42.

に幼児語で話しかけている間，そのランプは，親としての絆を強め，詩的な感情を生み出すことに一役買うからだ。社会的モチベーションは，象徴的および文化的意味と関連する。つまり，製品が，自分ないし他者について何かを話しているということだ。それこそが，私がメタモルフォシィを購入する理由である。このランプは，私が，現代家庭のライフスタイルと哲学を調査するのが好きだということを，来客者に話しかけるのである。

　製品の「言語」とは，その素材，生地，香り，名前，そしてもちろん，その形態のことである（外見は，製品言語のただ1つの側面に過ぎない）[36]。例えば，メタモルフォシィにおいては，透明性とミニマリズムは，灯りは重要ではなく，照らし方が問題であるという感覚を表現するために用いられた言語である。他の多くの言語も，ユーザーがモノに感覚を与えるのに役立っている。一例が音である。例えば，ハーレー・ダビッドソン（Harley-Davidson）のオートバイの特徴を示す言語は，その形態であり，またそれに劣らず，そのエンジンの轟音であることは周知の通りである。かつて私は，バング＆オルフセン（Bang & Olufsen：B&O）のエンジニアに会ったことがある。ちょうど，携帯電話のセレネ（Serene）のプロトタイプを試しているところだった。そのプロトタイプは，一風変わった特徴を持っていた。それは，軽くつつくだけで作動する，小さな電気モーターにより，貝殻状（折り畳み式）の携帯電話がゆっくりと，そして上品に開閉するのである。この特徴と小さなモーターの振動音は私に，ベオサウンド3200（BeoSound3200：ユーザーが近づくと自動で開き，同じような振動音がするCDプレイヤー）といったB&Oの他の有名な製品を思い出させた。小さな携帯電話の振動音が，私の記憶を刺激し，私は「これぞ，バング＆オルフセンだ！」と見なしたのだった。

　製品の機能それ自体も，私たちがモノに意味を与えることを可能にさせるものの中において，基本的なものである。したがって，製品の機能は，私たちのフレームワークの縦軸をなす。例えば，メタモルフォシィのランプにおけるカスタマイズ可能な技術的特徴の数々は，ユーザーに，色の組み合わせと灯りの強度をコントロール可能にした。これにより，室内環境との調和を感じること

ができるようになる。したがって，技術は，意味に密接に関わっていると言える。実際，技術の画期的躍進が，意味の急進的イノベーションを引き起こすことがよくある（これについては第4章で詳しく述べる）。

とはいうものの，先に挙げた私たちのモデルの2つの次元は，ときに混同してしまうので，性能を意味から区別すること，また，技術を言語から区別することが，ほとんど不可能になる。後述するが，2次元間の区別は，企業のイノベーション戦略とプロセスに大きな影響を与え得る。製品の意味をそのままにして，製品の機能を変えることと，製品の意味を本質的に刷新するために，製品の機能を変えることとでは，大きな違いがあるのは言うまでもない。後者では，イノベーションの究極的な目的は，意味のイノベーションである（言わば「機能は意味に従う（function follows meaning）」）。このことは，本書で述べるように，ビジネス価値に与える影響度はかなりのものである。

本棚の意味

図2-1のフレームワークをより詳しく知るために，意味の急進的イノベーションの他の事例として，本棚を取り上げてみよう。本棚は日用品だと，あなたは言うだろう。それは確かだ。しかし，イタリアの市場だけでも，240以上ものブランドの本棚が売られており，加えて，職人による個人商店が何百ものノンブランドの本棚を拵えている。あなたは，本棚は見た目通り，本を置くという意味を持つだけの製品だと見なすだろう。差異化の手段は，組み立てて壁に立てかけるまでの作業を簡単なものにするか，立派な素材を使って模様づけをすることくらいしかないと思うかもしれない。

しかし，イタリアのデザイン・クラスターの中でも，急成長している家具メーカーの1社である，カルテルのブックウォーム（Bookworm）は，あなたが考えている方法ではつくられてはいなかった。カルテルは，ブックウォームを発売した1994年から2003年までの間に211％の成長を遂げた。これに比して，その10年間での産業全体の成長率が，イタリアで28％，ヨーロッパで11％であった。1949年，ミラノ工科大学で，ジウリオ・ナッタ（Giulio Natta：ポリプロピレンの発明でノーベル賞受賞）の下で学んだ，化学エンジニアのジウリオ・カステリ（Giulio Castelli）によって設立されたカルテルは，プラスチック家具の製造に特化している。アルテミデのように，カルテルは，デザイン史上に残るような傑作（design landmark）をつくってきた。例えば，アンナ・カステリ・フェルリエリ（Anna Castelli Ferrieri）がデザインした，モジュール式の入れ物，コンポニビリ（Componibili）は，ニューヨークのMoMAやパリのポンピドゥーセンターに収蔵されている。他にも，透明なイス，ラ・マリエ（La Marie）とルイス・ゴースト（Louis Ghosts），プラスチック製のソファ，バブル・クラブ（Bubble Club）がある。これらはいずれも，フィリップ・スタルク（Philippe Starck）がデザインしたものである。私たちの研究テーマであるデザイン・ドリブンというものを実証するために，私は，こうした革新的な会社に何度も話を戻すであろう。ただし，ここでは，私たちの製品フレームワークを説明するために，ブックウォームに注目しよう。

　本章の冒頭にイラストで描かれている，この一風変わった製品は，カルテルの驚くべき成長に，多大なる貢献をしている。同社はこれまでにブックウォームを20万セット以上も売り上げている。この成功の理由は何であろうか？ ブックウォームは，意味の急進的イノベーションをなしたのである。単に，壁に立てつけて，大量の本を納めるというだけの意味ではない。ブックウォームには，もっと深遠な役割がある。それは，絵画の代わりになるような役割である。図2-1の私たちのモデルをこの製品に当てはめてとらえてみよう。

　ブックウォームは，形を持たない。これは，デザインとは形態についてのことではないという考えを示す，1つの好例をなすものだ。ブックウォームは，色づけされた細長いポリ塩化ビニルの帯状の本棚であり，従来的には程よい硬さの素材である。しかし，これは，ステンレス製の鉄シートの柔軟性があり，ユーザーが小さなダンボールの包みを開けると，ブックウォームは床の上に伸びきった状態になる。ユーザーは，それを好きな形に折り曲げることができる。

　ブックウォームは，どんなメッセージを伝えようとしているか？ その感覚と言語は何であるのか？ まずもって語りかけるのは，あまり多くの本は収納

できないということだ。ブックウォームは，四角くてしっかりとした，他の本棚のように，たくさんの本を納めることができない。次に語りかけるのは，控え目ではないということだ。その大胆な配色としなやかなつくりは，人々の注目を浴びる。なぜなら，セレクト・アイテムとして見なされ，購入者が創造性を発揮して，それを室内に配置したいという意欲を掻き立てるからである。3つ目に語りかけるのは，これ見よがしに人目を引いているのではないということだ。ブックウォームに使われている素材はプラスチックで，その価格は通常の本棚よりも安い。200ドルくらいのものからある。4つ目に語りかけるのは，それは個人的なものであり，独自性があるということだ。全6色と，3種類の長さがあり，購入者のイメージに沿って，様々な形をつくり出せる。

　総じて，その核心にあるメッセージは，「私は誰？　私は，あなたの個人的で，ユニークで，巧妙にできた，光輝く芸術作品となるように演じなければならない」ということである。もちろん，ブックウォームの意味は，本を納めることではない（ブックウォームの所有者は，もう1つ別の本棚が絶対に必要であろう。おそらく別の部屋に取り付けられることになるのだろうが）。あなたが，人々がこの製品を家庭や職場でどのように使用するのかを見るとしたら，それは最も目につく壁に取り付けられていることを常に目撃するだろう。たいていは，家の玄関口に置かれている。私たちの親たち世代は，一番高額な絵画をそうした目立つ場所に掛けて，訪問客を歓迎したものである。だが，現代の若い世帯主の家庭では，20世紀の無名でマイナーな芸術家が描いた，どこにでもあるような絵画など買いたいとは思っていない。かといって，現代アートの傑作絵画なんて，残念ながら彼らのほとんどが手の及ぶ代物ではない。しかし，旅行や趣味を通じて，若年層は，自分たちの親よりも文化的な機会に触れることが豊富にあった。彼らは，親たちよりも，さらに価値のある何かを選ぶことができる。つまり，自らの知識や経験，創造性，嗜好を物語るような何かである。例えば，お気に入りの本や，各地のお土産や，トロフィーなどを飾って，自分自身を表すような，自分仕様の本棚である。

　ブックウォームの価値は，それゆえ，モノそれ自体にはなく（ブックウォー

ム自体は特に目立たない),もちろん,その機能にもない。それは,所有者の個人的な解釈にあるのだ(実際,ブックウォームは,洗練された使い方,創造性,審美的な嗜好を必要とする)。ブックウォームを使う者は,財布の中の所持金に関係なく,「私は文化的なエリートに属している」と言っても恥ずかしくはない。したがって,ブックウォームは,私たちの社会における文化的変化の先を行き,待っていたかのように文化的変化と完全に調和する。結局,私たちは,知識社会に生きているのではないか? 創造性と個人的な経験に価値があるような社会に生きているはずだろう。知識,創造性および経験は,多くの若い世帯にとって,個人的な芸術のようなものだ。私たちは,個人主義の時代に生きているのではないか? タトゥーのように,ブックウォームは,各人の個性を表現するものなのである。

提案すること,解釈すること

　意味は,ユーザーと製品の相互関係による結果である。意味は,製品に本来備わっているものでも,決定的にデザインされ得るものでもない。会社は,製品の持ち得る意味,それを特徴づけるデザイン,技術,さらには,ユーザーが独自の解釈をできるようなスペース,つまりプラットフォームとなり得る言語といったものを考えるだろう。確かに,人々は意味を提案する製品を好む。しかし,製品とは,その人の解釈を通じた上で,使っていこうかどうかが決まるものである。

　モノ自体は変わらなくとも,製品の意味は,徐々に大きく変化していくことができる。多くの人々が,今日ではブックウォームを,流行っているからという理由で購入するだろう。成功する製品は,往々にして流行期を経験する。しかし,私たちは,その製品を成功たらしめる,そもそもの意味のほうに,より関心がある。

　人々は時々,もともとの目的と大きくかけ離れた製品に意味を与えることがある。会社がそのような傾向を見つけ,理解し,支援するとき,その製品は,第2の製品人生から利益を得るかもしれない。イタリアの大手メーカー,スナ

イデロが製造したキッチン，スカイライン（Skyline）について考えてみよう。2002年に，スカイライン・ラボ（Skyline_lab）の名前の下に着手されたプロジェクトの当初の目的は，普通のキッチンを使用するのが困難である身体障害者のために，キッチンを開発していくことにあった。なぜなら，車イスでは，調理場下には合わないし，キャビネットには手が届かないからである。この製品をデザインすることにおいて，スナイデロは，身体障害者の人たちがどのようにキッチンを使っているかについて，現地のリハビリ施設に協力してもらい，エスノグラフィー調査を詳細に行った。

その結果，2004年にスカイライン・ラボが発売され，グッド・デザイン賞を獲得した。しかし，身体障害者の家族や身体障害者向けの施設はもちろんのこと，この製品は，健常者の興味も惹きつけた。例えば，車イスでの移動を楽にするための円形の調理場は，作業スペースが広くなっており，他者に背中を向けることなく，料理をすることができるのである。したがって，このキッチンは，家族や友人と一緒に料理をしやすい，という意味を得た。車イスの人々が用具を楽に取ることができる円形回転棚も，健常者に好評である。

スナイデロは，スカイライン・ラボの特徴が，多くのユーザーにとって意味のあるものになるとにらんではいたが，それがまさか，これまでのユーザーからの需要が一番大きいものになるとは予想だにしていなかった。要望に応えて，同社は，より広い市場に向けたバージョンのキッチンを発売した。このバージョンは，たった2ヵ月でスナイデロのベストセラー商品となり，現在では同社の収益の20％以上を占めている。このキッチンの当初の目的を知る顧客は，あまりいない。

これらの事例が示すのは，デザインが真に独自なものになるには，言い換えると，イノベーションが他のタイプとは違うものになるには，人々が必然的に製品に与える意味を刷新しなければならないということだ。この見解は，製品と消費の文化的な次元に注目したものである。これは，イノベーション・マネジャーが，製品性能の向上という観点でのみ考えるとき，よく見落としがちな側面である。

デザインをイノベーションすることは，マネジャーに次のことを問いかける。人々が私たちの製品を購入する最大の理由は何か？ なぜ，その製品が彼らにとって意味があるのか？ とりわけ，新しい意味を提案する製品を提供することで，私たちはどのように人々を満足させ，より喜ばせることができるのか？ これらの問いかけに対して，あなたが，即座に長い解答リストをつくることができるのは承知である。しかし，その中に競合他社と同じ答えがいくつかあっても，何ら不思議ではない。だから，即答なんかしないでいただきたいのだ。まずは深呼吸をしよう。

【注】

1）Peter Butenschøn, "Worlds Apart: An International Agenda for Design," (keynote speech at the Design Research Society, Common Ground International Conference, Brunel University, UK, September 5, 2002).

2）マンジーニに薦められた本は，イタリアにおけるデザインの進化について包括的に分析したRenato De Fusco, *Storia del Design* [History of Design] (Bari, Italy: Laterza, 1985). であった。英語文献では，John Heskett, *Industrial Design* (London: Thames and Hudson, 1985（邦訳：栄久庵 祥二，GK研究所訳『インダストリアル・デザインの歴史』晶文社，1985年））や，Penny Sparke, *An Introduction to Design and Culture: 1900 to the Present*, 2nd Edition (London: Routledge, 2004). を参照のこと。

3）デザインの定義に関するしっかりした科学的な議論は，様々な分野からの貢献に基づいている。この議論を垣間みたければ，Victor Margolin, ed., *Design Discourse: History, Theory and Criticism* (Chicago: University of Chicago Press, 1989)や，Victor Margolin and Richard Buchanan, eds., *The Idea of Design* (Cambridge, MA: MIT Press, 1996). を参照のこと。

認識論の議論は，Terence Love, "Philosophy of Design: A Metatheoritical Structure for Design Theory," *Design Studies* 21 (2000): 293-313や，Per Galle, "Philosophy of Design: An Editional Introduction," *Design Studies* 23 (2002): 211-218. を参照のこと。

MBAの学生に向けたデザインの入門書は，Robert D. Austin, Silje Kamille Friis, and Erin E. Sullivan, "Design: More Than a Cool Chair," Note 9-607-026 (Boston: Harvard Business School Press, 2007). を参照のこと。

4）Ted Koppel, *Nightline*, ABC News, July 13, 1999.

5) 美しさと文化的進化のせめぎ合いに関する興味深い調査については, Umberto Eco, ed., *History of Beauty* (Milano: Rizzoli, 2004). を参照のこと。
6) Vivien Walsh, Robin Roy, Margaret Bruce, and Stephen Potter, *Winning by Design: Technology, Product Design and International Competitiveness* (Cambridge, MA: Blackwell Business, 1992).
7) International Council of Societies of Industrial Design, http://www.icsid.org/about/about/main/articles33.htm.
8) International Council of Societies of Industrial Design, http://www.icsid.org/about/about/articles31.htm.
9) ブランディングに関しては, Design Management Institute, "18 Views on the Definition of Design Management," *Design Management Journal* (summer 1998): 14-19. を参照のこと。

ユーザーのニーズへの理解力に関しては, Karel Vrendenburg, Scott Isensee, and Carol Righi, *User-Centered Design: An Integrated Approach* (Upper Saddle River, NJ: Prentice Hall, 2002) や, Robert W. Veryzer and Brigitte Borja de Mozota, "The Impact of User-Oriented Design on New Product Development: An Examination of Fundamental Relationships," *Journal of Product Innovation Management* 22 (2005): 128-143. を参照のこと。

経営戦略と組織デザインに関しては, Roger Martin, "The Design of Business," *Rotman Management* (Winter 2004): 9. を参照のこと。

市場デザインに関しては, Alvin E. Roth, "The Art of Designing Markets," *Harvard Business Review* (October 2007). を参照のこと。
10) Herbert Simon, *The Sciences of the Artificial*, 2nd ed. (Cambridge, MA: MIT Press, 1982 (邦訳:稲葉元吉, 吉原英樹訳『システムの科学 新版』パーソナルメディア, 1987年)), 129.
11) Herbert Simon, *The Sciences of the Artificial*, 3rd ed. (Cambridge, MA: MIT Press, 1996 (邦訳:稲葉元吉, 吉原英樹訳『システムの科学 第3版』パーソナルメディア, 1999年)), xii.
12) Tim Brown, "Design Thinking," *Havard Business Review* (June 2008): 84-92.
13) Richard Boland と Fred Collopy は, この議論をなした本として *Managing as Designing* (Palo Alto, Ca: Stanford Business Books, 2004). を編纂した。その導入において, 彼らはマネジメント教育の弱点を次のように指摘している。「私たちはマネジャーを, 選択されるべき1セットの選択肢に直面するものとして描いた。この決定姿勢は, 考慮すべき選択肢を思いつくことを容易にするが, それらの中から選択することを難しくすると考えられる。対照的に, 問題解決のためのデザイン態度は, 優れた選択肢をつくることは難しいが, 一度本当によいものができると, 選択することは楽になると考えられる。

デザイン態度では，よい選択肢を思いつけないことのコストが，既存の選択肢から誤った選択を行うことよりもしばしば高くなる。明確に定義され安定した状況では，実現可能な選択肢がよく知られているとき，決定姿勢は最も優れた手段となる。しかし，最近のコンテクストでは，デザイン態度が求められている。選択肢の選び方の先進的で分析的なテクニックを学生に教えることに焦点を当てると，新しい選択肢を形成するデザインスキルを強くさせるような教育ができにくくなる」。

14）私たちは付録Bで，本研究から得られたビジネスとデザイン教育へのインプリケーションを議論している。

15）デザイナー自身が，自らの専門領域の境界を拡大しようとしている。しかし，トーマス・マルドナードは，このことがその領域の土台を壊しているとし，次のように語った。「デザイン（design）という言葉の感度劣化が進んでいる。その言葉は，建築家，エンジニア，デザイナー，ファッションスタイリスト，科学者，哲学者，マネジャー，政治家，プログラマー，管理者のあらゆる種類の活動の計画的（かつ促進的）なニーズに適応されるため，特定の意味を失いつつある…。いくつかの言語において，人々はデザインという言葉の使用を避けようとしている…。この不確定性が，今日においてデザインを学問領域として定義する上での最大の障害となっている」。(opening lecture, Design + Research Conference, Milano, May 18, 2000).

16）メタモルフォシィの開発のケーススタディをまとめたものは，Francesco Zurlo, Raffaella Cagliano, Giuliano Simonelli, and Roberto Verganti, *Innovare con il Deign. Il caso del settore dell'illuminazione in Italia* [Innoavting Through Design: The Case of the Lightning Industry in Italy] (Milano: Il Sole 24 Ore, 2002)の中にある，Giuliano Simonelli and Francesco Zurlo, "Metamorfosi di Artemide: la luce che cambia la luce" ["Metamorfosi by Artemide: The Light That Changes the Light"]を参照。

17）Ibid., 55.

18）Ibid., 56.

19）そのシステムは，2色性のフィルターを持った3つの放物線の反射体によって生み出される，単色の光と丸い光の輪のいくつかの組み合わせをつくり出し記憶できる，特許権を有する電子制御システムで構成されている。

20）フィリップス（Philips）は最近，最新のLCD技術を使用してはいるが，メタモルフォシィと全く同じ意味を持ち，さらには，同じ製品言語を持ったリビング・カラー（LivingColor）という製品を発売した。ビテオ（Viteo）が発売したライト・キューブ（light cube）のような，他の多くのメタモルフォシィの模倣品がそれに続いている。10年経っても，メタモルフォシィがこれらの模倣品の8倍の値段で販売されている事実が，アルテミデのビジョンの価値を示しており，その価値を最初に市場に持ち込んだことを讃えるものとなっている。

21) Klaus Krippendorff, "On the Essential Contexts of Artifacts of on the Proposition That 'Design Is Making Sense (of Things),'" *Design Issues* 5, no. 2 (Spring 1989): 9-38. を参照。また，Klaus Krippendorff, *The Semantic Turn: A New Foundation for Design* (Boca Raton, FL: CRC Press, 2006). を参照のこと。この提案は，デザイン元来の定義によく沿ったものである。例えば，Merriam Webster Online [http://mw1.merriam-webster.com/dictionary/design] によれば，デザイン（Design）とは，
1：創造すること。細工してつくること。遂行すること。計画に沿って組み立てること。工夫，考案。
2：a: 心の中に思い描き，実現すること。b: 目的を持っていること。c: 特定の機能や目的を考え出すこと。
3：古語: 特有のしるし，サインで指し示すことや，イタリック体で強調された氏名表記。
4：a: ドローイング，パタン，スケッチを描いたりつくること。b: 目的を持った計画を立てること。

22) 例えば，John Heskett, *Toothpicks and Logos: Design in Everyday Life* (Oxford: Oxford University Press, 2002（邦訳：菅靖子，門田園子訳『デザイン的思考―つまようじからロゴマークまで』ブリュッケ，2007年））にある次の記述を参照のこと。「本質的には，デザインは自然界に前例がない方法で私たちの環境につくり出し，私たちのニーズに対応し，生活に意味を与える人類の能力として定義される」。
デザインと意味に関する他の議論としては，
Rachel Cooper and Mike Press, *The Design Agenda* (Chicester, UK: Wiley, 1995).
Nigan Bayazit, "Investigating Design: A Review of Forty Years of Design Research," *Design Issues* 20 (Winter 2004): 1.
Donald A. Norman, *Emotional Design: Why We Love (or Hate) Everyday Things* (New York: Basic Books, 2004（邦訳：岡本明，安村通晃，伊賀聡一郎，上野晶子訳『エモーショナル・デザイン―微笑を誘うモノたちのために』新曜社，2004年））を参照のこと。

23) Margolin and Buchnan, *The Idea of Design: A Design Issues Reader*, xix.
24) Mihalyi Csikszentmihalyi and Eugenie Rochberg-Halton, *The Meaning of Things: Domestic Symbols and the Self* (Cambridge: Cambridge University Press, 1981).
25) 例えば，社会学者では，ポストモダンでポスト構造主義のJean Baudrillard, *The System of Objects*, trans. James Benedict (London and New York: Verso Books, 1968). を参照のこと。
消費の文化人類学に関しては，例えば，Mary Douglas and Baron Isherwood, *The World of Goods: Towards an Anthropology of Consumption* (Harmondsworth, UK: Penguin, 1980). を参照のこと。

26) Andries Van Onck, "Semiotics in Design Practice" (Design + Research Conference, Milano, May 18-20, 2000).
Giampaolo Proni, "Outlines for a Semiotic Analysis of Objects," *Versus* 91/92 (January-August 2002): 37-59.
27) Sidney J. Levy, "Symbols for Sale," *Harvard Business Review* 37 (July-August 1959): 118.
この研究が影響を与えたものとして，例えば，
Robert A. Peterson, Wayne D. Hoyer, and William R. Wilson, *The Role of Affect in Consumer Behaviour: Emerging Theories and Applications* (Lexington, MA: Lexington Books, 1986).
Elizabeth C. Hirschman, "The Creation of Product Symbolism," *Advances in Consumer Research* 13 (1986): 327-331.
Robert E. Klein III, Susan Schultz Kleine, and Jerome B. Kernan, "Mundane Consumption and the Self: A Social-Identity Perspective," *Journal of Consumer Psychology* 2, no.3 (1993): 209-235.
Susan Fournier, "A Meaning-Based Framework for the Study of Consumer/Object Relations," *Advances in Consumer Research* 18 (1991): 736-742.
Jagdish N.Sheth, Bruce I. Newman, and Barbara L. Gross, "Why We Buy What We Buy: A Theory of Consumption Values," *Journl of Business Research* 22 (1991): 159-170;
Gerald Zaltman, *How Customers Think: Essential Insights into the Mind of the Market* (Boston: Harvard Business School Press, 2003).
が挙げられる。
最近のレビューは，Susan Boztepe, "User Value: Competing Theories and Models," *International Journal of Design* 1, no.2 (2007): 57-65. を参照のこと。
28) Joseph B. Pine and James H. Gilmore, *The Experience Economy: Work Is Theatre and Every Business a Stage* (Boston: Harvard Business School Press, 1999（邦訳：電通「経験経済」研究会訳『経験経済―エクスペリエンス・エコノミー』流通科学大学出版，2000年，ならびに，邦訳：岡本慶一，小高尚子訳『新訳 経験経済―脱コモディティ化のマーケティング戦略』ダイヤモンド社，2005年)).
Berndt Schmitt, *Experiential Marketing: How to Get Customers to Sense, Feel, Think, ACT, and Relate to Your Company and Brands* (New York: Free Press, 1999（邦訳：嶋村和恵・広瀬盛一訳『経験価値マーケティング』ダイヤモンド社，2000年)).
29) Clayton M. Christensen, Scott Cook, and Taddy Hall, "Marketing Malpractice: The Cause and the Cure," *Harvard Business Review* 83, no.12 (December 2005): 74-83.
Clayton M. Christensen, Scott D. Anthony, Gerald N. Berstell, and Denise Nitterhouse,

"Finding the Right Job for Your Product," *MIT Sloan Management Review* 48, no.3 (Spring 2007) 38-47.

30) Heskett, *Toothpicks and Logos: Design in Everyday Life*.
31) 「形態が機能だけでなく，意味にも従うかもしれないという考えをより広めていくことは，ユーザーを元来の姿に引き戻す。さらには，その形態が使われるコンテクストについてだけでなく，そうした形態がどのように意味を与えるのか，あるいは他ならぬ誰かにとってどのような意味を持つのかについても，デザイナーが議論する必要性を強く提起する」，Krippendorf, "On the Essential Contexts of Artifacts or on the Proposition That 'Design Is making Sense (of Things).'"
32) Stephen Brown, *Postmodern Marketing* (London: Rotledge, 1995).
33) Bernhard Wild, "Invisible Advantage: How Intangibles Are Driving Business Performance" (7th European Design Management Conference, Design Management Institute, Cologne, Germany, March 16-18, 2003).
34) デザインを重視する企業のマネジャーは，自分たちが高級市場に位置づいているとしても，贅沢さとデザインの間にある深い違いに気づいている。バング＆オルフセン（Bang & Olufsen）のデザインとコンセプトに関するディレクターであるフレミング・モレー・ペダーセン（Flemming Møller Perdersen）は，かつて私に次のように言った。「私たちはいつもベストを尽くすように努めている。結局それがコストを高くしているかもしれない。しかし，私たちは贅沢品をターゲットにしていない。バーチュ・フォン（Vertu phone）は贅沢品であり，彼らは贅沢品をターゲットにしている」。

また，象徴的なイタリアの照明製造会社，フロスのCEOであるピエロ・ガンディーニ（Piero Gandini）は，この哲学を共有している。「私たちは贅沢品を扱う企業ではない。私たちは50～5,000ユーロの製品を製造している。贅沢さは分離している。私たちの狙いは分離することではなく，結合することだ」。
35) 例えば，Massimo Montanari, *Food Is Culture (Arts and Traditions of the Table: Perspevtives of Culinary History)* (New York: Columbia University Press, 2006).や，Franco La Cecla, *Pasta and Pizza* (Chicago: Pickly Paradigm Press, 2007).を参照のこと。
36) 製品言語の理論は，デザイン（例えば，Toni-Matti Karjalainen, "Strategic Design Language: Transforming Brand Identity into Product Design Elements," 10th EIASM International Product Development Management Conference, Brussels, June 10-11, 2003を参照）と記号論の両方で，かなり研究されている。例えば，Proni, "Outlines for a Semiotic Analysis of Objects."を参照のこと。

製品言語とイノベーションの関係についての分析は，Claudio Dell' Era and Roberto Verganti, "Strategies of Innovation and Imitation of Product Languages," *Journal of Product Innovation Management* 24 (2007): 580-599を参照のこと。

第3章 急速な突進

[デザイン・ドリブン・イノベーションを企業戦略に据える]

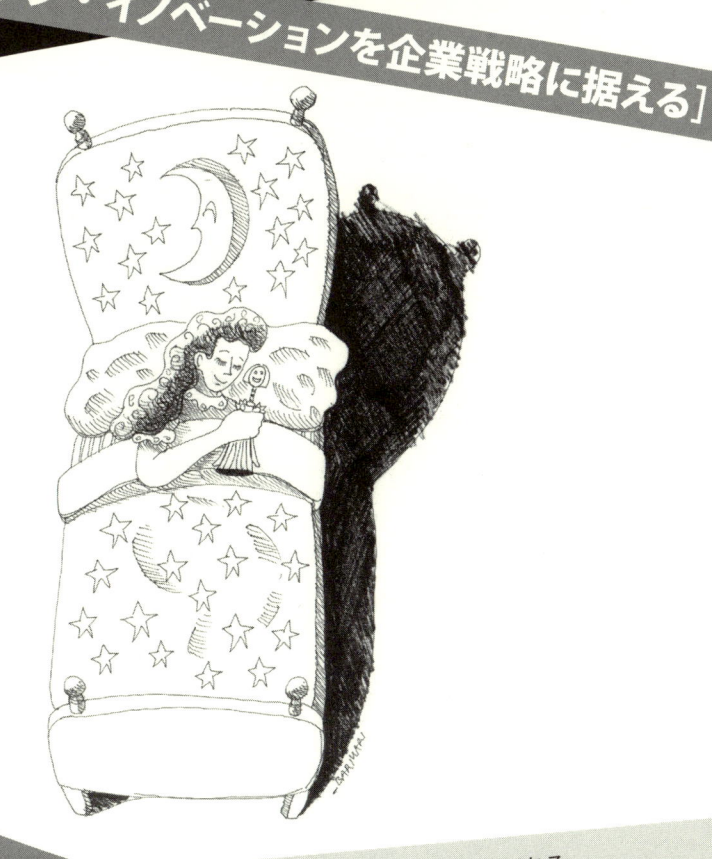

意味のイノベーションもまた，技術のイノベーションのように急進的であるだろう。意味の急進的なイノベーションは，ユーザーによって引き出されることはほとんどない。その代わりに，企業によって「提案される」。（挿絵：女性の手にはアレッシィの「アンナG（Anna G）」。ファミリー・フォローズ・フィクション（Family Follows Fiction）の製品シリーズのコルク栓抜き。）

挿絵：Daniele Barillari

第1部　デザイン・ドリブン・イノベーションの戦略

　私は店のウィンドウで「アンナG」を見つけた。彼女（アンナG）は私に微笑んでいて、その口元は子どもらしい喜びを表現していた。パステル・カラーのウェーブ・ドレスをまとっていた。私は手に取った。［すると，］その頭は肩の間で上下に揺れ，細長いクロムメッキの腕を私に向かって波立たせていた。彼女を元の位置に戻したとき，私はあたかも裕福になったかのような，奇妙な感覚を覚えた。アレッサンドロ・メンディニ（Alessndro Mendini）がデザインしたコルク栓抜きは，孤独感を和らげた…私を子ども時代に誘ってくれたのだ。子どもに戻った私は，両親の開いたパーティーの席でうろうろしていた。ほどなく私は，コルク栓抜きを手に取り，テーブルクロスの上でそれをクルクルと回し始めた。こういうふうに連想することは，とりわけ珍しいことでもないだろう。しかし，そうした経験を誰かに打ち明けることはほとんどない。それらは通常，私たちの私的な想像のうちにのみ留められるものなのである[1]。

　1991年，イタリアの家庭用品メーカー，アレッシィは，2ケタの年間成長を遂げている最中に，自身の産業の枠を飛び越えて，消費財に革命を起こすようなプロジェクトを開始した。そのプロジェクトは，ファミリー・フォローズ・フィクション（Family Follows Fiction）と名付けられ，全く新しい，遊び心のあるプラスチック製品のシリーズをつくり出した。そのほとんどは，擬人化していたり，比喩的な形をしていたりした。例えば，回転する頭に腕のようなレバーを持つ，アレッサンドロ・メンディニの「踊る」アンナGというコルク栓抜き，円錐形の帽子を被った中国人形を模した，ステファノ・ジオバンノニ（Stefano Giovannoni）のプラスチック製の柑橘搾り器。同じくステファノ・ジオバンノニによる，リスが前歯で殻を割るデザインのナッツ割り器。マッティア・ディ・ローザ（Mattia Di Rosa）のプラスチック製ボトル・キャップ。その名もよくできていて「何かを失くした少年，エジディオ（Egidio）」。

　人々は，そういった製品は，創造性が突然，閃くことで生み出されていると考えがちである。おそらく，デザイナーは，シャワーを浴びていると，突然，

頭が搾り器となっていてオレンジを搾っている中国人形のイメージが浮かんだのではないか，と。まったくの偽りである。

　1991年以前には，コルク栓抜きが「踊ったり」，リスの頭を回してナッツを割ったりするなんて，誰も考えていなかった。そのようなデザインは，売れる見込みがあるから誕生したのではない。もしそうだとしても，マネジャーは普通，侮辱まではいかなくとも，それを非常識なアイデアだと見なして却下する。そうではなく，ファミリー・フォローズ・フィクションは，アルベルト・アレッシィCEOが発起したものであり，長い研究過程の成果である。その狙いは，生活用品（と他の製品）が，人々にどんな意味を与えられるかということにおいて，急進的イノベーションをなすことにあった。

　ほとんどのアナリストは，企業のイノベーション戦略は2つの次元から成り立っていると見なす。つまり，漸進的な次元と急進的な次元である。この区分では，急進的イノベーションは，技術の画期的躍進の流れを汲む。意味は，漸進的な次元の一部として支持される。製品改善のためにユーザーの行動を十分吟味し，その結果に得る洞察を用いることでしか，会社はこれらについてよりよく理解することができない。

　とはいえ，本章では，意味のイノベーションが，技術革新と同じように急進的であることを示す。意味の急進的イノベーションは，ユーザーによって引き起こされることはほとんどなく，企業によって提案されるものだ。ここに，会社のイノベーション戦略における第3の次元が存在する。その大部分が未だ究明されていない。これこそが，デザイン・ドリブン・イノベーションの次元である。

意味の急進的イノベーション

　アレッシィの研究は，小児科医であり精神分析医でもある，ドナルド・ウィンニコット（Donald Winnicott）がなした，子どもが毎日，手にするモノをどのように感情や意味に結びつけているかという研究にインスピレーションを受

けたものである。彼は，とりわけ「過渡期におけるモノ（transitional objects）」の働きに着目した。それは，玩具，ぬいぐるみ，安心毛布といった，子どもが母親に目を掛けてもらっていた頃の幸せな世界を象徴するモノである。これらのモノは，子どもたちが母親から自立し，主体的な心理状態へと移行するのを手助けする。それらのモノは，その実質的な機能に関係なく，ほとんど無くてはならないものになる[2]。ウィンニコットは，大人も，毛布やぬいぐるみではないにしても，こうした過渡期におけるモノを持っていることを明らかにしていた！

アレッシィは，イタリアの神経心理学者であり心理分析学者である，フランコ・フォリナーリ（Franco Fornari）が発展させた，感情コード理論に，さらなる見識を加えた。この理論は，すべてのモノは，5つのあり得るコード（父親的，母親的，子ども的，性的，生と死[3]）を通じ，人々にメッセージを伝えるということを示唆するものである。アレッシィの製品には，そうしたコードを多く確認することができる。実際に，アルベルト・アレッシィは次のように語る。

この認識論的な貢献のおかげで，1990年代初頭に「ファミリー・フォローズ・フィクション」と呼ばれる，私たちのメタ・プロジェクトを開始したとき，私の苦労は少なかった。その目的は，モノの感情的構造を徹底的に，正確に突き詰めるというものであった…実のところ，コーヒーポットもしくはケトル（やかん）とテディベア（ぬいぐるみ）の間には何の違いもない…私たちの活動が，最も重要なニーズを満たすというものではないことは承知している。人は，道具を使って，火をつける，お湯を沸かす，コーヒーやお茶を淹れる，塩コショウを振る，ナッツを割る，トイレを掃除するといったことができる。それらの道具は，私たちの製品より，もっと「普通」のモノだということも承知している。私たちがしているのは，幸せになりたいという人々の望みに応えていくということだ[4]。

第3章　急速な突進

　それらの見識を追究するため，アレッシィは，セントロ・スチュディ・アレッシィ（Centro Studio Alessi）のコーディネーターである，ラウラ・ポリノーロ（Laura Polinoro）を含む調査チームを編成し，先進的デザイン研究に専念した。外部アドバイザーには，消費者食品文化の専門家である，ルカ・ベルセルロニ（Luca Vercelloni）や，建築家のマルコ・ミグリアリ（Marco Migliari）ら数名を起用した。このチームの研究では，会社は自社の製品群の焦点を「道具であり玩具であること（object-toy）」に合わせることが提案された。この特殊なモノのコンセプトを表現するには，全く新たな言語を用いる必要があった。そこで，会社は，自社がこれまで共同作業をしてこなかったようなタイプの人材，つまり，ほとんどが30代の，デザイナー，建築家，芸術家を慎重に選び，チームを組んだ。このチームは，競合他社がありふれたツールと見なしていたものを，人々が待ち望んでいた，過渡期におけるモノへと転換させることに成功した。

　つまり，素人目には，素早く，自発的な創造的プロセスに逆行するブレーンストーミングとして見えていたであろう，こうした取り組みが，製品の意味を根本から革新する，という明確な戦略によって勢いを得た，長い研究努力の成果に取って代わったのだ。

　市場は，ファミリー・フォローズ・フィクションを温かく迎え入れた。競合他社が売上を維持できれば御の字だと見なす産業において，アレッシィの収益はアンナGをはじめとする製品を発売してから3年で2倍となったのである。アレッシィ・ブランドは，革新的なモノの愛好家の間では，すでによく知られていた。1921年設立のアレッシィには，グレイブス・ケトル（Graves kettle：第8章参照）といったデザイン・アイコンがすでにあった。それが，現在では，アレッシィの名は，世界中の一般消費者の間で人気となっている。アレッシィは，製品シリーズに新しい仲間を投入することをほとんどしないにもかかわらず，1993年および1994年に発売された，多くのファミリー・フォローズ・フィクション製品が，未だにベストセラーとなっている。

　ひとたび，アレッシィが進む道を開拓したら，競合他社もそれに続いた。

ファミリー・フォローズ・フィクションは，よく模倣された。家庭用品だけでなく，他のモノについても，だ。アレッシィは，製品の感情的次元の重要さを示したのだ。それにより「感情的デザイン」が吹き込まれたモノが続々と，私たちの生活に流れ込んできたのである。

競争はあれども，模倣企業は，アレッシィ・ブランドの認知度や，意味の急進的イノベーションを抑えることはできなかった。人々は，なおもアレッシィの製品にプレミアム価格を支払ってまで購入している。実際，多くの競合企業は，道具兼玩具（object-toy）という，アレッシィが編み出した製品開発の方程式をそっくり真似してやろうと躍起になっている一方で，アレッシィ自身は，すでに急進的イノベーションを育むために組まれた，他のリサーチに着手していたのだ。最新のプロジェクトは，2001年から2003年にかけて行われていた，ティー・アンド・コーヒー・タワーズ（Tea and Coffee Towers）というものであり，目下のところ，製品開発中である。

意味の急進的イノベーションは常に生じている

ファミリー・フォローズ・フィクションは，会社が意味を刷新できるという，数ある事例の中の1つである。そうした会社は，非常に急進的に意味を刷新できるのだ。本書は，意味の急進的イノベーションを，コンピュータから食品，ソフトウェアから自動車，コミュニケーション・サービスから消費者家電に至るまで，様々な産業において探究している。

私たちは，すでに，それらの事例のいくつかを見てきた。人々の興味を，器具から灯りへと移して，ランプを購入する理由を覆したアルテミデのメタモルフォシィ・システム。同じように，カルテルのブックウォームは，本棚の意味に急進的な変化をもたらした。私は，他にも，任天堂のWiiやスウォッチ，アップルのiPodなどについて，後章で詳しく議論する。

意味の急進的イノベーションは，どんな産業でも生じうる。テレビ業界においても，だ。1980年代末に始まり，1999年にそのピークを迎えた，オランダの制作会社，エンデモル（Endemol）による実録番組『ビッグ・ブラザー（Big

Brother)』が引き起こした騒動について考えてみよう。このテレビショーの意味における画期的躍進は，残念ながら，すべての意味の急進的イノベーションが，人間の幸福や充足感，発展に資するものではない，ということを暗示している。

技術変化のように（もしくは技術変化によって，しばしば）意味は，急進的な変遷と漸進的な変遷のサイクルを経て進化する。例えば，オーディオ・プレイヤーについて考えてみてほしい。1960年代と1970年代には，hi-fiと言えば，電気通信と研究室設備特有の大きさとユーザー・インタフェースを有した，棚の上に組まれた電器システムのことを意味していた。

バング＆オルフセン（B&O）は，人々が，hi-fiを研究室ではなく，家庭で利用すると理解していた。それゆえ，同社は，人々がどのようにそういった空間で生活し，近代的な家具がどのような製品言語を持っているのかを検討するため，デザイナーに意見を求めた。それから，エンジニアが，そのコンテクストに製品を適応させていった。そうすることで，B&Oは，hi-fiを電器設備の一部から，家具の一部へと変えた。この意味の転換は，非常に急進的であった。デンマークのデザイナー，ヤコブ・イエンセン（Jacob Jensen）がB&Oで働く前に，GE（ゼネラル・エレクトロニック）にそのプロトタイプを見せたことがあるが，GEすら，その意味の急進的な転換は理解できなかったほどだ[5]。この意味は，実に30年間も市場を支配したのである。

オーディオ・プレイヤーが，人々にとって本当は何を意味するのかについての議論は，MP3オーディオ・スタンダードの登場までは下火であった。現在，人々は，コンピュータやiPodなどの携帯プレイヤーを用いて，各家庭で音楽を聴いている。人々が音楽をつくり，選び，購入し，共有することのできる，経験的システムへと，それらの機器が姿を変える中，オーディオ・プレイヤーは消えてしまった。多くの急進的な技術転換によって，アップルなどの新規参入者が，意味の急進的な転換を持続させており，既存の会社（特にB&O）に挑んでいるのだ。

個人的ファイナンスや小企業の会計向けのソフトウェア・アプリケーション

は，もう1つの変遷サイクルの例を示す。第2章で述べたように，1980年代末，インテュイットは完璧で，しかし複雑なアプリケーションを，簡素化する方向へと転化を図った。今は，ソーシャル・ネットワーキングが，新たな変遷を導いている。www.wesabe.com のようなウェブ・コミュニティは，どのように人々が節約し，賢明な投資ができるかについての見識を得るきっかけを与えているのだ。インテュイット自身，このように新たに生まれている意味について探求中である。その新しい意味とは，人々が，個人的ファイナンスや会計を処理するために，アプリケーションや会社の専門家だけに頼るよりも，むしろ見ず知らずの素人に頼っているということである。人々が，税金といった極秘情報を公開して共有することを，いったい誰が想像し得ただろうか？

意味とイノベーション戦略

　私たちは，これらの教訓を，第2章で紹介したイノベーションの枠組みを拡張するために使うことができる。その枠組みは，製品とユーザーの相互作用の2つの次元である，製品性能（機能性と技術）と意味（製品感覚と製品言語）に注目している。会社は，両方の次元で刷新することができるため，それら会社の戦略は，よりいっそう2次元的で計画される（普通は，技術のみに関することだと言われるので，1次元的である）。最も重要なことは，両方の次元において，漸進的もしくは急進的のどちらのイノベーションも興せるということである（図3-1参照）。

　縦軸では，技術革新が漸進的に改善（例えば，携帯電話のバッテリーの寿命延長）か，製品性能の進歩ないし機能の画期的躍進（例えば，携帯電話そのもの）が引き起こされる。横軸では，新しい意味が，現在市場を支配している製品の意味と大きく異なっている場合に，製品の意味におけるイノベーションが，縦軸と同様に漸進的か急進的になされる。その例には，アレッシィのファミリー・フォローズ・フィクションと，アルテミデのメタモルフォシィ・システムなどが挙がる。

図 3-1
イノベーション戦略の枠組み

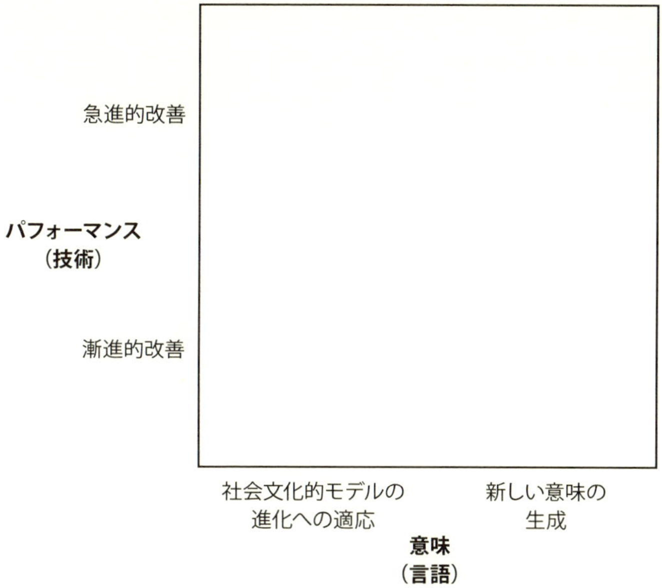

```
         急進的改善  ┌─────────────────────────┐
                    │                         │
  パフォーマンス     │                         │
    （技術）        │                         │
                    │                         │
         漸進的改善  │                         │
                    └─────────────────────────┘
                    社会文化的モデルの    新しい意味の
                     進化への適応          生成
                            意味
                           （言語）
```

1つの解明：美，外見，意味の漸進的イノベーション

　意味における漸進的イノベーションは，急進的イノベーションよりも，はるかに高い頻度で興る。会社は，頻繁に自社製品の言語を最新のものに変えて，市場を現在，支配している意味のテイストの緩やかな変化に適応させる。その典型はファッション業界である。ファッション業界の会社は，シャツやパンツの基本的な意味を問うことなく，スタイル，色，服の長さを頻繁に，そして迅速に変える。だから，急進的イノベーションをテーマとする本書では，ファッション業界についてあまり触れていないのだ。

　もちろん，意味における漸進的イノベーションは，ファッション業界に限ったことではない。どの産業でも起こり得ることだ。1970年代と1980年代の角張った乗り物から，1990年代の流線型（その中には，非常に丸い形をしてい

るので，まるでミッキー・マウスがクルマを運転しているかのように見えるものもある）に至るまでに，いかに自動車の外見の言語が次第に変化していったかを考えてみてほしい。

もしくは，いくつかの産業に共通する素材や色の流行を考えてみてほしい。例えば，アップルのiMacが発売された後の1990年代には，様々な色調の半透明のプラスチック素材が普及した。今日では，自動車，自転車，携帯電話，パソコンなどにおいて，クロムメッキ素材が使用されている。これらの例はどれも，社会と市場における進化に製品言語を漸進的に順応させていることを表している。それらのイノベーションは，現在の支配的意味に問いかけたりはしない。だが，単にそうした意味を新鮮なものにしたり，より増強したりする。ただし，これは，外見の領域においてである。

第2章で，どのように美とイノベーションが，しばしば緊張状態にあるのかということを述べた。ここでは，より詳しく見ていこう。審美および美が，製品をデザインするときに用いられる，唯一の原動力であるとき，審美および美は，意味の漸進的イノベーションの領域にある。

今この瞬間に，あなたのすぐそばにある製品を見てほしい。そこに格好よさを見つけられるだろうか？　もし，そうであるならば，あなたは，市場における美の流行の最先端をとらえる製造業者の能力を得ているのだ。あなたは，デザイナーがその形態を工夫したり，製造業者がデザイン企業に製品のユーザー・インタフェースや外見をつくるように依頼したりしたことをはっきりと感じているだろうか？　それこそが，デザイナーが自らの能力を出し切っている，という明らかなしるしなのだ。その製品は，スタイリッシュで，市場の支配的な言語と同調しているが，とても控え目でもある。これは，スタイリングとしてのデザインの成功であり，失敗でもある。

成功と言えるのは，人々が，製品言語を最新のものにしたいと思い始めているが，まだ適切な製品言語のままにしておきたいと思っており，その思いに「デザイン」で応えているからだ。消費者は，製品言語を読み取ることがとても上手になった。会社が，流行していない製品言語を有する製品をあえて発売

することはめったにない。しかし，これは，戦略的観点からすると，スタイリングの失敗でもある。もし，すべての会社が，漸進的デザインに投資し，同じ方法で同じ製品言語を用いるのならば，デザインは，他社と自社とは違うということを示す力，つまり差異化の能力を失う。TQM（総合的品質管理）のように，デザインによって差異化をなすことは，必須事項である。それ以上のことは他に何もない。

このように考える私は，教授陣やマネジャーたちが，デザインは成熟産業における差異化の源泉だと言っているのを聞くと，彼らの考えは10年遅れていると思ってしまうのだ。確かに以前はそうであったけれども，今はもう違う。1996年に，アルテミデのカルロッタ・デ・ベヴィラッキャは，次のように説明していた。「今日，すべての市場志向の会社は，デザインは優位性をもたらすと理解している。その結果，すべての会社がデザインを用いることができる」[6]。アルベルト・アレッシィは，この発言の要点を次のようにとらえ直している。

> このデザインの解釈は，私個人の見解としては，デザインの「グルメ的（gastronomic）」観点である。この観点でのデザインは，多かれ少なかれ稀少なスパイスとなり，産業的に調理する際に，より美味しくなるようにするためにふりかけられる，表面的な調味料となる。つまり，それは，製品をより興味深いものにするためである…周囲を見れば，このデザインの還元主義的な観点の産物を見ることができる。私たちは，退屈なモノの世界，平凡な製品の世界に囲まれている。それらのほとんどは，何の感情も詩的情緒もない。古典的な例は，自動車産業で生じている。すべての自動車が似通っていて，感情を伝えることはほとんどない。どれもかなり，真に革新的な審美的特徴が，全体的に欠如している[7]。

アレッシィやアルテミデのような意味の急進的イノベーションを取り入れる会社は，漸進的な改善をなしたりしない，ということは言うまでもない。ア

レッシィのカタログには2,000点以上の製品が掲載されており，さらに同社は毎年，約40点の新製品を発売する。その多くは，ファミリー・フォローズ・フィクションの中心テーマである，創造的な再解釈がなされている。アルテミデも毎年，数多くの新作の照明器具を発売するが，そのいくつかは，メタモルフォシィのヒューマン・ライトの概念が適用されている。また，美しいモノとしてのランプという，より伝統的な意味を再解釈した製品もある。

こうした企業と，それら企業の競合他社の違いは，アレッシィやアルテミデが，漸進的イノベーションを追求している点ではなく，急進的イノベーションに投資している点にある。それら企業は，劇的に，新しい意味を定期的に探しているが，競合他社はそれをしない。急進的イノベーターたちは，市場における意味が，漸進的に変化する期間と，急速で破壊的な変遷を遂げる期間の間を行き来することを知っている。彼らの狙いは，それらの変遷を導いて，その果てに競合他社を苦しませることにある。

急進的でありたい？
ならば，ユーザー中心のイノベーションは忘れよ

意味の急進的イノベーションは，どのようにして興るのだろうか？ 第1章（16ページ）で見たように，エルネスト・ジスモンディは，その理解に明るかった。「市場？ 何が市場だ！ 誰も市場ニーズなんて見ちゃいないよ。私たちは人々に提案をしているんだ」。ジスモンディは，会社がユーザーに近づき，彼らが現在，何を必要としているのかを理解しようとしている間は，急進的イノベーションは興らないと言っている。

彼は，孤立していない。意味の急進的イノベーションに投資してきた経営陣も，そのプロセスは，ユーザーのニーズを出発点とするというよりも，むしろ全く逆の方向に向かうということを認めている。つまり，アルテミデは，突破的なビジョンを「提案している」のだ。驚くことに，アルベルト・アレッシィも，この見解を説明するために，エルネスト・ジスモンディと，ほとんど同じ

言葉を用いている。「メタ・プロジェクトで働くことは，機能と必要性を純粋に満たすモノの創造を超越する。どんなモノも…『提案』を表している」[8]。

このアイデアを膨らませるため，アレッシィは，よくユーザーではなく「オーディエンス」という言葉を使う。「人々が欲しているモノ（それは全く革新的ではないモノ）をデザインする方法はある。より芸術的で詩的なデザインをする方法もある。それは商業的アートのようなものだ（「商業的」というのは，オーディエンスによって承認される必要があるからである。最終的には，人々がそれを愛する必要があるのだ）…ピカソが絵を描いたとき，彼は，ターゲットとなるオーディエンスについては全く考えなかった。ユーザーのターゲット・セグメントというものを意識していなかったのだ。しかし結局，彼は，単なる偉大なアーティストなだけではなかった。彼を見出した人々が，大きなビジネスをも成し得たのだ。巨大（で未開拓）なビジネスが，このタイプのイノベーションにも潜んでいるということである」[9]。

B&Oのデザイン・コンセプト・ディレクター，フレミング・モレー・ペダーセンが，似たようなことを話している。「私たちの企業における製品開発は，オーケストラを指揮するようなものだ。顧客は『オーディエンス』である」[10]。

ユーザーに頼ることのリスク

市場に製品を発売する前に，顧客への受け具合を十分吟味するという，従来のマーケット・プル型のイノベーションは，時おり，意味の急進的イノベーションを抑制してしまう。というのも，急進的イノベーションは，市場における既存製品とは異なったコンテクストと，ユーザー・アプローチを想定するからである。会社が，意味における躍進的な変化に関して，顧客代表のフォーカス・グループを当てにして製品テストを行う場合，人々は，その製品にすでに知っていることを求めるだろう。そのため，適切なシナリオに導かれない限り，その製品が本質的に革新しているかどうかには気づけないであろう。

そういうわけで，アレッシィやアルテミデのような会社は，慣例的な市場テ

ストの手法をめったに使用しないのである。もし1991年に，あなたに5つのナッツ割り器を見せたとしよう。4つは従来通りのモノで，1つはステファノ・ジオバンノニのリスである。人々は，あなたが単にナッツ割り器4つと玩具1つを見せられたと思ったことだろう。実際，意味の急進的イノベーションに関する多くの報告書では，会社が市場テストを信頼しているならば，そういった新製品を市場に投入することは決してない，ということが明らかにされている。

　例えば，スピーク＆スペル（Speak & Spell）について考えてみてほしい。それは，低コストのシングル・チップ・ボイス・シンセサイザーが内蔵された，初めての小型電子玩具であり，1978年にテキサス・インスツルメント（Texas Instruments）が50ドルで発売したものであった。この製品の特徴は，子どもが楽しみながら，アルファベットと綴りを学ぶのに役立つ，5つの教育ゲームを持つところにある。テキサス・インスツルメントが，この製品に取り入れた意味は，それまでの市場セグメンテーションから脱却した，極めて急進的なものだった。つまり，玩具ではなく，教育の道具でもなく，消費者向け電化製品でもない，それらすべてを同時に達成した製品なのであった。それは，今でこそ定着しているが，ロボットと相互作用する「おともだち」というコンセプトを持つ製品の草分け的存在だった。それは，生身の先生と正確さを競うためのものではなく，ともに遊び，学び，そして電子工学に触れる機会を得るためのものなのであった。

　そうした製品がひとたび市場に姿を見せると，子どもが，この電子的な「おともだち」と遊ぶことをどのくらい好きになるかは，多くの人が想起できる。しかし，初期段階における上記のコンセプトの市場テストは散々たるもので，会社は，このプロジェクトをもう少しのところで抹消するところだった，という事実を知る者は一握りである。フォーカス・グループのリーダーは口々に，子どもの親がまた騒々しい玩具が新しく出てきただけだと感じ，しかも合成音の声は冷たく，さえないと考えるのではないかと報告した。たった4人のエンジニア，ラリー・ブランティングハム（Larry Brantingham），ポール・ブリー

ドラブ（Paul Breedlove），ジェネ・フランツ（Gene Frantz），リチャード・ウィッギンス（Richard Wiggins）のビジョンと意欲だけが，テキサス・インスツルメントに，この製品の発売へと踏み切らせた[11]。

　ハーマン・ミラー（Herman Miller）が，アーロン・チェア（Aeron chair）を制作したときにも同じことが起こった。スタイリッシュで美しいイスというよりも，座るための機械と言ったほうが，その製品の意味の跳躍加減を表すことができた。そのイスの最も注目すべき特徴は，布張りでもパッド付きでもない，ということだ。その代わりに，イスの後部と座面は，半透明の表皮（合成素材）で覆われており，座る人の体型に合わせて順応し，それにより圧力を最小化し，背中の通気性を最大化する。その素材の透明性は，イスの構造とメカニズムをいっそう可視化している。これが「座るための機械（a seating machine）」の意味である。

　ハーマン・ミラーの研究・デザイン・開発副主任，ボブ・ウッド（Bob Wood）は，次のように語る。「私たちが，初期のプロトタイプを顧客に見せたとき，彼らは，こんな途中段階のモノではなく，布張りを終えた完成品のモデルを見せてくれないかと言ってきた。彼らは，それが完成品だとは信じられなかったのだ」。もちろん，アーロン・チェアは，発売されると，たちまち人気を博し，発売から10年以上経った今でも，オフィス・チェアとして最も求められるモノの1つであり続けている。

　B&Oがhi-fiの意味を根本から覆したときのCEOだった，ポウル・アルリック・スキフター（Poul Ulrik Skifter）にかつて聞いたことがある。「あなたはどうやってユーザーのニーズを分析したのですか？」と。彼は，こう答えた。「私たちが市場調査を行ったのは，ベオグラム4000（Beogram 4000：より精密性を追求するため，針が1点を軸にしてではなく，レコードの半径に沿って平行に移動する，ユニークなターンテーブル型レコード・プレイヤー）だけだった。マーケッター陣は，それは，せいぜいデンマーク国内で15台，世界でも50台売れれば良いほうでしょう，と言っていた。実際には，我が社で最も成功した製品の1つになった」。

第1部　デザイン・ドリブン・イノベーションの戦略

　任天堂も，革新的ゲーム機，Wii（第4章参照）をつくったとき，似たような難問に直面した。その日本企業は，本質的な革新を遂げる，この製品を開発するときに，ユーザーの意見を聞くことはしなかった。宮本茂（シニア・マーケティング・ディレクターであり，エンターテインメント分析・開発部門のゼネラル・マネジャー）によれば，「私たちは，消費者のフォーカス・グループには頼らない。すでに，この産業内の開発者たちから，多くのフィードバックを得ている」ということである。社長兼CEOの岩田聡も，「私たちが2005年9月の東京ゲームショウで，その一端をお披露目したとき，会場は，驚きのあまり言葉を失ったような静けさに包まれた。観客はどう反応してよいのか分からないといった感じだった」[12]。

イノベーションを推進するということ

　多くの評論家が，アップルをユーザー中心の会社として引き合いに出す。しかし，アップルは実際には，人々に提案をすることで，イノベーションを追求する。1997年に同社は，人々が電子ファイルをやり取りするためにインターネットを使う，ということを提案した。Apple iMac G3という，その提案をなす，新たなデスクトップは，フロッピーディスク・ドライブが非搭載となる初めてのパソコンとなった。

　アップルCEOのスティーブ・ジョブズは，こう説明した。「ご覧あれ。時代に見合った，この製品を。フロッピーについてなんて，ちゃんと考えたことないでしょう？　誰も4ギガバイトのドライブを1メガバイトのフロッピーに保存しないでしょう。そうしたいのならZIPドライブを使わないといけない」[13]。彼は，アップルのイノベーションへのアプローチの要点を語ったのだ。「私たちには，多くの顧客がいる。それなりの顧客調査も行っている。だが，最終的には，理解しづらい点が多々あって，フォーカス・グループを当てにして製品をデザインするのはかなり難しい。ほとんどの場合，実物を見せない限り，人というのは自分が何を欲しいのか，分からないものなのだ」[14]。

　そうした経営者が，私たちに教えてくれるのは，意味の急進的イノベーショ

ンは，会社がユーザーに近づきすぎると興らない，ということなのだ。ユーザーに近づくと，全く逆の方向に行ってしまう。つまり，会社は，人々への提案をなすことで，市場に画期的なビジョンを推し進めるのである。この提案が成功して，人々に気に入ってもらえたとき，その会社は，重要な長期的競争優位を獲得する。

　これは，多くのマネジャーや学者にとっては，冒涜的に聞こえるかもしれない。私たちは，長年にわたり，ユーザー中心のデザインの誇大宣伝を経験してきた。多くの著書や教えにおいて，イノベーションは会社がユーザーに近づいたときに興る，という定説があり，会社が最初にすべきことは，現場へ行き，製品を使用している人々の写真を撮ることであると唱えられてきた。著書に然り，大学での講義に然り，ユーザー中心のイノベーションは，過去10年を支配してきたパラダイムなのである。

　しかし，私たちは，急進的な技術革新はユーザーを追いかけているとめったには興らない，ということをすでに知っている。モバイル・コミュニケーションは，基本的な人間のニーズをターゲットとした，電磁波についての何十年にも及ぶ研究を反映している。そのニーズとは，屋外でのコミュニケーションである。このニーズそのものは，ユーザー分析をさほど必要とはしなかった。その代わりに，会社は，装置を創出するために，技術調査に多額の投資を行った。その装置は，1980年代初頭に市場へと導入された。ユーザー中心のプロセスによって支えられてきた，漸進的な改善の流れは，後になって，より良いインタフェースをつくることに一役買った。

　技術的な躍進は，科学とエンジニアリングのダイナミクスの賜物である。それに，ハーバード・ビジネススクールのクレイトン・クリステンセン教授の研究のおかげで，なぜ大手企業は破壊的な技術革新を生み出すことができないのか，ということを私たちは理解している。その研究は，それら大手企業がクライアントのニーズばかりを追い求めるので，全体像でとらえることができなくなっている，ということを明らかにしている[15]。

　意味の急進的イノベーションについても全く同じことが言える。企業が，大

きなレンズをもってして，ユーザーに近づき，現在のコンテクストにおいて，彼らがどのように行動するのかを観察し過ぎると，意味の急進的イノベーションは興らない。もし，エルネスト・ジスモンディとアルテミデのチームが，人々の家に出向き，どのようにランプを使用し，バルブを取り換え，スイッチを入れたり消したりするのかを写真に撮っていたら，彼らはバルブ交換やスイッチの操作についてもっと良い方法を見出していたであろう。それはそれで有益なことである。しかし，それは，会社が意味の急進的イノベーションに投資していない場合での話だ。

アルテミデがメタモルフォシィをつくるまでは，人々が「より心地よくなれるライト」を求めているとは，誰も真剣に考えはしなかった。また，人々がボトルからコルクをどのように抜くかを単に見ることで，テディベアの代替品となるような踊るコルク抜きがつくられるとは，誰も真剣に考えはしなかった。それらは，人々が何を知っていて，何をするのかという可能性の範囲外にあるものだ。だが，もし，その可能性の範囲外にあるものを人々に提案できるのならば，その製品は，可能性の範囲内に収まり，人々が「それもありだな」と思ったり，気に入られたりするようになる。アルテミデやアレッシィが製品を発売した後は，人々は確かにそれを愛用してきた。

新しい意味，新しい文化

このように述べると，ここで取り上げる経営者が非常識のように思えたり，ユーザー中心のイノベーションについての最新のベストセラーを読んでいない，古いタイプのマネジャーだと思われたりするかもしれない。けれども，彼らは，自分が何をしているのかをよく分かっている。彼らは，頑固な急進的イノベーターである。漸進的でユーザー中心の競合他社よりも，実際に人々を幸せにしている。

単に，そのイノベーション・プロセスが異なっているだけだ。どのように意味が進化するのかを考えれば，納得できることである。意味は，人類の心理学的および文化的次元を反映している。私たちのモノへの意味の与え方は，その

価値観，信条，規範および伝統に強く依存する。言い換えると，意味とは，私たちの文化モデルを表している。この文化モデルは，私たちの個人生活や社会で起こることを映し出すのである[16]。

　例えば，もしSUVを所有し，運転することが格好よいと思うならば，それは，その人の社会観において，製品が非常に重要な役割を占め，高級であることに価値を見出すからだ。また，もしコルクをボトルから抜くときの複雑なテコの作用が好きなのであれば，きっとそれは，私たちの中に潜む小さなエンジニア心をくすぐるからであり，ワインボトルへの支配感を味わえるからであろう。

　しかし，もし社会が変化し，燃料消費が世界で主要な問題となれば，SUVの意味も変わってくる。以前は少し軽視されていた，トヨタのプリウスが，注目を集めることになる。同じように，店先で私たちに笑いかける，擬人型のコルク栓抜きを見たとき，それまではコルク栓抜きを使うときに考えてもみなかった，子ども心を瞬時に，新鮮な感覚で見出す。したがって，意味の急進的イノベーションは，社会文化的モデルの本質的な変化を表しているのである。

　社会文化的モデルは，変わるものである。たいていは少しずつ変わっていく。しかし，周期的に，主要な変遷を経験する。それはいくつかの理由から生じるものだ。例えば，経済の急速な変化，公共政策，芸術，人口統計，ライフスタイル，そして，最後になったが重要な科学技術である。

　製品を新しい意味で提案する会社は，そうした変遷を増進したり，後押ししたり，ときには引き起こすきっかけにすらなる。私たちが実際に手に取って使用する製品が，文化を形づくるのだ。もし，私たちが，より多くの時間をキッチンで費やしたり，さらには他の部屋とキッチンをつなぐことが好きならば，それはアレッシィなどの会社が，調理をしたり，皿を洗ったりといった機能的な側面に専ら従事していた閉鎖的空間を，開放的で，快適で，楽しいスペースへと変えたからである。

　もしくは，腕時計が，宝飾品や時間を確認する道具としてよりも，ファッション・アクセサリーであると考えるならば，それは，スウォッチが，1983

年にそうした腕時計を販売し始めたからだろう。スウォッチは，私たちのモノの見方を変えてしまった。この新しい意味の種は，おそらくすでに宿っていて，1980年代初頭においては，社会文化的な変化の及ぶ範囲内に潜んでいたのだろう。しかし，その種は，会社がそれに目を向け，それらの変化を製品に組み込んで，実在のものとするまでは，芽吹くことも花咲かすこともなかった。もしスウォッチが，そうしたことをしていなければ，おそらくは競合他社が，スウォッチよりは遅めではあるが，その種を見つけ出していただろう。あるいは，その種は日の目を見ないままであったのではないだろうか。それは誰にも分からないことだ。これは，技術にも言えることである。もし，トーマス・エジソン（Thomas Edison）が，ライトバルブを1879年につくっていなければ，それがいつ発明されるのか，そもそも発明されるのかどうかは，誰にも分からない。単に時間の問題だけになっていたか，あるいは新しい機会が生まれて，技術の軌道が違う経路をたどることになったのかもしれない。

新たな文化的パラダイムを求めて

　社会文化的なモデルと，意味の急進的イノベーションの関係を分かりやすく説明するために，私たちは，技術革新の研究から「レジーム（体制）」もしくは「パラダイム」の概念を援用できる。技術的レジームは，産業を支配する。その分野においてエンジニアが共有している，一連の研究ルーチンと，何が実現可能か，もしくは少なくとも試みる価値のあるものかという彼らの信念こそが，技術的レジームである。この技術的レジームは，漸進的イノベーションと急進的イノベーションの間に境界線を引く。漸進的イノベーションは，技術的レジームの範囲内で興るが，急進的イノベーションは，支配的レジームの変化が関係する。

　似たようなことは，社会文化的レジームやパラダイムでも言える。すなわち，社会における支配的な社会文化的モデルについて，である。意味のイノベーションは，現在の社会文化的レジームの範囲内で興ることが可能であるが，その場合は斬新的なものである。あるいは，全く新しいレジームをつくる

場合があるが，その場合は急進的なのである[17]。

　意味の急進的イノベーションを求めている会社は，ユーザーに近づき過ぎることはしない。なぜなら，ユーザーがモノに与える意味は，現存する社会文化的レジームによって規定されているからである。ユーザーに近づく代わりに，意味の急進的イノベーションに投資する際には，アルテミデやアレッシィなどの会社は，ユーザーと一歩距離を置き，社会，経済，文化，芸術，科学および技術の進化を調べる。

　といっても，それらの会社がトレンド分析をしていると言っているわけではない。トレンドは目に見える。なぜなら，すでに起こっていることだからである。それらの会社は，トレンド分析ではなく，社会文化的な現象の進化と調和するような新しい可能性を探し求めているのだ。けれども，そうした可能性は，会社が，製品に変換したり，人々に提案したりするまでは姿を現さないものである。それらの会社は，花咲かすことのできる種が欲しいのである。卓越した理解力，創造力，新しい製品の意味を左右する力はすでに持ち合わせているのだ。

　このことは，それらの会社が人々のニーズは気にしない，という意味で言っているのではない。むしろ，それらの会社は，人々がモノに意味を与える様子を注意深く調査している。第1に，エルネスト・ジスモンディがこう言っている。「アルテミデはユーザーではなく，『人々』を観察する」，と。確かに，アルテミデが，ユーザーにかなり近づいてしまうと，その製品は，ユーザーには変なモノに見えてしまう。そして会社は，ユーザーの認知的および社会文化的コンテクストを見逃してしまう。すなわち，そのユーザーには子どもがいて，仕事があり，何より，熱望したり，夢を見たりするという事実を見失うのである。

　第2に，会社は，変化する社会文化的コンテクストの範囲内で，人々を観察する。新たに起こり得る意味を理解するため，会社はユーザーから一歩距離を置き，まだ実在しないシナリオの中で，人々が何を好きに「なり得る」のか，また，彼らが新しい提案をどう受け入れるのかを全体像でとらえる。

第1部　デザイン・ドリブン・イノベーションの戦略

3つのイノベーション戦略

　以上のような洞察は，私たちに3つのイノベーション戦略を特定させてくれる（図3-2参照）。

　「マーケット・プル・イノベーション（market-pull innovation）」は，ユーザーのニーズを分析することから始まる。それに続き，ユーザーをもっと満足させることのできる技術，もしくは現在のトレンドに応じるために，製品言語を最新のものにできる技術が追求される[18]。ユーザー中心のイノベーション（もしくはユーザー中心のデザイン）は，マーケット・プル・イノベーションの一種だと見なすことができる。その狙いは，支配的な意味を疑ったり，再定義したりすることではなく，支配的な意味をさらに理解し，充足させることにある。ユーザー中心のイノベーションは，従来のマーケット・プル・イノベーションよりも，もっと効果的なので，現存する社会文化的レジームをはるかに強力なものにする。それゆえ，漸進的イノベーションの次元へと陥っていく。

　技術の急進的イノベーション，もしくは「テクノロジー・プッシュ・イノベーション（technology-push innovation）」は，先進的な技術研究のダイナミクスを反映している。ライティング産業で現在，広まっているLED（light-emitting diodes）は，1920年代における半導体ダイオードの電気蛍光発光能力に関する研究から派生したものである。この研究は，科学的発見と技術開発の典型的なパターンに沿うものだった。より小さく，より効率的なライトの製造方法に対するニーズに応えるために，市場へと推し進められた，漸進的な改善から生み出された画期的躍進（赤色，緑色そして青色のLEDの発見）によって，その研究に区切りがつけられた。

　テクノロジー・プッシュ・イノベーションは，単純な理由から，豊富な研究の対象とされてきた。その理由とは，技術の画期的躍進は，産業に破壊的な衝撃を与えて，しばしば長期的な競争優位の源泉になるからである[19]。そうしたイノベーションは「急進的（radical）」「破壊的（disruptive）」「非連続的

図3-2
3つのイノベーション戦略

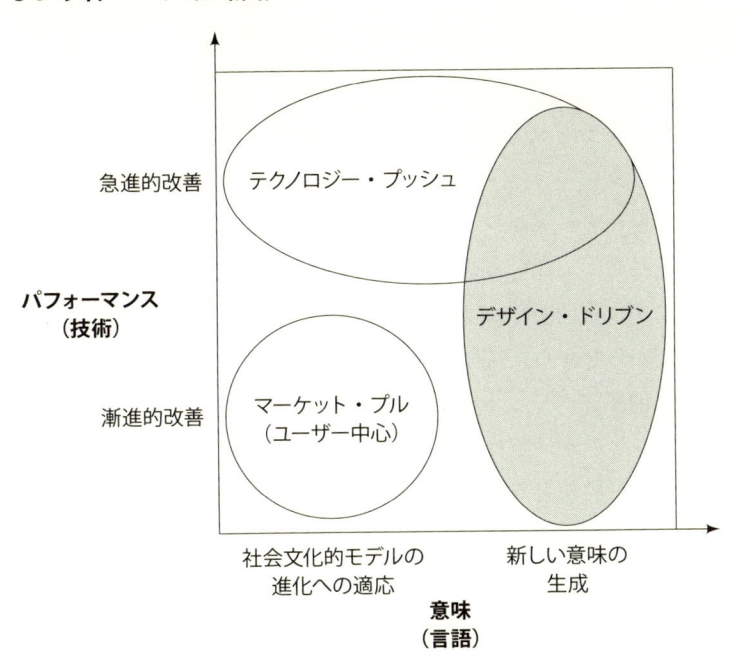

```
                    ↑
急進的改善      ┌─────────────────────────┐
               │   テクノロジー・プッシュ    │
               │                          │
パフォーマンス  │           デザイン・ドリブン │
 （技術）       │                          │
               │   マーケット・プル         │
漸進的改善      │   （ユーザー中心）        │
               └─────────────────────────┘→
                社会文化的モデルの  新しい意味の
                  進化への適応       生成
                        意味
                       （言語）
```

（discontinuous）」「能力破壊的competence-destroying）」「新たなパラダイム（new paradigms）」「新たなサイクル（new cycles）」「新軌道（new trajectories）」など，様々な呼ばれ方をされる。

　私たちは，意味の急進的イノベーションを「デザイン・ドリブン・イノベーション（design-driven innovation）」もしくは「デザイン・プッシュ（design push）」と呼ぶ。なぜなら，意味の急進的イノベーションは，企業のビジョンによって駆り立てられるからである。そのビジョンとは，人々が愛しうるような画期的意味と製品言語についてのビジョンである（顧みると，人々は単にそういったものをわりとよく待ちわびているように思える）。デザイン・ドリブン・イノベーションは，マーケット・プルのプロセスよりも，テクノロジー・

プッシュのプロセスに近い。

イノベーション・ポートフォリオの比較

　会社は，自社のイノベーション戦略の分析に，図3-2にあるダイアグラムを用いることができる。多くのプロジェクトは，マーケット・プルの領域に該当する。それらには，現存する製品ラインの修正や拡張，新市場のトレンドへの製品言語とスタイルの適応，ないし製品性能の改善による新モデルや，現存するニーズを満たすような新機能などが含まれる。それらはすべて，短期的な利益の源泉である。しかしながら，持続的な競争優位と，長期的な利益は，技術もしくは意味の急進的イノベーションを具現化するプロジェクトから生じる。そうしたプロジェクトこそが，会社の未来を築き上げるのだ。

　これまでの研究では，成功した画期的技術をつくり上げた企業は，産業リーダーとなり，現存する技術に注力している企業に取って代わることがよくある，ということが明らかにされている。デザイン・ドリブン・イノベーションは，これと似たように破壊的であり，かつ不可欠なことであり得る。絶対に不可欠である。なぜなら，遅かれ早かれ，市場を支配している意味に，急進的な変遷が起こるのは明らかだからである。漸進的な変化時期と急進的な変化時期が交互に生じながら進化する技術のように，社会文化的モデルも，わずかな変遷と急進的な変遷を交互に繰り返すことは避けられない。ハーマン・ミラーのCEO，ブリアン・ウォーカー（Brian Walker）が説明するには，「数年ごとに，私たちは世界規模でのシナリオ・プランニングを行う。それは，数年の見通しを立てるものであり，世界がどのように変わっていくかということに対する我が社の見解について，多様なビジョンを持つためのものである。私たちは自問自答する。もし，世界が，私たちの思い描いたうちの1つの発展路をたどったならば，それは，人々の仕事，生活，気持ちにどんな影響を与えるだろうか？」と[20]。

　同じように，アレッシィは，ここ25年間で，デザイン・ドリブン・イノベー

ションを目的とした，4つの主要な研究プロジェクトに着手した。それらのプロジェクトは，ポストモダニズム（第5章参照）の新たな言語に注目した，ティー・アンド・コーヒー・ピアザ（Tea and Coffee Piazza：1979-1983），創造的かつ自発的に織り混ざった文化に注目した，メモリー・コンテイナーズ（Memory Containers：1990-1994），本章ですでに説明した，ファミリー・フォローズ・フィクション（Family Follows Fiction：1991-1993），そして，デジタル・アーキテクチャ言語における新たなデザイン・コードと，アジアのデザイナーの詩的な新言語の発見に着目した，ティー・アンド・コーヒー・タワーズ（Tea and Coffee Towers：2001-2003）の4つである。それらのプロジェクトは，（いくつかの漸進的な再解釈がなされて）全く新しい製品群を生み出した。それら製品は，産業の社会文化的レジームを変えて，アレッシィ・ブランドを築き，30年間も同社の成長を維持したのだった。

　イノベーション・ポートフォリオにおいて，デザイン・ドリブン・イノベーションの次元に何のプロジェクトも持たない会社には，次のことだけは確実に言える。それは，競合他社が間もなく，意味の急進的変化をもたらし，市場を牽引していくのを目撃する，ということである。

【注】

1) これはスインバン大学（Swinburne University）の学生であるエリザベス・グリックフェルド（Elisabeth Glickfeld）の修士論文からの引用であり，87歳のイギリスの心理学者ハロルド・ブリッジャー（Harold Bridger）（ドナルド・ウィンニコットと何年も研究を続けた人物）が，アルベルト・アレッシィに送ったものである。Alberto Alessi, *La storia della Alessi dal 1921 al 2005 e il fenomeno delle Fabbriche del design italiano* [The History of Alessi from 1921 to 2005 and the Phenomenon of the Italian Design Fatories]（未公刊）で引用された。
2) Donald W. Winnicott, "Transitional Objects and Transitional Phenomena," *International Journal of Psychoanalysis* 34 (1953): 89-97.
3) 父親的なコードは，モノの機能的で組織化された側面に，母親的なコードは満足に，子ども的なコードは陽気で愉快であることに，性的なコードは種の生存に，生と死のコー

第1部　デザイン・ドリブン・イノベーションの戦略

　　　　ドは個人的な生存と，成長と退化の対比に関連する。Franco Fornari, *La vita affettivva originaria del bambino* [The primordial affective life of the child] (Milano: Feltrinelli, 1963).
4) Alessi, *La storia della Alessi dal 1921 al 2005 e il fenomeno delle Fabbriche del design italiano*. アレッシィは，彼の研究プロジェクトを「メタ・プロジェクト（meta-projects)」と呼んでいる。なぜならそれらは製品開発の前に行われるからである。第8章では，最終的にマイケル・グレイブス（Michael Gravs）の小鳥がさえずるケトルを創造した研究プロジェクトである「ティー・アンド・コーヒー・ピアザ」について述べている。
5) Jacob Jensen (keynote speech, 12th EIASM International Product Development Management Conference, Copenhagen Business School, Copenhagen, June 11-12, 2005).　不思議なことに，競合他社の中には，オーディオ・システムが研究室よりももっと住宅の言語を話すべきであることを，理解していた者もいる。しかしながら，それら会社は自らのデザインアプローチを変更しなかった。彼らは自身の考える意味を維持し，まるで，単にボディーの素材の問題であるかのように，外見だけ家具のように見せるために，ラックに木のカバーを付けただけだった。B&Oのオーディオ・システムは，フラットで薄い外観と，相互作用を促進するユーザー・インタフェースを持ち，魔法のような手触り（ユーザー・アプローチとして自動で開くCDプレイヤーの前カバーのように）で，独特なものとして孤高を守っている。B&Oは，オーディオにほとんど木を使わず，むしろ磨かれたアルミを使い，家庭において現代的な生活の感覚を与えている。
6) Giulino Simonelli and Francesco Zurlo, "Metamorfosi di Artemide: la luce che cambia la luce" [Metamorfosi by Artemide: The Light That Changes the Light], in Francesco Zurlo, Raffaella Cagliano, Giuliano Simonelli, and Roberto Verganti, *Innovare con il Design. Il caso del settore dell'illuminazione in Italia* [Innovating Through Design: The Case of the Lighting Industry in Italy] (Milano: Il Sole 24 Ore, 2002), 55.
7) Alessi, *La storia della Alessi dal 1921 al 2005 e il fenomeno delle Fabbriche del design italiano*, 15.
8) Alberto Alessi, *The Design Factory* (London: Academy Editions, 1994), 105. 『　』は引用者による強調。
9) 著者によるAlberto Alessiへのインタビュー。tape recording, Omegna (VB), October 12, 2006.
10) Flemming Møller Pedersen (speech, Copenhagen Business School, Design Management Course, June 20, 2007). 『　』は引用者による強調。
11) Gene M. Frantz and Richard H. Wiggins, "Design Case History: Speak & Spell Learns to Talk," *IEEE Spectrum* (February 1982): 45-49.
12) Kenji Hall, "The Big Ideas Behind Nintendo's Wii," *BusinessWeek*, November 16, 2006.

13) Jeffrey S. Young and William L. Simon, *iCon: Steve Jobs: The Greatest Second Act in the History of Business* (Hoboken, NJ: Wiley, 2005（邦訳：井口耕二訳『スティーブ・ジョブズ』東洋経済新報社，2005年）), 264.
14) Ibid., 262.
15) Clayton M Christensen, *The Innovator's Dilemma: When New Technologies Cause Great Firms to Fail* (Boston: Harvard Business School Press, 1997（邦訳：伊豆原弓，玉田俊平太訳『イノベーションのジレンマ―技術革新が巨大企業を滅ぼすとき』翔泳社，2000年）).
16) クリフォード・ギアツ（Clifford Geertz）によると，「文化は，人間が生活に対する知識と態度を伝達し，永続させ，発展させるために用いる象徴的な形態に埋め込まれた，歴史的に伝承される意味のパターンを表している」と述べられている。*The Interpretation of Cultures* (New York: Basic Books, 1973), 69. 製品や意味，社会文化的なモデルの研究についての詳細は，第2章を参照。
17) 技術的なレジームのより詳細な概念は，Richard R. Nelson and Sidney G. Winter, "In Search of a Useful Theory of Innovation," *Research Policy* 6 (1977): 36-67. を参照のこと。

　ジョバンニ・ドーシ（Giovanni Dosi）は，"Technological Paradigms and Technological Trajectories: A Suggested Interpretation of the Determinants and Directions of Technical Change," *Research Policy* 11 (1982): 146-162 で，技術パラダイムの概念を紹介している。社会文化的レジームに関しては，Frank W.Geels, "From Sectoral Systems of Innovation to Socio-technical Systems: Insights About Dynamics and Change from Sociology and Institutional Theory," *Research Policy* 33 (2004): 897-920 を参照のこと。
18) テクノロジー・プッシュとマーケット・プルとの対立に関する1970年代の激しい議論は，ジョバンニ・ドーシの画期的な寄与において全盛を極めた（Dosi, "Technological Paradigms and Technological Trajectories: A suggested Interpretation of the Determinants and Directions of Technical Change"）。ドーシは，イノベーションには市場と同様に技術の理解を伴うことを提示した。しかしながら，既存の技術パラダイムの中で興る漸進的なイノベーションが主にマーケット・プルであるのに対して，技術が画期的な躍進を遂げる変化を迎えるのは（彼はこれを新たな技術パラダイムと呼ぶ），主にテクノロジー・プッシュからである。

　破壊的イノベーションとユーザーニーズの関係に関するより最近の研究は，例えば，
Clayton M. Christensen and Richard S. Rosenbloom, "Explaining the Attacker's Advantage: Technological Paradigms, Organizational Dynamics, and the Value Network," *Research Policy* 24 (1995): 233-257.
　Clayton M. Christensen and Joseph L. Bower, "Customer Power, Strategic Investment,

and the Failure of Leading Firms," *Strategic Management Journal* 17 (1996): 197-218.

Clayton M. Christensen, *The Innovator's Dilemma: When New Technologies Cause Great Firms to Fail*.

を参照のこと。

19) この領域における何年もの研究を要約するには大変な努力を要することになる。すでに引用した研究に加えて,

William J. Abernathy and Kim B. Clark, "Innovation: Mapping the Winds of Creative Destruction," *Research Policy* 14 (1985): 3-22.

Michael L. Tushman and Philip Anderson, "Technological Discontinuities and Organizational Environments," *Administrative Science Quarterly* 31, no.3 (1986): 439-465.

James M. Utterback, *Mastering the Dynamics of Innovation* (Boston: Harvard Business School Press, 1994（邦訳：大津正和,小川進訳『イノベーション・ダイナミクス―事例から学ぶ技術戦略』有斐閣,1998年))。

Henry Chesbrough, "Assembling the Elephant: A Review of Empirical Studies on the Impact of Technical Change upon Incumbent Firms," in *Comparative Studies of Technological Evolution*, ed. Robert A. Burgleman and Henry Chesbrough (Oxford: Elsevier, 2001), 1-36.

Kristina B. Dahlin and Dean M. Behrens, "When Is an Invention Really Radical? Defining and Measuring Technological Radicalness," *Research Policy* 34 (2005): 717-737.

を参照のこと。

20) "Herman Miller's Brian Walker on Design," *@issue* 12, no.1 (2007): 2-7.

第4章 技術が悟る瞬間

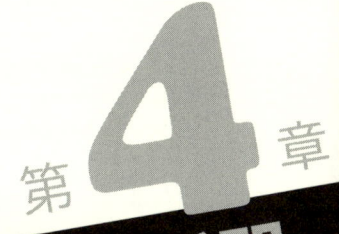

[テクノロジー・プッシュと
デザイン・ドリブン・イノベーションの相互作用]

技術の急進的イノベーションと，意味の急進的イノベーションは，密接に関わり合う。どの技術にも，多くの意味が埋め込まれている。そのうちのいくつかの意味は，最初は目に見えないけれども，潜在的に破壊性を有している。
（挿絵：任天堂 Wii）

挿絵：Daniele Barillari

第1部　デザイン・ドリブン・イノベーションの戦略

『スポーツ・イラストレーテッド』誌（Sports Illustrated）の2007年7月号の記事に，次のようなくだりがあった。

ウィンブルドン（Wimbledon）で勝ち，空に勝利の雄叫びを上げたのは，実のところ，ビヨルン・ボルグ（Bjorn Borg）ではなかった。というのも，先週の日曜日に，ブルックリンのバー，バルカーデ（Barcade）で催された，ルス・ヤゴダ（Russ Yagoda）の祝賀会において，あるドラマがあったのだ。23歳の広告代理店経営者が，アストロターフ（Astro Turf：人工芝の商標）の小片に跪いて，ウィーンブルドン（Wiimbledon）の初の王者になったことに喜び勇んでいたのである。誤植ではない──ヤゴダは，プレイヤーが本物のラケットのようにスイングできる，モーション・センサー・コントローラーが搭載された，任天堂の人気ゲーム機で楽しめる，Wiiテニスで競っていたのだ…Wiiテニスで勝った，ヤゴダは，こう言った。「何だか，チャンピオンになった気分だった。誰かが僕に，ウィーンブルドンとウィンブルドン，どっちで勝ちたいの？　と聞いてきたから，僕は『ウィンブルドンって何？』と返したよ」[1]。

Wiiによって，任天堂は，エレクトロニック・エンターテインメント産業を覆した。Wiiは，プレイステーション3やXboxといった他のライバルを圧倒して，現在，最も市場で人気のあるゲーム機となっている。Wiiでは，意味の急進的イノベーションと，技術の急進的イノベーションが効果的に結合されている。一方でWiiでは，ゲーム機で遊ぶ意味が再度，見直されている。ゲームをやり慣れた若者が，何の抵抗もなくバーチャル世界で夢中になるといった意味はWiiにはない。Wiiの意味は，どの年代の人でも，現実世界で体を動かして楽しめるというものであり，ときには運動するという意味にもなる。他方で，任天堂は，画期的技術を用いたおかげで，この結果を達成することができた。その技術とは，ゲーム機のコントローラが，スピードと向きを感知できる加速度・振動測定計MEMS（ミクロ・エレクトロ・メカニカル・システム：

図 4-1

テクノロジー・プッシュとデザイン・ドリブン・イノベーションの相互作用

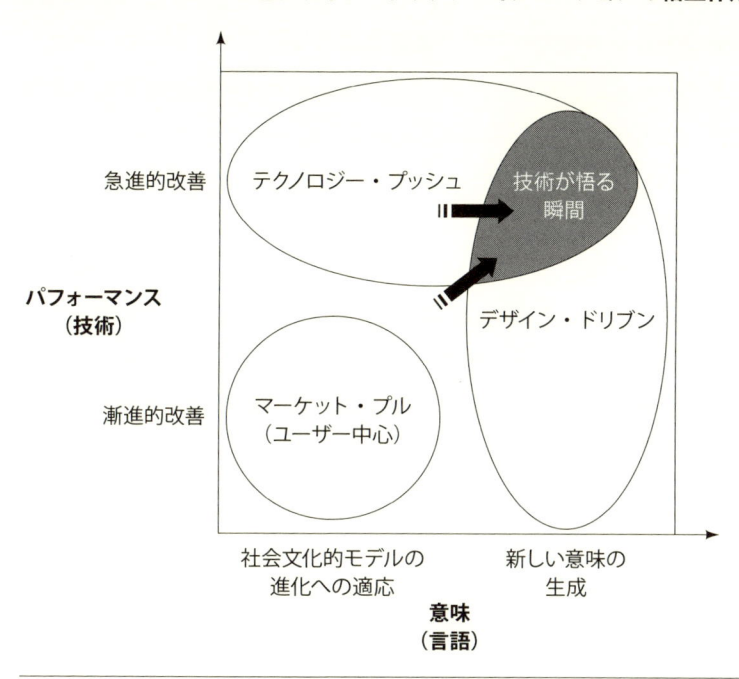

(縦軸：パフォーマンス（技術）／急進的改善・漸進的改善、横軸：意味（言語）／社会文化的モデルの進化への適応・新しい意味の生成)

- テクノロジー・プッシュ
- 技術が悟る瞬間
- デザイン・ドリブン
- マーケット・プル（ユーザー中心）

---

micro-electro-mechanical systems）である。

　本章では，産業内競争のあり方を変えるような，意味の急進的イノベーションと，技術の急進的イノベーションの相互作用に焦点を当てる。言い換えれば，私たちのイノベーション戦略マップの右上の領域，つまりテクノロジー・プッシュとデザイン・ドリブン・イノベーションが重なるところの話である（図4-1参照）。

　これら2つの戦略は，相対するものではないのに，どちらか一方にしか目を向けない会社が多い。例えば，マイクロソフトは，競合他社が躍進的な意味を定義することを容認する一方で，自社は技術的変遷を遂げてきた[2]。対照的に，アレッシィは，意味の急進的イノベーションを遂げており，追随他社は技術の

画期的躍進をなしてきた。こうした事例はあるが，テクノロジー・プッシュとデザイン・ドリブン・イノベーションは，有意に相互補完し合える。その理由は，技術的モデルと社会文化的モデルが密接に関わり合うからである。それらは　大小（急進的と漸進的）双方のイノベーション・サイクルを通じて，ともに進化（共進化：coevolve）する[3]。

このデザイン・ドリブン・イノベーションとテクノロジー・プッシュ・イノベーションの相互関係は，変化に富む産業で，大成功したいくつかの製品の核心部分に当たる。本章では，任天堂のWii，スウォッチ，アップルのiPodの3つの事例を踏まえる。それらの事例は，斬新な技術が登場したときに，視野の狭い企業は単に，旧来の技術と入れ替えるだけであり，現存する意味には触れることはない，ということを示している。しかし，新技術には，もっと強力な意味が潜んでいることがある。結局のところ，会社は「技術が悟る瞬間（technology epiphany）」と，私が呼んでいるものを執り行うことで，鳴りを潜めた意味を見つけ出し，明らかにする。そうすることで，市場リーダーになれるのだ。

ハイテクな会社，その中でも特にR&Dマネジャーや，技術のサプライヤーたちは，デザインを自らのコンテクストの中で，さほど重要なものではない，という見方をすることが多い。本章は，とりわけそういった人に向けてのものだ。任天堂などのハイテク企業は，技術の啓示，すなわち，鳴りを潜めた意味の発見が，自社の研究と投資が最大どこまでの可能性を秘めているのかを把握させることを知っている。そして，WiiのMEMS加速度・振動測定計の製造業者のような，技術サプライヤーは，自社の部品が新たな適用法を見出し，それが商業ベースに乗り，爆発的に売れるようになることにおいて，デザイン・ドリブン・イノベーションがいかに作用するのかを知っている。

本章は，デザインが，産業の立ち上がりにおける動乱期においては何の役にも立たず，成熟期（もしあれば）においてのみ差異化要因として関係すると考えている，技術経営の研究者に向けたものでもある。楽しんで読んでもらいたい。

第4章　技術が悟る瞬間

競争を覆す：Wiiと任天堂の復活

　任天堂は，3,000億ドルのビデオ・ゲーム市場において，ソニーやマイクロソフトと並ぶ，3大企業の1つである[4]。任天堂は，1980年代末と1990年代初頭において，この市場をリードしていた。その時期の任天堂は，今までになかったアプローチで，ゲーム・デザイン，より鮮明なグラフィック，新しいゲーム・ソフトを市場に送り出すことで，衰退しかけていた産業に活気を与えていた。

　しかし，その後において，ソニーがプレイステーション（1995年），プレイステーション2（2000年）を発売し，マイクロソフトもXbox（2001年）を発売したことで，任天堂はリーダーシップを失い，苦しい時期に見舞われた。任天堂は，1996年にニンテンドー64（Nintendo 64：初の64ビットのゲーム機），2001年にはゲームキューブ（GameCube：128ビットゲーム機）を発売したが，市場は，それら新ゲーム機を温かく迎え入れはしなかった。Xboxの2,400万台，プレイステーション2の1億2,000万台の売上に比べて，ゲームキューブの売上は2,160万台だった。そのときのゲーム制作会社でさえも，任天堂から距離を置きつつあった。プレイステーション2には1,467本のソフトを提供する一方で，ゲームキューブ向けには271本しかつくらなかったのである。

　マイクロソフトとソニーは，最新のゲーム機，Xbox360（2005年5月）とプレイステーション3（2006年11月）で，ゲーム機の性能をよりいっそう高めた。両製品ともに，前機種に比べて性能度が増しており，高解像度の画像と，複雑さを増したゲーム内容とグラフィックスが施されていた[5]。任天堂はというと，それらとは全く異なる土俵で勝負することを決めていた。「ゲームキューブを発売した2001年頃に，我が社は，レボリューション（Revolution：社内でのWiiの呼び名）というプロジェクト（Wiiの開発名称）を始動させました」と，宮本茂（任天堂シニア・マーケティング・ディレクター兼任天堂エンターテインメント分析・開発ゼネラル・マネジャー）は語る。「性能がゲー

ム機のすべてではない，という結論に至りました。性能を競うゲーム機が多くなると，共存は無理。それは，まるで獰猛な恐竜のみがいるようなもの。彼らは闘い，自らの絶滅を早めてしまう」[6]。

　2006年11月に発売されたWiiは，他社製品と比べると，意味において本質的な変化をもたらした。それは，親指ではなく，体全体を使って遊ぶ，というものであり，スポーツや活発なゲームをするときに自然な動きをとることで，肉体的な経験を得るということである。Wiiの革新的なジェスチャー操作型コントローラ（motion-sensitive controllers）のおかげで，プレイヤーは，頭の上に腕を回すことによってテニスのサーブを打ち，ゴルフのスウィングも本物のように行い，実際にハンドルを切って自動車レースを体感し，剣を振るって闘いに参戦し，まるで銃を持っているかのようにターゲットを狙って撃つことができるようになった。これらは単なる特徴上の変化ではない。Wiiは，ゲーム機が意味するものを変えた。つまり，ごく一部のゲーマー（オタク）のみがバーチャル世界に入り浸るというものから，誰でも現実世界で体を動かして楽しむというものに変えたのである。

　Wiiの製品言語は，この意味の本質的な変化を完全に表現している。グラフィックスは簡素になっている。ゲーム機の外見は，プレイステーションやXboxのように格好よく未来的なものではなく，どちらかというと，飾り気がなく，安心感のあるものである。ジェスチャー操作型コントーラは真っ直ぐである。さらに，Wiiという製品名（私たちを意味するWeと同じ発音をする）は，ゲーマーというよりも，ゲーム機を使う人々のことを指している。Wiiが，今までのゲーマー向けのゲーム機ではないことを明確にするため，任天堂は，そのブランド名をゲーム機に冠することはしなかった。Wiiのテレビ・コマーシャルも，意味の転換を強調した。テレビ・コマーシャルでは，ゲームのプレイ画面を見せずに，カメラの向きを180度回して，楽しそうに動き回ってWiiで遊んでいる，様々な年代の人の姿を見せたのである。

　Wiiとジェスチャー操作型コントローラの核心部分は，MEMS加速度・振動測定計という画期的技術にある。それらの小さな半導体部分は，動静構造に

おける静電容量の変化を測ることによって，3次元（x軸，y軸，z軸）での動きと傾き加減を感知する。これにより，人々がどのようにコントローラを握っているか，また，どのくらいの速さでそれを動かしているのかが感知できる。

　自動車産業は，MEMS加速度・振動測定計を，主にエア・バッグに使用していた。自動車が大きな事故に遭ったかどうかを察知するために用いられる。コンピュータ産業でも，ノート・パソコンへの衝撃を察知するために使われている。例えば，ハード・ディスクをダメージから守るためにロックを作動させるのである。また，表示されている画像を正しく回転させるため，小型デバイスが垂直状態にあるのか水平状態なのかを察知するためにも使用されている。

　MEMSは，任天堂にとって新しいものではなかった。任天堂は，MEMSの旧バージョン（x軸，y軸の2次元感知）を，ゲームボーイ・ポータブルに使用したことがある。これにより，ボール型のキャラクターを迷路の中で転がせることができた。しかし，この製品に対する市場の反応は冷ややかなものであった。なぜなら，ゲームボーイの意味が変わらずにいたからである。動きはバーチャルなものであり，ゲームの中だけで行われ，プレイヤー自身は動かなかった。Wiiは，従来のゲーム機に，単に新しい「機能性」つまり，コントローラの動きを感知することを付け加えているだけでなく，本質的に違う「意味」をつくり上げている。その意味は，ブランドや製品の名前，さらにはコマーシャルに至るまで，製品のあらゆる側面から伝えられる。

　実際に体を動かす，この経験は，製品コンセプトのまさに中核をなす。MEMSの一部分は，メイン・コントローラ内部に置かれ，他の部分は，コードでメイン・コントローラに装着される，ヌンチャク・コントローラに仕込まれている。このコントローラと，テレビの上に置かれる，コントローラの位置を察知する赤外線センサー・バーの組み合わせにより，Wiiは，プレイヤーの体の動きを完全に把握することができる。これが，ゲームをするという経験を定義し直したのである。

　図4-2は，競合3社のイノベーション戦略を表したものである。マイクロソフトとソニーの両社は，垂直方向に移行している。両社は，技術開発に投資す

図 4-2
ゲーム機産業における任天堂，ソニー，マイクロソフトのイノベーション戦略比較

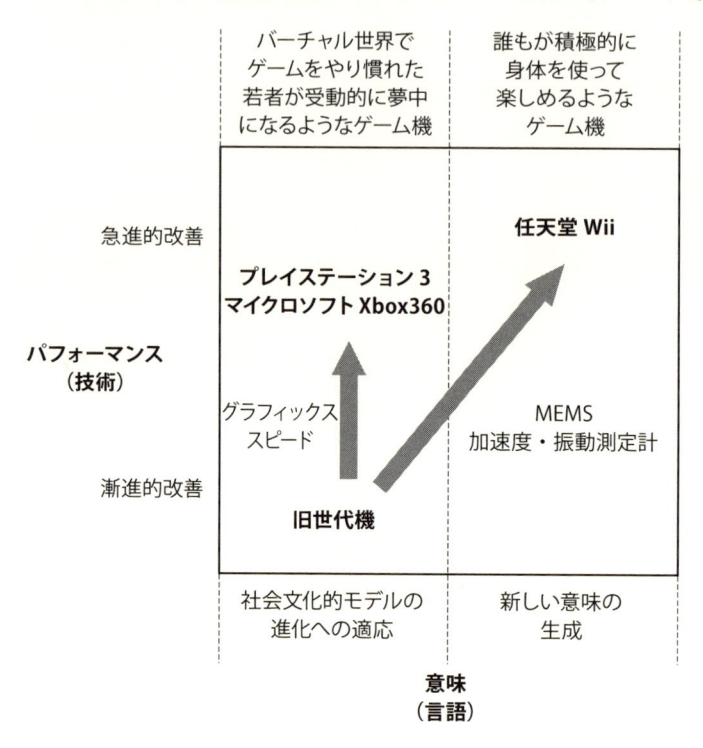

```
                 バーチャル世界で      誰もが積極的に
                 ゲームをやり慣れた    身体を使って
                 若者が受動的に夢中    楽しめるような
                 になるようなゲーム機  ゲーム機

  急進的改善                         任天堂 Wii

                 プレイステーション 3
                 マイクロソフト Xbox360
パフォーマンス
  (技術)
                 グラフィックス       MEMS
                 スピード             加速度・振動測定計
  漸進的改善
                 旧世代機

                 社会文化的モデルの   新しい意味の
                 進化への適応         生成

                         意味
                        (言語)
```

るが，製品の意味を変えることはなかった。両社の投資は，ゲームに熱中する若者が，座ったままで楽しむバーチャルな娯楽という，ゲーム機のコンセプトを後押しするものだった。これとは対照的に，Wiiは，技術的にも意味的にも，急進的イノベーションをなしていた。任天堂は，新技術（MEMS）をゲーム業界に持ち込むことで，誰もが体を動かして楽しめる経験ができるモノに，ゲーム機を変えたのである。

この戦略は，技術開発の初期段階において，特に興味深いものである。MEMS加速度・振動測定計といった部品が発明されると，その用途は非常に

たくさん考えられる。しかし、そういった適用が現実のものとなるために、会社は、どの市場にそれを適用するのか、その市場でどんな新たな意味を引き起こせうるのかを熟慮しなければならない。画期的な技術には、発見を待たれている、破壊的な新しい意味がずらりと埋め込まれている、と見なすようなものだ。先述したように、私は、隠れた意味が現れてくることを「技術が悟る瞬間」と呼ぶ。これは会社に、技術の価値を最大限に活用することをもたらす。

　残念なことに、急進的イノベーションについての理論は、この戦略のダイナミクスを見落とすことが多い。その代わりに、技術の意味を考えもしないで、その技術が使えるような新しい市場の探求に注力するのだ。これにより、潜在的な適用を探す際に、技術的に代替できるものばかりに会社の目が向いてしまう、という影響が出ることになる。そうした会社は、新技術を旧技術に取って代わらせる。ゆえに、現存する意味をより強めてしまう結果になる。もし、その新技術が既存の意味を支持できなければ、会社は、単にそれを無視するだけである。実際に、マイクロソフトとソニーは、MEMSの適用について検討しなかった。親指を使うことだけを素直に受け入れるプレイヤーにとって、それは無用の産物だったからだ。任天堂は、3Dの加速度・振動測定計に投資した。なぜなら、意味を覆したかったからだ。

　このように、技術と意味の画期的な躍進を組み合わせる戦略は、任天堂に極めて大きな利益をもたらした。Wiiは、発売から最初の2ヵ月で、100万台を売り上げた。発売から半年経った2007年4月に、アメリカ市場におけるWiiの売上は、Xbox360の倍、プレイステーション3の4倍となった。Wiiは、それまで最も成功していたゲーム機、プレイステーション2よりも早いペースで売れていった。2007年の夏には、Wiiの全世界累積販売台数は1,057万台となり、Wiiよりも1年半早くに発売されたXbox360の1,051万台を超えた。このとき、プレイステーション3の同様の販売台数は430万台と、それらの後塵を拝していた。

　これに応じる形で、ソニーは、その製品群の中で最高値の機種の価格を100ドル値下げし、599ドルから499ドルにすることを発表した。これに追随して、

マイクロソフトも，Xboxを全機種50ドル値下げし，機種に応じて300ドルから500ドルの間の価格帯にした。ソニーとマイクロソフトは，結局，同じ意味を持つ製品で，価格競争することになったというわけである。アナリストたちは，ソニーは，プレイステーション3を1台売るたびに200から300ドル損していると推測した（製造費が約800ドルで，マルチ-コア・セル・チップのコストが1台当たり約90ドルと見積もった）。

　Wiiは，それらのライバル機種と比べて安かった（約250ドル）というのも，特筆すべき点であろう。さらに重要なことは，Wiiの1台当たりの利益率が高い（約50ドル）ということだ。なぜなら，Wiiに使用されていた部品が，ライバル機種のものよりも性能が劣るもの（枯れた技術）であり，コストを低く抑えられているからであった。

　任天堂ブランドにWiiが与えたインパクトは，Wiiに任天堂の名を冠していないことを考えると，非常に目を見張るものがあった。任天堂は，2007年のベスト・グローバル・ブランド100（ビジネスウィーク誌とインターブランド社が毎年ランク付けをしているもの）において，2006年から7ポイントも順位を上げた。企業株価は，Wiiを発売した年に165％も上昇した。2007年7月の月曜日には，任天堂の市場時価総額が530億ドルに達した。それはソニーの10倍であった。ソニーは，任天堂の10倍もの企業規模であり，しかも映画や音楽，消費者家電産業にも進出していることを考えると，これは驚異的な数字だった。

　任天堂のイノベーションは，産業全体の生態系（ecosystem）に示唆するところがあった。Wiiは，ゲーム制作会社にとって魅力的であり，任天堂が以前悩んでいた，ゲーム・ソフト問題（ゲーム制作会社が任天堂向けゲームをあまりつくってくれないということ）を克服できたのだ。なぜなら，Wiiのグラフィックスは，ライバル機種に比べると非常に単純なものであり，制作会社は新タイトルをより早く，より安く開発できるからである。専門家たちは，Wii向けソフトの平均開発コストは500万ドルだと推定した。それに対して，プレイステーション3とXbox360は1,000万ドルから2,000万ドルだと見積もった

（グランド・セフト・オートⅣ：Grand Theft Auto IVに至っては5,000万ドルもかかっている）。開発期間は，Wii向けゲームだと約1年だけであるのに対して，他2社では2〜3年を要した。2007年6月には，Wiiは，累計58タイトルを発売し，プレイステーション3の46タイトルを抜いた。

　社会と文化に対するWiiのインパクトもまた，想定外のものとなった。Wiiの中で最も人気のあるゲームは，体を動かすことを必要とする，スポーツ・ゲームであった。（多くの動作を必要とし，汗をかくのである。あるノルウェーの高官が，小声で私に教えてくれたことによると，彼は，Wiiで遊ぶために，リビング・ルームの家具を配置し直したそうだ。自分が怪我をしないように，装飾家具が傷つかないように。）

　2007年11月に，任天堂は，Wii Fitシリーズとともに，新しいモーション・センサー・デバイス（バランス・ボードなど）を発売した。これにより，ユーザーは，様々なバランス・ゲーム（フラフープを回したりスケートボードをしたりすること）や，エクササイズ（ヨガのポーズなど）ができるようになった。これは，Wiiの意味をさらに変化させた。つまり，従来型のゲーム機から，フィットネスや，さらにはフィジカル・セラピーのツールへと転換したのである。カナダのヘルス・クラブのチェーン店は，Wiiを運動器具の1つとして使用することを検討中だと公表している。ミネアポリスのアボット・ノースウェスタン病院（Abbott Northwestern Hospital）のシスター・ケニー・リハビリテーション・インスティテュート（Sister Kenny Rehabilitation Institute）では，Wiiを患者の回復治療に使用することを始めている。「フィジカル・セラピーは本来，退屈なものです」と，セラピストは打ち明かした。「もし，フィジカル・セラピーを，楽しんで体を動かし，機能の回復を助けることができるものにできるなら，しかもそれを好きなゲームで遊んでいるときにできるのなら，それは，テクノロジーのかなり創造的な使い方です」[7]。

　Wiiは，社会化の手段にもなった。コントローラが簡素であり，その操作を覚えやすく使いやすいので，退職した者たちが集まってWiiで遊ぶという現象が起こったのだ。これまでのゲーム機といえば，地下室に籠った少年が一人で

黙々と遊ぶというイメージがあったが，それとは何とかけ離れたものになっていることか！

クオーツ技術の可能性創出：
ファッション・アクセサリーとしてのスウォッチ

スウォッチは，エンジニアリングの勝利である。しかし，本当は，想像力の勝利である。もし，あなたが，優れた技術とファンタジーを融合できるなら，今までに見たこともないモノをつくることになるだろう。

―ニコラス・G・ハイエク（Nicholas G. Hayek）
スウォッチ・グループ会長兼CEO[8]

　1980年代初頭，スイスの腕時計産業は，消滅の危機に瀕していた[9]。スイスの腕時計会社は，世界市場の40％以上を占めて，1970年代中盤までの腕時計産業を牽引していた。しかし，クオーツ・ムーブメントとデジタル・ディスプレイの登場により，事態は急変した。

　スイスの製造業者は，クオーツ・ムーブメントを発明したが，その可能性までは把握していなかった。つまり，自社のコア・コンピタンスは精密な構造と組立にあるから，クオーツ・ムーブメントはこれには見合わない技術だとして気に留めなかったのである。その一方で，日本と香港の製造業者が，クオーツの可能性を拡げ，それを低賃金労働と結びつけることで，市場での最低価格帯を支配した。

　1970年に，日本の会社である服部セイコーが，初めてのクオーツ・ウォッチをLED（発光ダイオード：light-emitting diode）ディスプレイと組み合わせることで，開発し，商品化した。1973年には，LCD（液晶ディスプレイ：liquid crystal display）ウォッチを最初に市場導入した。その対抗策として，スイス企業は，高級品市場に集中するため，腕時計の価格を上げた。この動きは，アジア企業に，市場機会を与えることになった。つまり，最低価格帯市場

の上にある，中級品市場（middle segment）にアジア企業が進出し，そこを支配したのだ．

　1970年代の終わりまでには，スイス企業は，非常に狭い最高級品市場（腕時計の価格が400ドル以上であり，世界中で年に800万個を売り上げる市場）へと進出していき，そこでは97％の市場シェアを獲っていた．だが，全世界で年間4,200万個を売り上げる，75ドルから400ドル価格帯の腕時計市場では，それらスイス企業のシェアは3％にまで落ち込んでいた．さらには，全世界で年間4億5,000万個を売り上げる，最低価格帯市場では，それらスイス企業のシェアは，完全に消滅してしまっていた．その末路は散々たるものだった．1,600社中，約1,000社のスイスの腕時計会社が，約10年の間に倒産し，1970年には9万人あった雇用が，1983年には3万人にまで減少した．日本最大の腕時計メーカー，セイコーは，スイスの腕時計産業全体と同じくらいの数の腕時計を製造している．

　1980年代初頭に，ニコラス・ハイエクは，スイスの銀行を相手にしたコンサルタントを行っていた．そのときのスイスの銀行は，スイスの2大時計メーカーである，SSIHとASUAGを襲った危機を救えず，つまずいていた．この2社は，日本企業にいくつかの主力ブランドを売却することを検討していた．ハイエクは，腕時計業界について学んでから，こう提案した．2社を合併させて，安いプラスチック製の腕時計をつくって，それを低価格帯の市場で直接，アジア企業と競争したらどうか，と．つまり，その製品が，スウォッチであった．

　ハイエクは，次のように語る．「銀行は，私たちのレポートを検討して，心配でたまらなそうだった．特にスウォッチについては最も危惧していた．『スイス製と聞いて，消費者が思い浮かべるようなものではない．君は，このプラスチック製品で日本と香港を相手に何をしようというのか？　とんでもない話だ』」と．しかし，その安物の腕時計は，単なるプラスチックの塊ではなかった．ハイエクは，腕時計が人々に与える意味と『スイスと聞いて消費者が考えつくもの』を完全に変えようと目論んでいたのだ[10]．

要するに，スウォッチは，時間を知るためのモノではなく（機能的側面から言えば，その特性もしっかりと果たしてはいるが），ファッションであった。スウォッチは，40ドルに価格設定され，デザイナー，建築家，芸術家の手による，機知に富んでいて，見慣れないデザインの「コレクション」として流行した。ファッション時計として，会社は毎年，2つのコレクションを発売した。そのコレクションでは，とてもたくさんのモデルを一般的な若者文化の言語や最新のイベントと結びつけていった。スウォッチが低価格なので，ファッション・アクセサリーとして，一人が1個以上を所有することもあり得る。ある記者が，スウォッチは一人でいくつまで所有し得るでしょうか？と尋ねたとき，スウォッチのマネジャーは，こう答えた。「あなたのクローゼットには，ネクタイが何本ありますか？ 100本持っているからといって，そこで新しいネクタイを買うのを止めますか？」[11]

ニコラス・ハイエクは，次のように説明した。

私は，私たちが単に消費者製品や，ましてやブランド製品を販売しているのではないと心得ていた。私たちは，感情的製品を販売していた。あなたは手首に，ちょうどよい具合に腕時計を巻く。その状態は1日12時間，もしかしたら24時間続くかもしれない。自分自身のイメージにとって重要な部分となり得る。日用品である必要はない。日用品であるべきではないのだ。もし，私たちが，製品に本物の感情を付加できるなら，そして，強力なメッセージで低価格帯市場に揺さぶりを与えることができるなら，私たちはきっと成功できる，と私は確信していた…私たちは，人々に単なるスタイルを提供しているのではない。私たちが提供しているのは，メッセージなのである。これは，絶対に重要な点である。スウォッチのメッセージをつくり上げる要素はいくつもある。高品質。低価格。刺激的。生きる喜び。しかし，最も大切なことは，誰にも真似できないということにある。つまるところ，私たちは，個人文化を提供しているのだ[12]。

価格は，スウォッチの製品言語の重要な一部である。アクセサリーであるために，スウォッチは，衝動買いがしたくなるような低価格になっていなければならない。スウォッチ・デザイン・ラボ所長のフランコ・ボシシオ（Franco Bosisio）は，こう説明した。

　価格が，なぜそこまで重要なのかを十分理解している人はほとんどいない。世界のどの市場においても，だ。スウォッチは，手の届く値段で販売されている。しかし，それは単純価格，公正価格でもある。米国では40ドル。スイスでは50スイスフラン。ドイツでは60ドイツマルク。日本では7,000円。発売後10年間，その価格は変わっていない…スウォッチは，手の届く価格であるだけでなく，近づきやすいモノでもある。スウォッチを買うということは，簡単な意思決定である。それを身に着けるということも，簡単な決断である。これは，刺激的なことである。でも，長い間悩むようなことではない[13]。

　もちろん，意味の急進的イノベーションには，よくあることなのだが，アナリストも消費者も，はじめは何が起こっているのかを把握してはいなかった。銀行は，ハイエクに融資したがらなかった。ハイエクが，他の投資家とともに，新合併会社SMH（後にスウォッチ・グループに改名）の51％の株式を所有するという挑戦を成し遂げた後になって，ようやく納得をした。初期の市場テストでは，特にダラス，ソルトレークシティー，サンディエゴにおいて，その結果は散々たるものであった。しかし，ハイエクは，とにかく1983年3月にスウォッチの販売を開始した。「私たちは考えもせず，ただ，それを笑ってバカにするだけで，多くのアイデアをダメにしている」と，ハイエクは語る。
　多くの人々は気づいていないことだが，スウォッチでは，意味の急進的イノベーションとともに，技術の急進的イノベーションも表現されている。最新のクオーツ・ムーブメントを（アナログ・ディスプレイとともに）採用しただけでなく，製品アーキテクチャにおいて画期的躍進を求めたのである。腕時計と

いうものは従来，最初にその全体（箱）をつくって，次に，その箱の内部を組み立てていくという手法でつくられる。これに対して，スウォッチのムーブメントのつくり方は，箱の下部に直接，部品をつなげて，超音波溶接によって密閉するというものである。これにより，スウォッチ・グループは，4ミリ以上はする腕時計の厚みを1ミリ未満に抑えることができた。さらには，（在来型のアナログ・ウォッチの場合に）約150個あったパーツ数を51個にまで減らすことができた。それから，どのスウォッチも，完全に自動化されたスイス工場で，1個当たりわずか67秒で組み立てることができるようになった。これにより，労働コストは，トータル・コストの10％以下に抑えられるようになった。スウォッチの構造もモジュール化しており，デザイナーが斬新なコレクションを容易に，そして早くつくることができるようになった。また，新しいデザインをすぐに生産工場へ送るため，コンピュータによるデザイン（computer-aided design）をなすこともできるようになった。これらすべての技術革新なしでは，スウォッチ・グループが，ファッション・アクセサリーとしての腕時計の意味を確立することは決してなかっただろう。

隠れた意味を明らかにする

図4-3は1980年代初頭における腕時計産業のイノベーション戦略を示している。クオーツ技術が発明される前は，ムーブメントは機械仕掛けであり，腕時計を買うことは，貴金属を買うことを意味していた。実際，腕時計は通常，宝飾店で売られていた。私もそうだったが，イタリアでは子どもの習わしとして，8歳になると「ファースト・コミュニケーション」のプレゼントとして，腕時計が贈られる。子どもは，それを引き出しに入れて大切に保管する。宝石を腕に着けたままサッカーをするつもりはないからだ。

クオーツ技術が誕生したとき，スイスの製造業者は何の反応も示さなかった。それらメーカーは，喜ぶことも，自分たちが提案していることの意味を変えることもしなかった。さらなる高級品市場に参入することで，贅沢品としての腕時計という，従来からの意味を後押しするだけだった。一方で，アジア企

図 4-3
1980年代初頭における腕時計産業のイノベーション戦略比較

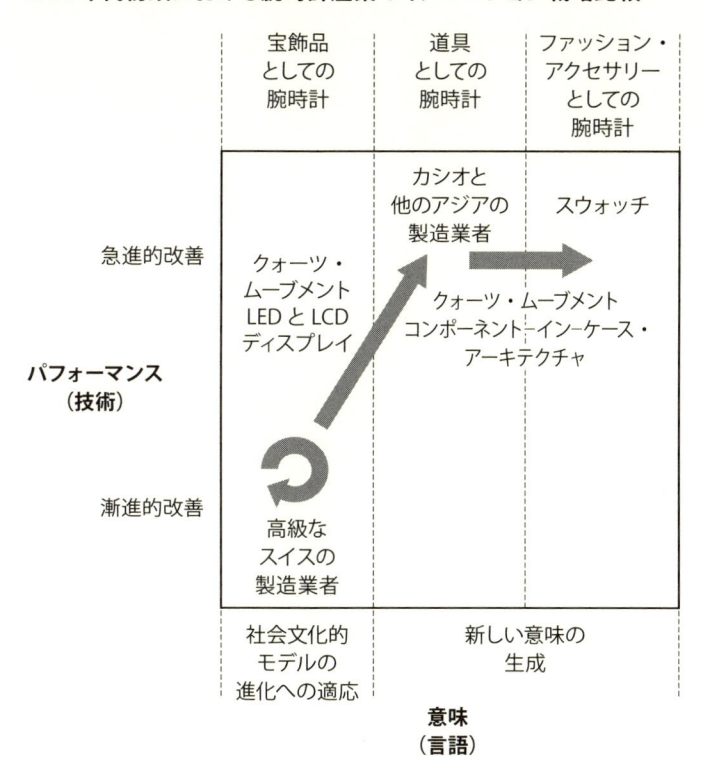

	宝飾品としての腕時計	道具としての腕時計	ファッション・アクセサリーとしての腕時計
急進的改善	クォーツ・ムーブメント LED と LCD ディスプレイ	カシオと他のアジアの製造業者 →	スウォッチ
		クォーツ・ムーブメント コンポーネント・イン-ケース・アーキテクチャ	
漸進的改善	高級なスイスの製造業者		

パフォーマンス（技術）

社会文化的モデルの進化への適応　　新しい意味の生成

意味（言語）

業が，このクオーツ技術という新たなサラブレッドを乗りこなした。そうすることで，それら企業は，暗黙のうちに腕時計の意味も変え，腕時計を器具（インストルメント）にしてしまった。腕時計は，タイマー，アラーム，ゲーム，そして電卓までの付加機能を搭載したツールとなった。

　一方で，スウォッチがしたことは，クオーツ・ムーブメントの本領を引き出したということだった。スウォッチがそうするまで，誰もこのクオーツ技術が，どんな本質的な意味を生み出せるのかを考えはしなかった。鳴りを潜めた

意味は，器具としてのデジタル・ウォッチをもっとむき出しにしたような解釈の裏に隠れていた。つまり，誰かに覆いを取ってもらって，悟る瞬間を待っていたのである。

　正しく解釈したのは，腕時計業界の外からやって来た，先見の明があるスイス企業のリーダーだったということは，驚くべきことではない（ハイエクは，ハイエク・エンジニアリングというコンサルティング会社を経営していた）。彼は，それまでのスイス企業のように，機械仕掛けのムーブメントに固執はしなかった。また，新技術を恐れることもなかった。しかし，彼は，スイス企業としての現地製造を基盤とする強みを活用した。それは，小型化された腕時計のアーキテクチャをデザインするという伝説的な能力である。

　スウォッチが，LEDやLCDの代わりに，アナログ・ディスプレイを用いたことは偶然ではない。アナログ・ムーブメントによって，スイス企業は，コンポーネント-イン-ケース・アーキテクチャを開発することで，自社のコア・コンピタンスを高めることができた。後で紹介するが，これらすべての特徴（先見の明があること，違った角度から社会文化的現象を観察すること，リスクを負う覚悟があること，市場テストに惑わされないこと，技術ベースの強みを利用すること）は，効果的なデザイン・ドリブン・イノベーションの主要な特徴である。

　この物語の結果は，誰もが知るところだ。多くの意味の急進的イノベーションにあるように，売れ行きは出だしこそ比較的遅いが，すぐに膨れ上がる。スウォッチ・グループは，1983年にスウォッチ110万個を売り上げて，1984年には400万個，1985年には800万個を販売した。このイノベーションは，途切れることない長期的成長をもたらした。スウォッチ発売から10年後の1993年には，3,100万個を売り上げるまでになった。1992年に同社は，スウォッチ販売1億個突破を祝った。1985年，クリスティーズ・オークション・ハウス（Christie's auction house）は，キキ・ピカソ（Kiki Picaso）デザインのスウォッチを競売し，小売価格100スイスフランのところ，68,200スイスフランの値が付いた。これは，スウォッチ・ブランドの価値を象徴するような出来

事であった。

　スウォッチを売り出した（オメガといった他のブランドも所有する）会社，SMHは，大きな利益を得た。1983年，SSIHとASUAGが正式に合併した年の収益は，合計15億スイスフランで，損失が1億7,300万スイスフランだった。10年後，SMHは30億スイスフランの収益を得て，4億スイスフラン以上の利益を上げた。そしてまた，14％の市場シェアを取る，世界の主導的腕時計メーカーとなっていた。

　Wiiのときと同じように，スウォッチも，利益への貢献については，計り知れないものがあった。1994年のFortune 500（世界企業の収益順ランキング）において，SMHは収益部門で232位，市場価値部門で119位，利益部門で70位，売上高利益率部門で22位だった。実際，スイスの腕時計産業全体が「スウォッチ効果」によって，恩恵を受けていた。スイスメーカーが占める世界市場シェアは，1980年代初頭にはほとんど消滅しかけていたのに，1994年に約60％となった。このシェアは，1970年代初頭，つまりクオーツ革命が起きる前のシェアよりも高いものだった。

　Wiiのように，スウォッチは，文化にも影響を与えた。ツールとしての腕時計の意味は，ほとんど消えた。1988年までに，デジタル・ディスプレイの腕時計の市場シェアは，わずか12％にまで落ち込んだ。デザイン・ドリブン・イノベーションには付き物であるが，振り返ってみると，人々は，スウォッチを求めようとは思っていなかったけれども，スウォッチこそを待っていたかのようだ。彼らは，技術が悟る瞬間を待っていたのである。

画期的技術の意味は鳴りを潜めている，だから技術の代替は近視眼的に考えられる

　短期的な視野を持つ会社は，何か他の方法で，技術と意味を相互作用させることを見落とすことが多い。そうした会社は，自社の「技術的代替（technological substitutions）」のためのイノベーション戦略を制限する。この制限は，

会社が，現存する意味はそのままにしておいて，製品性能を急進的に改善したり，機能性を付加したりするという目標に従って，使い古された技術を新しい技術に単に置き換えるときに生じる。腕時計産業では，そうした制限は見られなかった。クオーツ技術への投資によって，アジアメーカーは実際に，腕時計の意味を器具へと変えた。しかし，もう1つの，鳴りを潜めた意味（ファッション・アクセサリーとしての意味）が，さらに強力な潜在性を秘めていたというわけだが。一方で，技術的代替においては，会社は，人々が製品を購入して使用する，基本的な理由はずっと変わらないものだと考えている。例えば，大半の産業は近視眼的であり，実利的な理由から，新技術を称賛する。ある企業がデザイン・ドリブン・イノベーションに投資し，隠れた意味が露わにされ，その最大限の潜在性が現実の利益となるまでは。

私たちは，そういった啓示的な出来事の実例をすでに見てきた。例えば，アレッシィは，キッチン用品に初めてプラスチックを用いた会社ではなかった。競合他社がかなり前から，ポリマー（プラスチック）を，鉄やその他の高価な素材の代替品として用いていた。理由は簡単で，コスト削減のためである。プラスチックのキッチン用品は，安い，便利，ときには使い捨てができる商品，といった意味を持っていた。アレッシィが，プラスチック素材の特性は，表現の自由に完全に適していて，玩具と同じ素材が用いられた，遊び心のあるものだということを理解するまで，その意味は手つかずのままにされていた。目的は，コスト削減ではなく，キッチン用品を使い捨てにすることでもなく（誰もアレッシィ製品を捨てることは決してないだろう），まして利便性の向上でもなかった（アレッシィ製品は贈り物にされることが多い）。そうではなくて，プラスチックの鳴りを潜めた意味を呼び覚ますことにあったのである。

カルテル（イタリアのプラスチック家具メーカー。第2章で取り上げたブックウォームなどを開発）の場合には，似たような事実を示唆している。家具メーカーは，コスト面と利便性から，すでに木材からポリマーに切り替えていた。結果として，人々は，自宅のより目立たない場所に，そうした価値の低い家具を置くことになった。しかし，誰が，プラスチックの本質的な意味を「安

価で便利」だと言ったのだろうか？　カルテルは，プラスチックの地位を高め，その特性を追求した。誰もが購入できる価格で，芸術品の代替品をつくったのである。同じように，アルテミデのメタモルフォシィの場合では，電気と遠隔操作（リモコン）は，ライト産業において，スイッチのオンオフと明るさの調整を容易にするという意味をすでに確立していた。しかし，そうした操作は，単にモノとしてのランプを改善しただけのことである。つまり，それら企業は，ライトを幸福の源泉として考えることは提案しなかった。

　だが，おそらく最も有名な，技術が悟る瞬間のケースは，アップルのiPodであろう。それは，技術の鳴りを潜めた意味を明らかにすることにより，短期的視野に立ち，代替品に注目している競合他社を圧倒している企業の事例である。私は，ここで，iPodの物語を詳細に話すことはしない。なぜなら，多くのビジネス・ジャーナルがすでにそれをしているからである（的外れな記事も中にはあるが）。そうした記事では，iPodは成功したイノベーションの典型的見本としている。ひらめきを偉大なるアイデアのアイコンとなるまでに挑戦した，と見なされている。私は，そうした視点ではなく，技術的代替が近視眼であることと，技術が悟る瞬間の力強さを説明する，私たちのイノベーション戦略モデルに直接，進んでいこう。

　図4-4は，デジタル・オーディオ・エンコーディング（特にMPEG Audio Layer 3。一般にはMP3として知られる）の出現による，ポータブル・オーディオ・プレイヤー産業におけるイノベーション戦略を比較したものである。韓国企業のシーハン・インフォメーション・システムズ（SaeHan Information Systems）が，1997年に最初のMP3プレイヤー，MPManを売り出した。1998年には，カリフォルニアに本社を構える，ダイヤモンド・マルチメディア（Diamond Multimedia）がRio PMP300で追随し，1999年には，コンパック（Compaq）も，Jukebox PJB-100を市場に投入した。後者は，6ギガ・バイトのハード・ドライブで，CD100枚分（約1,200曲）を保存可能であった。2000年には，各メーカーが，様々な特徴を持ったMP3プレイヤー（例えば，イコライザー機能と並べ替え機能を持つ，Creative Worldwide's Nomad Juke-

第1部　デザイン・ドリブン・イノベーションの戦略

図4-4

ポータブル・オーディオ・プレイヤー産業におけるイノベーション戦略比較（1990年代後半から2000年代前半）

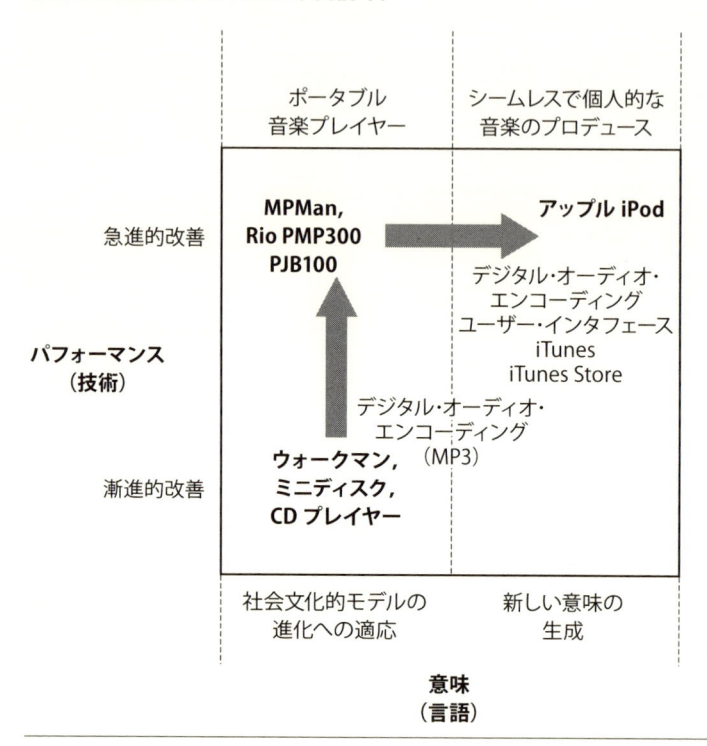

```
                    ポータブル          シームレスで個人的な
                    音楽プレイヤー       音楽のプロデュース

急進的改善      MPMan,              アップル iPod
               Rio PMP300    ───▶
               PJB100              デジタル・オーディオ・
                                   エンコーディング
パフォーマンス                       ユーザー・インタフェース
（技術）                             iTunes
                    ▲               iTunes Store
                    │
                    │   デジタル・オーディオ・
                    │   エンコーディング
               ウォークマン, （MP3）
漸進的改善      ミニディスク,
               CD プレイヤー

                社会文化的モデルの    新しい意味の
                進化への適応         生成

                          意味
                         （言語）
```

boxなど）を数多く売り始めた。

　これらの製品はすべて，同じビジョンを共有していた。すなわち，現存するポータブル・カセット・プレイヤーやCDプレイヤーの代替品になるということである。それら製品は，よりめざましく，説得力のある機能性を提供したが，それら製品の意味は，人々が家の外で音楽を聴くことができるという，どれも同じもののままであった。Rio PMP300の広告は「オーディオ・カセットより小さく，カセットやCDの挿入も不要。だから，ポータブルCDプレイヤーのように，針飛びすることもない。激しいスポーツにも，ただ歩きまわる

第4章　技術が悟る瞬間

のにも最適である」というものだった。そうしたポータブル・プレイヤーの形，大きさ，外見，インタフェースは，従来のウォークマン（Walkman）やディスクマン（Discman）のそれと何ら変わりなかった。MPMan（ソニーのウォークマンや，Rio Portable Music Player300の代替品）という名前自体が，上述したような企業のイノベーション戦略のすべてを物語っている。

　技術的代替に投資する代わりに，2001年にアップルは，デジタル・オーディオ・エンコーディングによって，意味の急進的イノベーションを果たせるという機会をつかんだ。それは，人々が，自分個人の音楽をプロデュースできるようになるということである。iPodは，単なるポータブル音楽プレイヤーではない。アップルが構築したシステム全体（iPod，iTunesソフトウェア・アプリケーション，iTunes Storeなどからなる，音楽販売のビジネスモデル）が，途切れ目のない経験を提供している。その経験とは，新しい音楽を発見したり試したりすること，0.99ドルという手頃な価格で音楽を購入すること（これを象徴するような言い分が「私は音楽を盗んでいない。アーティストのことを考えていて，産業の代替品に貢献している。私は新しいアーティストのプロデューサーである」というものである），音楽コレクションを自分だけのプレイリストに貯めて整理すること，そして，それをiPodで聴くこと。（後にiPodは，ポータブルの必要がない，単なる「プレイヤー」にもなった。多くの人が，家庭でiPodをCDプレイヤーの代替として使っているのだ。）

　こうしたiPodの成功は，単に，そのユーザー・インタフェースの滑らかなスタイルや，保存できる曲数（5ギガバイト・ドライブの初期モデルは，PJB-100やJukeboxに劣っていたが）といったユニークな機能性によるものではない。スタイルや機能性によって成功したと，確かに多くの批評家は言ってきた。しかし，iPodが成功した最大の理由は，iPodにおける「実体のない構成要素（immaterial components）」，つまりiTunes，iTunes Store，そして，これに関連するビジネスモデルといったものから，人々が連想する意味から生じているのだ。

　まだ納得していないだろうか？　それではいくつかの信頼できるデータに

沿って見てみよう。アップルはiPodを2001年に発売開始し，iTunes Storeを2003年初頭に，iTunes support for Windowsの提供を2003年末に始めた。iPodへの需要は2004年に急上昇し出して，その時の売上は，最初の2年間の累積販売台数の8倍にもなった[14]。同じように，アップルの株価は，2001年から2004年の始めにかけては変わりなかった（10ドル以下）。しかし，その後4年足らずの2007年10月には，200ドル近くにまで上昇した。iPodのポータブル音楽プレイヤー市場におけるシェアは，2006年には75％と，著しいものとなっている。さらに見ると，iTunes Storeはもっと顕著な数字を示している。米国におけるすべての合法音楽ダウンロードの約90％を占めているのだ。

それゆえに，iPodは，技術が悟る瞬間を示すことのできる絶好の事例だと言える。他の会社が，新技術を旧技術と単に取り換えながらも，意味は完全に既存のままにしていた間に，アップルは，デジタル・オーディオ・エンコーディングの鳴りを潜めた意味を明らかにした。そして，テクノロジー・プッシュとデザイン・ドリブン・イノベーションを統合することで，アップルは，並外れた競争優位を獲得したのだ。

R&Dと技術戦略への示唆

ジョージアの国境付近には泉があり，百隻の船が一度に積み込めるほどの大量のオイルが，脈々と湧き出ている。このオイルは食用には適していない。しかし，熱源として良く，かゆみを患う人々や疥癬（皮膚病）を患うラクダの癒しにもなる。人々は，このオイルを取るために，はるばる遠方からやって来る。このオイルを除いて，その近隣のオイルは燃えてしまったのである。

—マルコ・ポーロ[15]

私が語ってきた3つの物語（Wii，スウォッチ，iPod）は，技術の急進的イノベーションと，意味の急進的イノベーションは，密接に関わり合っているこ

とをはっきりと示している。どの技術でも，多くの意味が組み込まれている。そのうちのいくつかは，最初は目には見えないが，破壊性を潜んでいる。それらは，マルコ・ポーロが出会った，石油の源泉と似ている。彼は，その直接の意味を理解した。石油は，天然的に火を灯すことができ，皮膚病を治すことができる。だが，そのときは誰も，石油の破壊的な潜在性を十分に思い描くことはできなかった。

こうした意味と技術の密接なつながりを理解できた会社は，ほとんどない。しかし，それが示唆するところは重要である。何よりも，技術集約型企業（特に，そのR&D部門）にとって，次に，技術サプライヤーにとって重要である。その理由を説明したい。

どの企業でも，R&D部門は，エンジニアと科学者の王国である（卒業後何年かエンジニアとして，ハイテク電気通信メーカーで働いたことのある私が言うのだから間違いない）。R&D部門では，とりわけ技術集約型の会社では，デザインは大して重要ではない役回りだった。もっとも，役割があれば，の話だが。ハイテク会社は，デザインは最後になって，適切なユーザー・インタフェースをデザインするときに役立つと思っているのだろう。つまりデザインは，技術をより使いやすくするためのもの，そして，素敵な箱の真ん中に技術を置いてラッピングしてくれるものであり，それ以上の何ものでもないと思っているのだ。

イノベーションおよび技術的躍進のマネジメントに関する既存の理論は，こうしたデザインの見方を支持している。それらの理論は，産業とは通常，いくつかの段階を経て進化すると説明している[16]。初期段階においては，1つ，もしくはそれ以上の本質的に新しい技術が，産業内に急に姿を見せて，機能や製品性能の変化を一気に加速させる。この段階では，多くの新たな競合相手が出現し，最も効果的な製品アーキテクチャの発見と，技術的な問題解決をなすために躍起になる。そうして，技術が軌道に乗り出すと，イノベーションは漸進的になり，製品は商品（commodity）となり，誰もがまた別の技術的躍進を待つようになるのだ。

こうした理論において，デザインは，川下に限った役割を担う（理論家がデザインを考慮した場合だが）。川下というのは，技術ができうることすべてを出し切った後，というところである。つまり，それは，漸進的イノベーションや，コモディティ化における話だ。理論家は，デザインを「差異化要因（differentiator）」と見なす。要するに，会社が，自社製品を，競合他社の製品と識別させるために用いる最終兵器だということである。したがって，成熟した製品とデザインが関係するのは，手っ取り早い創造性，ユーザー・インタフェース，スタイルということだ。この解釈は，漸進的イノベーションのコンテクストにおいては正しい。しかし，ゲーム機，腕時計，デジタル音楽プレイヤーの話にあったように，それは，技術的躍進について見るには近視眼的である。

　「技術は機会を提供する」とは，記号学者のジアムパオルプ・プロニ（Giampaolp Proni）の言葉である。「もちろん，それは，無限なものではない（クオーツ・ムーブメントは歯を磨くことには使えない）。だが，最初の開発者たちが想像していたこと以上のものはある。マルコ・ポーロの石油の泉のように，そうした機会は，完全には予見されていなかった」[17]。

　デザイン・ドリブン・イノベーションという急進的な理論においては，デザインは，産業の創業，とりわけ，画期的技術が生じたときに主要な役割を担うことになる。図4-5は，私たちの3つの事例からの教訓を示したものである。画期的技術が現れたとき，それは，多くの潜在的意味に組み込まれる。そのいくつかは通常，技術開発を最初から主導してきた者が即座に促進する。他の意味は鳴りを潜めたままであるが，遅かれ早かれ，明らかになる。まるでベスビオ火山（Vesuvio volcano：ナポリ湾に臨む活火山）のように。ポンペイ（Pompeii）の住民は，親しみのある突起物に，自分たちが考えられる中で最も即座に意味を与えた。それが，山という意味であった。

　ポンペイの人々は，頻発する地震（この地域では普通のことと見なされていた）といった不穏な予兆があることや，急な岩縁に囲まれた広大な平地のある円錐形の頂上ということには全く構わないで，ブドウ園と農場を伴って，ベス

第 4 章　技術が悟る瞬間

図4-5
画期的技術を管理するための戦略の比較：純粋なテクノロジー・プッシュのみか，デザイン・ドリブン・イノベーションとの織り合わせか

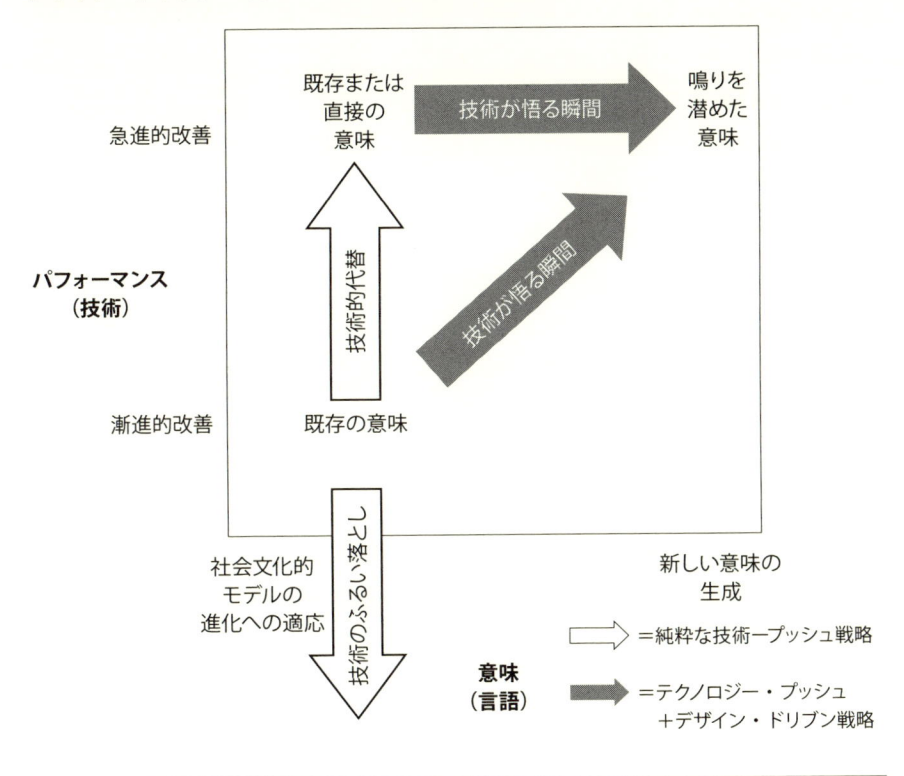

```
                        既存または         技術が悟る瞬間    鳴りを
                        直接の        ━━━━━━━━━━━━▶   潜めた
                        意味                              意味
急進的改善
                          ▲
                          │                  技術が悟る瞬間
                          │技         ━━━━━━━━━━━━▶
                          │術
パフォーマンス            │的
（技術）                  │代
                          │替
                          │
漸進的改善              既存の意味
                          │
                          │技
                          │術
                          │の
                          │ふ
                          │る
                          │い
                          │落
                          │と
                          │し
                          ▼
社会文化的                        新しい意味の
モデルの                            生成
進化への適応
                                  ▷ ＝純粋な技術ープッシュ戦略
                        意味
                       （言語）    ▶ ＝テクノロジー・プッシュ
                                    ＋デザイン・ドリブン戦略
```

ビオ火山に定住した。西暦79年，ベスビオ火山の鳴りを潜めた意味が劇的に明らかとなった。

　イノベーション戦略を1次元的なもの（技術革新のみで起こるもの）だと考える会社は，鳴りを潜めた意味を探求しない。このアプローチは，2つの近視眼的な行動を引き起こす。1つは，もし，新技術の最も即座に見出せる意味が，市場において現存する意味と適合しない場合，その会社は，その技術に見切りをつけ，競争とは関係ないものと考える（図4-5中の下向き白矢印：技術のふ

るい落とし）。これは，ゲーム業界で起きたことである。マイクロソフトとソニーは，現実世界で体を動かすということは，ゲーム慣れした自社のユーザーが求めているものではないという理由で，MEMS加速度・振動測定計に投資しなかった。

　もし，新技術の最も即座に見出せる意味が，現存する意味に適合するなら，会社は，新技術を現在の技術と取り換えるために投資するだろう（同図中の上向き白矢印：技術的代替）。

　しかし，どこかの会社が最終的には，技術が悟る瞬間を迎えるのである。その技術の本質的で，より強力な意味を明示するのである[18]。競争へのインパクトは破壊的なものとなる。イノベーターは，競合相手（任天堂，スウォッチなど）や，産業への新規参入組（アップル），もしくはユーザー自身にさえなり得る[19]。

　技術が悟る瞬間は，革新的な新しい意味が市場に現れることができて，それが新技術とつながっていることを会社が理解したときに興るのかもしれない（任天堂とMEMS加速度・振動測定計のように）。通常，そうした新しい意味は，競合他社がふるい落としたものである（図4-5中，対角線矢印：技術が悟る瞬間）。もしくは，会社が，新技術を組み込む，より説得力のある意味を探し求めているときに，技術が悟る瞬間が興るのかもしれない（スウォッチ，アップルのように）（図4-5中，水平の矢印：技術が悟る瞬間）。

　このような分析が示唆する，肝心な点は何か？　第1に，技術的躍進の最大限の可能性は，どこかの会社が，新技術のより効果的な鳴りを潜めた意味を見出したときにもたらされるという点である。第2に，技術的躍進それ自身よりも，技術が悟る瞬間は，競争に対してはるかに破壊的だという点である。

　第3に，新技術が出現したら，すぐに会社は，競合他社よりも先に，技術が悟る瞬間を探すべきだという点である。そうした会社は「この技術の隠れた意味は何か？　真の解釈は何か？　どうやって我が社は，その可能性を最大限に利用できるか？　意味（そして，その結果としての競争）における画期的な変化を引き起こすのは何か？」と問うべきだ。言い換えれば，そうした会社は，テ

クノロジー・プッシュとデザイン・ドリブン・イノベーションの両方に投資すべきである。

　第4に，テクノロジー・プッシュとデザイン・ドリブン・イノベーションが密接に関係していることを考慮して，デザインは，ハイテク企業とそのR&D部門にとって決定的に重要なものだという点である。もし，急進的な新しい技術の調査が，急進的な新しい意味の調査と結びついて行われるべきならば，その際には，R&Dはデザインに影響を受けることになる。ニコラス・ハイエクは，数学と化学を学んでおり，エンジニアリング会社を立ち上げていた。その経験のどれもが，彼がクオーツ技術の鳴りを潜めた意味について自問することを妨げたりはしなかった。

　本書の第2部は，このプロセスがどのように作用するのかを紹介している。特に第8章では，イタリアの食品会社，バリラ（Barilla）のR&Dマネジャーが，どのように技術が悟る瞬間の探求を活動的にしたかを示している。第3部では，先駆的な会社が，技術と意味を相互作用させるために，どのようにR&Dを組織し直したのかについて，より深く説明している。

技術サプライヤーへの示唆

　2007年に，ある組織が，ビジョン・ワーク・アワード：ピープル・イン・モーション（Vision Work Award：People in Motion）と呼ばれる，デザインコンペを始めた。このコンペは，2020年に人々が街でどのように暮らしているかという構想と，それに応じた製品の提案を，若手デザイナーに問うものであった。この組織は，自動車メーカーではなく，公共交通サービス会社でもなく，ましては市民の未来を考える政府機関でもない。その組織は，ベイヤー・マテリアル・サイエンス（Bayer Material Science）という，ポリマー素材を生産するドイツの会社，ベイヤー（Bayer）グループに属している。ベイヤーは，デザインとどのような関わりを持とうとしているのか？

　サプライ・チェーンの川上で活動する会社，特にハイテク素材や部品を供給

している会社は，デザインは自社とは関係がないものだと考えることが多い。それら会社は，デザインは消費者向けの製品だけの問題だと思っている。もし，デザインが，外見，美しさ，人間工学にのみ関係するものであれば，そう思ってもよいだろう。しかし，デザインを，意味を刷新するプロセスとして，とりわけテクノロジー・プッシュとデザイン・ドリブン・イノベーションの相互作用を考えるなら，デザインがいかに川上における技術集約型の会社に価値をもたらすのかを理解できる。

　それら会社は，デザインを2つの方法で用いることができる。1つは，最も即座な使い方である。それら会社の産業クライアントは，部品，素材，器具を買うときに，新しい意味を求める。お決まりのものを売るのではなく，カスタマイズするメーカーが，これに応じられる。従来，クライアントは，それら会社に，自分たちのニーズに合わせて，特別なチップを開発してもらうように依頼していた。このプロセスは，かなり非効率的である。というのも，クライアントは，そのつど仕様書をつくり，提示しなければならないからだ。それに応じてメーカーは，何度もプロトタイプをつくることになり，コストが余分にかかってしまう。1980年代に，LSIロジック・コーポレーション（LSI Logic Corporation）が，セルフ式（do-it-yourself）のソフトウェア・アプリケーションを開発した。「ゲートアレイ（gate array）」チップ・アーキテクチャと結びついたとき，このソフトウェアは，クライアント側が，自社の特殊なニーズに沿って，チップをデザインし，シミュレーションし，テストすることができるようになった。これにより，クライアントは，構成部品のつくり方を示したファイルをLSIで単に渡すだけでよいようになった。この方法により，LSIは，チップ製造業者が提案できうる意味を変えた。固定したデザイン製造プロセスの代わりに，クライアントのデザイン能力を活かし，彼らの創造性とイノベーションを刺激しながら，柔軟な製造で彼らを支援できるようになったのである[20]。

　技術サプライヤーは，デザインと意味を活用することもできる。なぜなら，彼らの部品や素材は，クライアントの製品やサービスを通じて，ゆくゆくは一

般消費者と相互作用するからだ。いくつかの川上メーカーは，ユーザーがデザインや意味を求められるように，自社のコア部品を，はっきりと目に見える，最終製品の一部にしている。「インテル，入ってる（Intel Inside）」戦略（内部のミクロ電子部品を選べるパソコンを購入することと関係する）の例が分かりやすいだろう。あるいは，ブレンボ（Brembo：自動車・バイクの無名のブレーキを高性能の象徴に変えた企業）が，時おり派手な色のブレーキをつくってきたのは，乗り物のハンドルを通じてブレーキが見えるからである。

しかし，目に見えるかどうかにかかわらず，最も興味深いことは，サプライヤーの技術的躍進は，最終製品の意味を本質的に変えることができるという点である。換言すれば，技術サプライヤーが，意味のイノベーションとデザインに高い関心を払うべきである理由は，彼らの部品が，技術が悟る瞬間を生み出すことが多々あるからだ。彼らの部品には，MEMS加速度・振動測定計と任天堂Wiiの事例で見たように，クライアントの産業を覆せるほどの，鳴りを潜めた意味が隠れているのである。

どのようにSTマイクロ・エレクトロニクスがMEMSの意味を活用したか

もし，クライアントが特殊な特徴や部品を求めるなら，それは，誰かがすでにそれをつくり上げているということだ。
　—ブルーノ・ムラリ（Bruno Murari：STマイクロ・エレクトロニクスのMEMS科学アドバイザー）

もし，あなたが技術サプライヤーならば，クライアントが最新の部品の鳴りを潜めた意味を理解するのを待つだろうか？　もしくは，さらに悪い状態になるが，競合他社がそれを提案するのを待つだろうか？　それとも，あなたが最初に動くだろうか？

STマイクロ・エレクトロニクス（STMicroelectronics：大手MEMS部品

メーカー，任天堂への加速度・振動測定計のサプライヤー）は，最初に動いた。マイクロ・エレクトロ・メカニカル・システムの研究は，1970年代に初めて衰退の時期に陥った。最も普及しているチップ・デバイス，MOS（metal oxide semiconductor）への投資によって陰を落としたのである。ブルーノ・ムラリは，STマイクロ・エレクトロニクスが不遇の数年にある間，MEMSの研究を指揮した。トップマネジメントの支援を得ながら，2000年代初頭にMEMSの商業的な適用が初めてなされるまで，その指揮は続いた。ムラリは，こう語る。「私たちは，大市場で実用可能な適用を見出すために試行錯誤してきた。ハード・ディスク用の回転センサーと直線センサーへの適用を試したことがあるが，うまくいかなかった」[21]。しかし，STマイクロ・エレクトロニクス・イタリアCEOのアルド・ロマノ（Aldo Romano）は，彼のチーム力に自信を持っていた。「私たちは，多方面で適用できる可能性を予想することから開始した。基本的なアイデアは，MEMSが，最終製品に提供できうることを，より『抽象的に』考えるというものだった。つまり，動きや位置についての情報である。これは，自動化に使用されることができるし，もっと面白いことには，ヒューマン・インタフェースを簡素化することにも使用できる。そこで，私たちは，自分たちの予想した適用を，現在ないし新しい市場の潜在的クライアントである，最も革新的なエンジニアたちに直接，提案した」。

　2003年におけるMEMSの最初の商業的適用には，ごくわずかの期待があった。メイタグ（Maytag：より耐久性のある製品づくりをめざす，白物家電メーカー）が，MEMSを洗濯機の振動操作デバイスに使用した。売上が伸びたのは2005年に，東芝がSTマイクロ・エレクトロニクスのMEMSを，フリーフォール機能（Free Fall：ノートブック・パソコンが落下したことを感知し，ハード・ディスクからヘッドを自動的に取り消すという機能）に使用したときであった。

　決定的なのは，2006年に任天堂が，STマイクロ・エレクトロニクスのMEMSをWiiに使用したことだった。「私たちは，すでにMEMSをゲーム機に試し済みだった」と，ベネデット・ビグナ（Benedetto Vigna：STマイク

第4章　技術が悟る瞬間

ロ・エレクトロニクス副社長兼MEMS製品部門ゼネラル・マネジャー）は言う。

　私たちのビジョンは，人々が，実際に直感的に動いて遊ぶことを可能にすることだった。2001年に，私たちは11日間で，マイクロソフト向けのゲーム・コントローラのプロトタイプをつくった。それは，モトクロス競争ゲームでハンドル・バーとして使用される，ハンド・コントローラだった。しかし，その技術は，まだ十分ではなかった。次に，グルノーブルとミラノにある私たちの研究所とともに，卓球ゲームを構想した。デバイスはよかったが，ソフトウェアがなかった。最終的に，私たちは2005年3月に，自分たちの技術を任天堂に提案した。私たちには3D加速度・振動測定計があったし，パッケージング上の問題を解決し，大きなコスト削減をできる技能があった。任天堂はそれを求めていた。すでにソフトウェアに関しては取り組んでいた。準備は整っていたのだ。

　洗濯機からゲーム機，将来のバイオ・メディカル（生態薬学）システムに至るまで適用されるという，MEMSの進化は，連続して悟りが来ているようなものである。MEMSは今や，半導体の中で最も成長している市場であり，年間50％の拡大を見せ，売上高は2010年までに100億ドルとなることが見込まれている。これは，STマイクロ・エレクトロニクスにとって，最も成長しているビジネスでもある。同社は，そのクライアントとともに，一般消費者市場を調査することで，新しい意味を持つ適用を予想し続けている。例えば，主導的な携帯電話メーカーと共同調査を行っている。両社からなるチームには，8人のエンジニアと事業開発マネジャーがいて，MEMSがもたらす，携帯電話による新たな相互作用のシナリオを探究する，3日間のワークショップが開かれたりした。

　ベイヤー・マテリアル・サイエンスも，社会文化的変化への理解に，かなりの投資をしている。競合他社よりも先に，新しい素材とその使用法をクライア

ントに提案できるようにするためだ。同社のクリエイティブ・センター（川上における技術サプライヤーのニュー・ビジネス部門内に設立）は，現在および今後のクライアントの市場に影響を与えて，ポリマーの新しい適用を導くことになり得る，社会と文化における変化を体系的に分析し，シミュレーションしている。言い換えれば，クリエイティブ・センターは，技術が悟る瞬間のために設けられた，会社の研究所である。

例えば2005年に，クリエイティブ・センターは，13の研究機関，大学，クライアントとともに，フューチャー・リビング2020（Future Living 2020）に着手した。これは，劇的な都市化や，雇用の不安定性といったトレンドが，長期的にはどのように人々の生活に影響を与えるのかについて調査するものである。このプロジェクトは，都市，家庭および職場での生活がどのようなものになるかを予想する，2つのシナリオをつくり出した。クリエイティブ・センター所長のエンジニア，エカード・フォルティン（Eckard Foltin）は，次のように言う。

　新たなプラスチックへの適用に対する，開発ニーズと市場機会をできるだけ早く明確にすることが重要だ。クリエイティブ・センターは，10年以上の時間枠でとらえて，成長市場への新しい問題解決を開発している。私たちの姉妹グループである，ニュー・テクノロジー（New Technologies）は，素材の新開発とプロセスの発見に専念している。そして，インダストリー・イノベーションズ（Industry Innovations）が，実践経験に基づき，私たちの事業アイデア（実現可能性の調査を経ているもの）を，主要な顧客とともに初期適用していく。未来予想図を描くことで，私たちは，素材を開発していく道のりをより透明なものにして，次第に具現化していくことができる。このアプローチにより，私たちは，既存の市場および全く新しい市場双方における新たな事業機会に対応できるようになる[22]。

　このプロジェクトは，新しいポリマーの可能性を最大限に示す方法について

第4章　技術が悟る瞬間

理解を深めるために，これまで特殊な社会文化的シナリオに注目してきた。これには，建築および住宅産業における会社も協力している。フューチャー・コンストラクション（Future Construction）は家庭内への潜在的な適用を調査し，フューチャー・ロジスティックス（Future Logistics）は商品の配送に注目し，ピープル・イン・モーション（People in Motion）は人々が街中でどのように動くかを調べる。例えば，ピープル・イン・モーションは，人々が自動車内で過ごす時間の感じ方を変えることを目的として，カー・インテリア向けの光沢のある表面加工といった新しい素材を開発している。

　ベイヤーは，デザイン学校の学生や教授と頻繁に協力しながら，こうした長期に及ぶシナリオを，潜在的な適用の短期的調査と結びつけている。例えば，2007年にベイヤーは，ヨーロッパの5つのデザイン学校に向けて，都市の流動性に焦点を当てたコンペを開始した。ベイヤーは，それらの学校に対し，フューチャー・リビング2020プロジェクトにおける社会文化的シナリオや，素材と技術についてのノウハウ，プロトタイプ製作への支援を行っている。学生は，100以上のコンセプトを提案し，その中から第三者の審査員によって賞が与えられる。こういった戦略を通じて，クライアントは，自社ではまだ予想していない事業機会を提案してもらうことについて，ベイヤーを信頼できるようになったのである。

　ベイヤーの戦略は，市場への適用だけというよりは，「意味」を探すためのものである。同社は，マーケティング学校やMBAではなく，デザイン学校と協力して社会文化的シナリオを調査している。一義的な予測や潜在的な市場の姿を探しているのではなく，意味のある新しい提案を探しているからだ。このアプローチは，極めて重要である。Wiiの場合では，市場だけに目を向け，意味を考えていなかった技術サプライヤーは，いくつかの破壊的な適用を，単に市場での支配的意味に合わないからという理由で切り捨ててきた。もし，その意味が，バーチャル・エンターテインメントのままであったなら，つまり，指先の動きだけを示唆するものであったなら，MEMS加速度・振動測定計をゲーム機に使うという発想は誰もしなかった。しかし，ある会社がひとたび，支配

的意味を疑問視し，文化と社会における新たな可能性を探究したことで，一味違った適用が人々の前に姿を見せた。

　残念ながら，意味に対する，こうした積極的なアプローチと，悟りを受けるための探求は，川上の技術サプライヤーにとっては，一般的なものではない。そうした会社は，受身的である場合が多い。ほとんどは最終市場に目を向けないか，彼らのクライアントが社会と文化の進化への理解を深めることを，間違って信じているのだ。

　コーニング（Corning：ガラスおよびガラス関連部品メーカーとしてよく知られる）の例を見てみよう。コーニングは，ラックオティカ（Luxottica：眼鏡メーカー）やサムスン（Samsung：携帯電話向けのLCDやフラット・スクリーン・モニターを生産している）といったクライアントを信頼しており，彼らにガラスの基礎の仕様書を提供する。コーニングの科学者たちは，その理由を，それらクライアントのほうが，エンド・ユーザーにより近いので，将来の意味を理解しやすく，それらを技術的な要求としてとらえ直すことができるからだと考えている。人々が，スクリーンを家庭でどのように違った用途で使いうるか，あるいは眼鏡をどのように使いうるかを調査することは，コーニングの関心事ではないと思っているのだ。むしろ，より良い機能性を提供することで，直接のクライアントの問題を解決するという役割を担うのである。コーニングの科学者たちは，「我が社はフラット・スクリーンをつくっている。それはフラットである」と言っている自社は，意味やその悟りについて，大して関心を持っていないのは，当然のことだと見なす。しかし，コーニングのクライアントが完全に新しい開発を求めているときや，技術が悟る瞬間を積極的に探し求める，他のサプライヤーへと鞍替えしたときには，コーニングの行動は遅すぎるというリスクがある。あるいは，単にコーニングは新規事業における市場機会を失うことになる[23]。

　本章では，デザインは激動のハイテク産業には関係がない，あるいは，単に成熟した消費者市場における差異化要因にしかならない，といった通説に挑んだ。それとは対照的に，デザイン・ドリブン・イノベーションとしての，その

第4章　技術が悟る瞬間

　本質的な形態において，デザインは，画期的技術と同じくらいに破壊的になり得る。さらには，デザインは，画期的技術が産業を破壊できるようにする兵器となり得る。

　それゆえ，デザインは，成熟市場よりも，技術開発の初期段階において，より決定的な役割を担う（成熟市場では，前章で述べたように，もはやデザインは差異化要因としてさえも機能しない）。デザインが，ハイテク企業と，その技術サプライヤーのアジェンダに盛り込まれたときに，真の衝撃が生じるのである。

　自動車メーカーは，内部燃焼エンジンを，燃料電池といった，より環境に優しい技術と取り換えることに苦悩している。しかしながら，それらの技術は，自動車の意味を変えたりはしないだろう。例えば，技術が，自動車のアーキテクチャを覆すのは，自動車を大きなスケートボード型（平らで，バッテリーと他の推進力部品で埋め尽くされた，分厚いベース）に変えるときであろう。これなら，ボディがその上に簡単に取り付けられる。このアーキテクチャの変化は，新たな革新的意味を呼び覚まし，自動車産業のビジネスモデルを定義し直すことになるだろう。技術投資とデザイン・ドリブン・イノベーションを組み合わせることで，いち早くこれを成し得る会社が，最後には，競争の先頭に立つのである。

【注】

1) A.D., "Game Watch," *Sports Illustrated*, July 2, 2007, 26.
2) 人々はしばしば，マイクロソフトが30年以上，技術と意味におけるいくつかの変遷を生き残るために，市場を支配してきたと主張する。しかしながら，これは全く正しくない。Alan MacCormackとMarco Iansitiは "Intellectual Property, Architeture, and the Management of Technological Transitions: Evidence from Microsoft Corporation" (forthcoming in *Journal of Product Innovation Management*)の中で，マイクロソフトは，製品と各要素の構造を定義することのできる優れた能力のおかげで生き残ることができたと述べている。さらに，マイクロソフトは市場支配の結果として，人々がPCと相互

作用し，ブラウザーを通してインターネットに接続するために，アイコンやグラフィカル・ユーザー・インタフェースを使用することを愛するように，意味における変遷において消極的に生きながらえることができた。実際，マイクロソフトの最大の弱点の1つは，デザイン・ドリブン・イノベーションを主導する能力を持っていないことであると思われる。

3) 技術の社会学者は，技術の画期的躍進がどのように文化的な変遷を誘発するか（どのようにインターネットが私たちの生活を変えたか）に特に焦点を当てている。特に，ブルーノ・ラトゥール（Bruno Latour）のアクター・ネットワーク理論（actor-network theory）は，人的ネットワークの技術的進化と，非人的主体が開発を援助したり阻害したりすることを関連づけている。

Bruno Latour, *Science in Action: How to Follow Scientists and Engineers Through Society* (Cambridge, MA: Harvard University Press, 1987（邦訳：川崎勝，髙田紀代志訳『科学が作られているとき——人類学的考察』産業図書，1999年))。

Wiebe, E. Bijker and John Law, eds., *Shaping Technology/Building Society: Studies in Sociotechnical Change* (Cambridge, MA: MIT Press, 1994).

を参照のこと。さらに最近のものとしては，

Frank W. Geels, "From Sectoral Systems of Innovation to Socio-technical Systems: Insights About Dynamics and Change from Sociology and Institutional Theory," *Research Policy* 33 (2004): 897-920.

を参照のこと。

技術と社会の共進化に関しては，

Dorothy Leonard-Barton, "Implementation as Mutual Adaption of Technology and Organization," *Research Policy* 17 (1998): 215-267.

を参照のこと。

4) 任天堂Wiiの議論は，いくつかの情報源から得ている。特に以下を参照のこと。

Kenji Hall, "The Big Ideas Behind Nintendo's Wii," *BusinessWeek*, November 16, 2006.

Kris Graft, "iSuppli: 60GB PS3 Costs $840 to Produce," *Next Generation*, November 16, 2006.

James Griffiths, "The Name of the Game," *Environmental Engineering* (Winter 2006/2007): 30-34.

Kenji Hall, "Nintendo Scores Ever Higer," *BusinessWeek Online*, June 27, 2007.

A.D., "Game Watch," *Sports Illustrated*, July 2, 2007, 26.

Matt Richtel and Eric A. Taub, "In Battle of Consoles, Nintendo Gains Allies," *New York Times*, July 17, 2007.

Christopher Megerian, "A Wii Workout," *BusinessWeek Online*, August 3, 2007.

Beth Snyder Bulik, "Chips, Dip and Nintendo Wii," *Advetising Age* (Midwest region edition) 78, no.34 (August 27, 2007): 4.

Ann Steffora Mutschler, "Nintendo Wii Trumps Xbox 360 in Sales," *Electronic News* 52, no.35 (August 27, 2007).

"Sony's Plan to Cut PS3 Costs," *BusinessWeek Online*, September 20, 2007.

Mariko Sanchanta, "Nintendo's Wii Takes Console Lead," *Financial Times*, September 12, 2007.

Devin Henry, "Nintendo's Wii Finds Use in Physical Therapy," *Minnesota Daily*, October 12, 2007.

5) Xbox360は，高速のIBM3.2GHz XenonのCPU，120GBのハード・ドライブ，優れたマルチメディアの機能を持ち，先進的で詳細なグラフィックスを提供するHalo3のような大ヒット商品と連携している。プレイステーション3は，3.2GHzマルチコア・セルチップと高性能のブルーレイ・DVDプレイヤーを実装している。

6) Hall, "The Big Ideas Behind Nintenso's Wii."

7) Henry, "Nintendo's Wii Finds Use in Physical Therapy."から引用。

8) William Taylor, "Message and Muscle: An Interview with Swatch Titan Nicholas Hayek," *Harvard Business Review* (March-April 1993): 99-110.から引用。

9) スウォッチの議論は，いくつかの情報源から得ている。特に以下を参照のこと。

Amy Glasmeier, "Technological Discontinuities and Flexible Production Networks: The Case of Switzerland and the World Watch Industry," *Research Policy* 20 (1991): 469-485.

Taylor, "Message and Muscle: An Interview with Swatch Titan Nicholas Hayek".

Dominik E. D. Zehnder and John J. Gabarro, "Nicholas G. Hayek," Case 9-495-005 (Boston: Harvard Business School, 1994).

Cyril Bouquet and Allen Morrison, "Swatch and the Grobal Watch Industry," Case 9A99M023 (London, Ontario: Richard Ivery Scool of Business, University of Western Ontario, 1999).

Cate Reavis, Carin-Isabel Knoop, and Luc Wathieu, "The Swatch Group: On Internet Time," Case 9-500-014 (Boston: Harvard Business School, 2000).

Daniel B. Radov and Michael L. Tushman, "Rebirth of the Swiss Watch Industry, 1980-1992 (A): Hayek and Thomake at SMH," Case 9-400-087 (Boston: Harvard Business School, 2000).

Daniel B. Radov and Michael L. Tushman, "Rebirth of the Swiss Watch Industry, 1980-1992 (B): Hayek and Thomake at SMH," Case 9-400-088 (Boston: Harvard Business School, 2000).

Youngme Moon, "The Birth of the Swatch," Case 9-504-096 (Boston: Harvard Business

10) Taylor, "Message and Muscle: An Interview with Swatch Titan Nicholas Hayek."から引用。
11) Zehnder and Gabarro, "Nicholas G. Hayek."
12) Taylor, "Message and Muscle: An Interview with Swatch Titan Nicholas Hayek."から引用。
13) Ibid.
14) http://www.systemshootouts.org/ipod_sales.html.
15) Macro Polo, *The Travels*, trans. Ronald Latham (London: Penguin Books, 1958), 48.
16) 例えば、James M. Utterback, *Mastering the Dynamics of Innovation* (Boston: Harvard Business School Press, 1994（邦訳：大津正和，小川進監訳『イノベーション・ダイナミクス―事例から学ぶ技術戦略』有斐閣，1998年)).を参照のこと。
17) 著者によるGiampaolp Proniへのインタビュー。Bologna, November 15, 2007.
18) 悟る瞬間（epiphany）とは，語源として「優位な立場に立っている状態」を「明示する」ことを意味している（Merriam Webster Online, http://mw1.merriam-webster.com/dictionary/epiphany）。それゆえ，技術のより優位性のある強力な意味の実態を表現するために，この語を使用している。
19)「リード・ユーザー」に関する研究の流れは，イノベーションが時々，新しい技術を扱う能力を持つ，市場の主流の外にいるユーザー（例えば，極端なユーザー）から現れることを示している。これは特に，会社が新しい技術の鳴りを潜めた意味に対して，積極的な探索を行わないときに起こる。例えば，Eric Von Hippel, *Democrtized Innovation* (Cambridge, MA: MIT Press, 2005（邦訳：サイコム・インターナショナル訳『民主化するイノベーションの時代―メーカー主導からの脱皮』ファーストプレス，2005年)).を参照のこと。
20) Stefan Thomke and Eric Von Hippel, "Customers as Innovators: A New Way to Create Value," *Harvard Business Review* 80, no.4 (April 2002): 74-81.
21) このSTマイクロ・エレクトロニクスの事例のためのすべての引用は，2007年12月と2008年1月に著者によって行われた，企業の経営幹部へのインタビューによる。
22) Eckard Foltin, "Develop Today What Will Be Needed Tomorrow," *VisionWorks* 5 (2007): 37.
23) 不思議なことに，コーニングは，デザイナーや芸術家との特権的な相互作用を追求することによって，社会文化的な変化を予想し得た。なぜなら，1918年にコーニングは，アートガラスのメーカーであるスチューベン（Steuben）を買収し，彼らのイノベーションによってすぐにその純度と透明さで有名になったからである。当時のコーニングの社長であるアランソン・B・ホートン（Alanson B. Houghton）は，芸術と産業の間で実の

ある交換ができることを期待していた。例えば、マイケル・グレイブスとリチャード・マイヤー（Richard Meier）はスチューベンのためにデザインを行った。しかしながら、ホートンの期待にもかかわらず、スチューベンは技術主導とデザイン・ドリブン・イノベーションの間にある戦略的な関係をつかむことができなかった。あるコーニングの科学者によると、会社は定期的にスチューベンと相互作用を行っていたが、コーニングの科学者たちは、できるだけガラスの品質とその他の特性を一致させ維持することに焦点を当てていた。時おり、コーニングの科学者がガラスの組成を変化させるという状況も生じたが、そのような変化は決まって反対を受けた。なぜならそれは標準的な製品の生産を邪魔するからである。数十年間で初めて色ガラスの開発について、スチューベンがコーニングに提案したのはつい最近のことだった。

第5章

価値と挑戦

[なぜ会社はデザイン・ドリブン・イノベーションに投資するのか，またはしないのか]

それは「スニーカーみたいなクルマ」だった。あなたはスニーカーを，安いという理由では買わない。欲しいから買う。（挿絵：フィアットのパンダ）

挿絵：Daniele Barillari

「カール（Karl），私たちの新しいプリンタのデザインを気に入ってくれて，私は嬉しく思います。我がチームも，これを知るとありがたく思うことでしょう」と，スーザン（Susan）が自社のCEOに告げた。スーザンは，有名なオフィス用品の会社のインダストリアル・デザインとヒューマン・インタフェースのディレクターだった。彼女は，同僚を通じて，CEOがプリンタ・デザインを褒めてくれたことを聞いた。私情を交えない本社の長い廊下の一隅で，2人が偶然に出くわしたことは，スーザンが待ち望んでいた機会だった。彼女は続けて述べた。「カール，私は思っているのですが…私たちのチームは，もっと手応えのある貢献をできる機会があってもよさそうなものだと考えています。つまり，我が社の製品のボディとユーザー・インタフェースをデザインする以上の貢献をしたい，ということです」。

ボード・ミーティングに出るために急いでいたCEOは，スーザンに向かって微笑んだ。まるで彼女を，コンサートに行く許しを得る10代の愛娘のように，カールは応じたのだ。

「君は，私たちがもっとデザインに投資すべきだと言うのかね？ スーザン，君は知っているね，私は常にオープンな人間だ。しかし，私たちは，投資に対するリターンを正確に見積もらなければならない。デザインの価値を財務分析したものを提出してくれないか？」

私は，この会話が交わされた場面を目撃していた。カールは私に向かって振り返り，ウィンクをした。彼は，質問は3つのカテゴリーに分類されることを理解していた。1つは，答えがあるもの。1つは，答えはないが投資する価値があるもの。そして最後の1つは，答えがないもの。彼の質問は，最後の1つに属するものであった。丁寧にノーと言うことになる，賢い問いかけ方であった。

実際，私は，何度もカールの，最後の1つに属する質問や，その他のカテゴリーの質問を聞いたことがある。また，デザインの価値を算定しようと試みている記事やレポートを読んだこともあった。そのいくつかは，方法論的には独特なものであり，他のものは，明らかに欠陥があった。3週間後，スーザンは，

私にコンタクトを取り，助けを求めてきた。「スーザン，申し訳ない」。私はそう答えた。「エルネスト・ジスモンディや，アルベルト・アレッシィ，スティーブ・ジョブズのような経営者は，財務分析に基づいてデザインに投資するということはしなかった」。このとき，私が思い出していたのは，ヤコブ・イエンセン（B&Oの多くのトップセラー商品をデザインしたデンマークのデザイナー）のコメントであった。

　もし，そのアイデアが，非常にエキサイティングで支持されるものであるならば，メーカーは，その実現が難しいかどうかは気にしない。彼らは，アイデアが明らかに正しいと理解したときには，資金を投じるものだ。言い訳はしない。「すみません，そんな余裕はありません」とは言わない…あなたのアイデアを同僚やともに働くべき人たちに与えたいとしよう。彼らの目の前にあなたのアイデアを差し出すときに，もし，あなたがそのアイデアを説明しなければならないのであれば，それは取るに足らないアイデアなのである。逆に，あなたが持って来たアイデアに対して，人々が，「すごいな！これはどうやったらつくれるだろう？」と言ったならば，あなたはすでにそのアイデアをプロジェクトに乗せたことになる。そこからのプロセスは自ずと人を引きつけ，導くことになり，ほとんどの者をアイデアの具現化に着手させる。というのも，技術者は，解決すべき問題を抱えており…その解決法が見つかったからである[1]。

　トップ経営者たちを見てきた私の経験からすると，もし，彼らが何かを意思決定する「前に」財務分析を求めるのならば，それはつまり，彼らが納得していないからだ。さらに言えば，どんな財務分析も，実際に分析されたとしても，彼らはそれに納得することはない。最初に掲げるのが，ビジョンだからである。数字は不可欠であるが，それは実現可能性を立証するために「後になって」登場する。

　とはいえ，私は，スーザンに，ある提案をしたのだった。ただし，ここで

は，その中身を明かすことはできない。気になる点があったとしても，その謎はすべて最終章で解けることだろう。

　まだ私は，ここで，デザイン・ドリブン・イノベーションの財務的な価値を示そうと努めているあなたの判断を誤らせることはしない。私たちは，イノベーションについて話しているが，まだ采を投じてはいない。イノベーションにおける損益分岐点は，どれだけ投資したかではなく，どのように投資したかで決まる。幸いなことに，もし，あなたがここまで本書を辛抱して読んできたのであれば，それは，あなたが納得させられたくないからである。あなたは「どのように」を知りたいのだ。したがって，私は，どのようにデザイン・ドリブン・イノベーションが，会社の経済性（利益がもたらされるところ，挑戦がなされるところ）を支えることができるのかをお見せすることにしよう。これにより，あなたに適切な提案ができたならば，あなたは，直面するだろう挑戦をうまく乗り越えながら，その提案を財務的な成果と結びつける筋道が分かるであろう。

　私がこの分析を披露するにあたり，2つの重要事項がある。1つ目は，私は，一般的なデザインの価値の話をしているのではなく，「デザイン・ドリブン・イノベーション」という，非常に特殊なアプローチの話をしているということである。2つ目は，私は，特に意味の急進的イノベーションだけがもたらしうる利益に注目しているということである。それは，競争のサイクルよりもかなり長めのライフサイクルの製品をつくることができる能力である。この能力は，製品が極めて短命になりがちとなり，そのために企業がリ・デザインを毎回行うことに資源を浪費したくないという，現在のイノベーション競争においては決定的なものである。

デザイン・ドリブン・イノベーションの価値

　会社が，本質的に新しい意味を持つ製品を発売して，人々がそれを気に入るとき，何が起こるだろうか？　1つのイノベーションと会社の経済性をつなぐ

図 5-1
デザイン・ドリブン・イノベーションの価値モデル

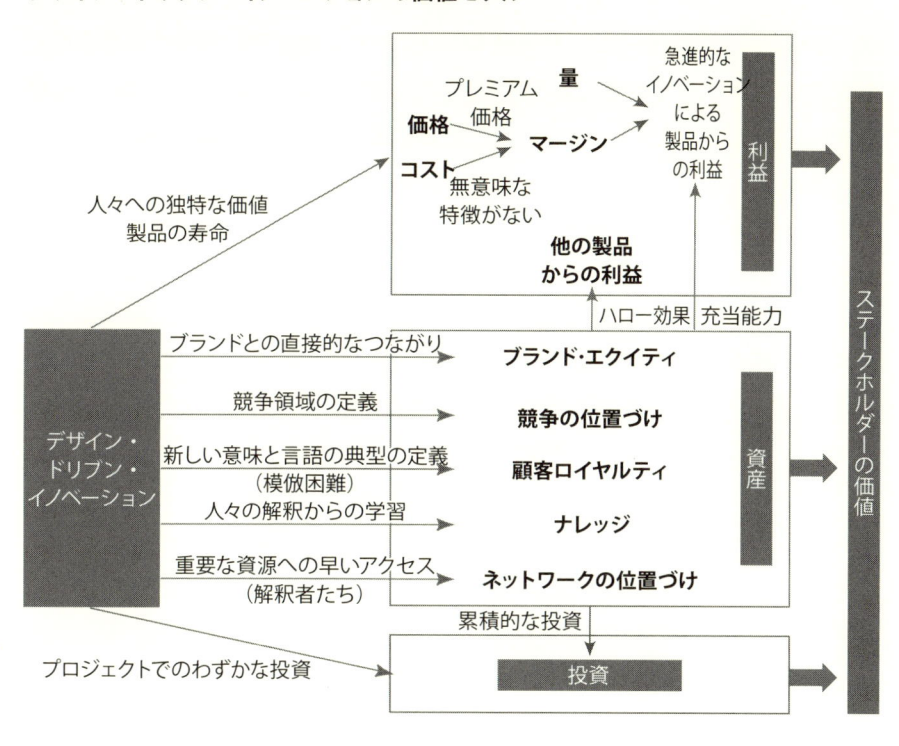

のは，利益，資産，投資，ステークホルダーの価値の4つである。デザイン・ドリブン・イノベーションは，これらすべてに対して，示唆するものが大きい（図5-1参照）。

利益

まず，デザイン・ドリブン・イノベーションは，利益の主要な源泉として機能するだろう。もし，デザイン・ドリブン・イノベーションが成功した場合，差異化されていない競合製品群とは一線を画すような，強力で独特な個性を

持った製品が生まれる。

　そのようなイノベーションは，会社の販売量を増加させることが多い。例えば，すでに見てきたように，任天堂Wiiは，ゲーム機産業において，過去最高の需要を享受し，週間売上台数はXboxの2倍，プレイステーション3の4倍だった。同様に，スウォッチは，史上最高の販売数となった腕時計である。また，iPodは，携帯音楽プレイヤー市場の75％を占めている[2]。

　製品の独創性は，販売量を増やすこと以上に，1製品当たりの利益マージンをさらに高めることもよくある。人々は，より意味のある製品に対しては，プレミアム価格を喜んで支払うという意思が常にある。といっても，これは，高級品や贅沢品についての話というわけではない。スウォッチへの出費は，40ドルである！　ニコラス・ハイエクは，プレミアムとは約10％だと見積もっている。とすると，これは，価格はさらに下げることができることを意味しており，したがって，その利益マージンは注目に値する。事実，スウォッチ・グループは，1994年のフォーチュン500リストで，収益部門では232位に位置づいていたが，売上高純利益部門では22位に入っていた。また，Wiiは，テレビゲーム市場で最も安いゲーム機（競合製品の約半値）だったが，製品の売上が利益をもたらす，唯一のゲーム機であった。

　もし，製品に意味があるのであれば，それに過剰な機能を付ける必要はないのだ。人々が，製品を気に入ったときには，その純粋な実利的価値以上の対価を進んで支払おうとするので，利益マージンがより高くなるのである。ただし，成功したデザイン・ドリブン・イノベーションからの利益が得られる時期は決まっている。売上は穏やかに始まる製品が多い。それは，人々が，製品についての考え方をリセットし，本質的な新しい意味を受け入れる必要があるからだ。ところが，ほどなくすると売上は伸び出し，長期にわたって，その売上は持続する。次節では，このダイナミクスについて，より詳細に説明する。

企業資産

　次に，しばしば最も重要なことになるが，デザイン・ドリブン・イノベー

ションは，会社資産に影響を与える。中でもとりわけ重要なのは，それが「ブランド・エクイティ」に資するということだ。企業は，いくつかの方法で，ブランド価値を築くことができる。広告を通じて，あるいは品質および顧客満足，技術革新といった方法がある。しかし，意味の急進的イノベーションを創出することが，最も効果的なアプローチである。なぜなら，製品の意味や製品言語は，ユーザーの経験を密接に決定するからだ。つまり，会社のブランドに直接的な影響を与えるのである。意味はほんもの（authenticity）であり，嘘はつかない。独特な製品を与えられることで，人々は，品質上の何かしらの欠点さえも許容する。なぜなら，彼らは通常，それらを個性的特徴（personality trait：ハーレー・ダビッドソンの二輪車によくあることだが，エンジンの爆音や座り心地がよくないシートなどがこれに該当する）と見なすからである。

　Wiiの登場以降で，私たちが目の当たりにしたのは，任天堂のブランド・エクイティが相当増えた，ということだった。また，スウォッチのブランド価値も，小売価格100スイスフランのところ，オークションでは68,200スイスフランの値が付いたほど高いものになっている。デザイン・ドリブン・イノベーションとブランド・アイデンティティが直接的に，仲介物を介さないでつながることは，極めて重要である。なぜなら，イノベーターが，恩恵を受けることができるからだ。言い換えれば，競合他社は，製品の機能や，その形態さえも模倣することができうるが，その真の意味までは模倣することは決してできないからである。模倣ができないのは，真の意味がブランドと密接不可分に結びついていることによる。

　第8章では，ケトル9093（Kettle 9093）という，1985年にアメリカの建築家，マイケル・グレイブス（Michael Graves）がアレッシィのためにデザインしたケトルの事例について取り上げている。1999年には，小売業者のターゲット（Target）は，自社製品の新シリーズをデザインするにあたり，グレイブスを招き入れた。そのシリーズには，ケトル9093の廉価版も含まれていた。実に，アレッシィの9093モデル（同社のベストセラー商品で，150万個を販売）は，ターゲットの廉価版の5倍もの値段にもかかわらず，大量に売れ続けてい

る。オリジナルと廉価版の両方とも，同じ人物がデザインしているから，価格上の違いは，疑いの余地なく，アレッシィ・ブランドから生じている。それだけは，ターゲットが唯一，模倣できないところである。意味の話となれば，人々は，ほんものに極めて敏感になる。

さらに重要なことに，意味は，ブランド・エクイティに影響を与えるので，意味の急進的イノベーションは，その会社の他の製品の価値も高めるようなハロー効果（訳注：1つの製品が良かったら，その会社の他の製品も良いだろうと見なしてしまう，人の心理パターン）をもたらす。これにより，追加的で持続的な利益が生まれることになる。メタモルフォシィ・システムの価値は，それ自身の売上だけではなく，何よりもそれが，アルテミデ・ブランドの価値を強化しているという事実に求められる。2006年のアルテミデのベストセラー商品は，1986年にデザインされた，トロメオ・ランプ（Tolomeo lamp）であった。これは，模倣品の4～5倍の価格だった。なぜ，人々は，そのような高い値段を，美しく，現代風のランプという意味を未だ有するトロメオ・ランプに進んで支払おうとするのか？　その理由は，アルテミデのランプだからである。それではアルテミデは，どのようにして，こうした価値のあるブランドを築き上げたのだろうか？　広告を通じてではない（アルテミデの広告予算は最小限である）。メタモルフォシィといった，一連のデザイン・ドリブン・イノベーションを通じて築いたのである。そうした製品により，アルテミデは，近代文化におけるランプやライトの意味をどこよりも早く提案してきたのだ。

アップルにも，同じようなことが言える。アップルのノート・パソコン市場のシェアの近年の成長と，特にiPhoneの発売以後での店頭における熱狂的な賑わいは，それら製品の値打ちだけでなく，iPodがアップル・ブランド全体を築き上げたというハロー効果も示すものである。

デザイン・ドリブン・イノベーションは，他の方法でも，会社の資産を増やす。そのほとんどは，一番手企業が獲得する典型的な優位性から生じるものである。例えば，新しい意味を最初につくることで，その会社は，自社のコア・コンピタンスにより有利となるような市場ルールを新たに定めることができ

第5章　価値と挑戦

る。腕時計の意味を用具からファッション・アクセサリーへと覆すことによって，スウォッチは，スイス産業の歴史的な強みをより活かせるような競争を行えるようになった。その強みとは，デジタル・ディスプレイというよりもむしろアナログ・ディスプレイであり，洗練されたモジュラー製品アーキテクチャ（マイクロ・メカニズムへの精通が必要となる）であり，外見のトレンドに関する知識などである。スウォッチと競う日本メーカーは，こうした新しいルールに従わなければならなかった。

　デザイン・ドリブン・イノベーションは，企業に，製品の意味と製品言語の典型を新たにつくることも可能にした。それらの典型は，人々が同じカテゴリーあるいは似たようなカテゴリーにおいて，製品を購入するときに，何を探し求めているかということを決定する，文化的標準となる。

　例えば，ファミリー・フォローズ・フィクションで，アレッシィは，意味の新しい典型（楽しい過渡期のモノとしての家庭用品）と，製品言語の新しい標準（擬人化の形態とカラフルな透明プラスチック）をつくり出した。こうした典型は，適合性があるため，他のアレッシィの製品の売上も引き上げた。適合性とは，まず，感情的な適合性である（「私は，アレッシィの製品に対して特別の愛情を感じる。他の製品を買う理由がない」）。そして，象徴的な適合性である（「私がアレッシィの製品を買うのは，カラフルで擬人化されたモノが，今の社会で格好よいと見なされているから」）。さらに，審美的な適合性である（「先週，買ったモノの隣にアレッシィの製品を並べたら見栄えが素晴らしく，他の会社の製品では全く釣り合いが取れないので，私はアレッシィの他の製品も買うだろう）[3)]。換言すれば，技術標準と同様に，意味と製品言語における新しい標準はこれから先も定着するだろうと，顧客は理解する。特に，その新しい標準が，強力な特色を持っているならば，イノベーターがつくり出す他の製品においても，人々の関心を引きつけ続けるだろう。

　しかしながら，模倣品となれば，そこには，技術標準と典型との間に大きな食い違いがある。ユーザーというものは，あらゆる産業のメーカーが技術標準に従うものだと思っている。だから，模倣者がその技術標準を採用するのは，

何の問題もない。しかし，ある会社が，意味と製品言語に関して新しい標準を確立したときには，模倣者の存続は，非常に厳しいものとなる。模倣者が，イノベーターと同じ製品言語を使用すればするほど，模倣者の製品は，独創性の全くないコピー製品という認識が進む。もし，模倣者が，そう思われることを避けたいのであれば，人々が新しい文化的典型を見つけたすぐ後に，成功しそうもないけれども，別の製品言語を見つけなければならない。あなたが，意味の急進的イノベーションを成し遂げたなら，競合他社の存続は難しいものとなるのだ。

デザイン・ドリブン・イノベーションの会社の資産への，いま1つの貢献は，知識に関するものである。いち早く投資することは，新しいコンセプトへの人々の解釈の仕方をいち早くフィードバックできるということだ。すなわち，その会社は，自らの投資から最初に学ぶのであり，その知識が，後に続く漸進的イノベーションにおいて，より良い結果をもたらすことになる。

最終的に，会社の資産への主だった恩恵は，イノベーション・プロセスそのものから生じている。第1章で，私は「主要な解釈者たち（key interpreters）」の概念を取り入れた。つまり，人々がモノに意味をどのように与えうるのかという研究を導く，企業外部の団体のことである。そこで私が示し，その後の章でも引き続き検討したのは，デザイン・ドリブン・イノベーションのプロセスがどのように，主要な外部の解釈者と会社との有機的な相互作用に根ざしているのか，ということだった。最初に動いた会社は，未だつながりを持っていない，主要な解釈者を引きつけるだけの決定的な優位性を持っている。したがって，彼らとのより効果的なコラボレーションへと発展する見込みがある。

例えば，アレッシィは，マイケル・グレイブスに，プロダクト・デザインを依頼した最初の会社であった。アメリカの建築家に依頼するということは，1998年のターゲットと比べて，1985年のアレッシィのほうが，よりたやすいものであり，契約金も安く済んだ。ターゲットが依頼したときには，彼は有名になっていたからだ。デザイン・ドリブン・イノベーションに連続した投資を行うことで，アレッシィは，デザイナーと社会文化的解釈者たちとのネット

ワークにおいて、その中心に位置づいている。現在では、何百もの新しいアイデアが、世界中の若手（および中堅の）デザイナーから会社に送られてくる。そのアイデアを無料で、アレッシィは手にするというわけである。若いデザイン学生は、セントロ・スチュディ・アレッシィ（Centro Studi Alessi：今では、この施設は点在する）所長のローラ・ポリノロ（Laura Polinoro）が主催するワークショップに参加し、新しいコンセプトを提案するのに、お金を払わなければいけないほどだ。アレッシィのネットワークにおける位置は定着しきっており、競合他社がその位置にはとうてい立てないということは一目瞭然である。

投資

　3つ目に考慮すべき、価値があり、潜在的な優位性を持つものは、投資である。デザイン・ドリブン・イノベーションに、コストは多くかかるだろうか？もちろん、これだという決まりきった答えはないが、考えられうる答えは2つある。1つは、私が取り上げた事例のほとんどが、経営資源に限りがある中小企業（アレッシィ、アルテミデ、カルテル、フロス、B&Bイタリアなど）であることに関係する。大半は、デザイン部門すらない企業である。しかし、それら企業は、各産業のイノベーション・リーダーである。後で登場するが、それら企業に特有なイノベーション・プロセスでは、外部の主要な解釈者たちのネットワークが低コストで活用されている。これは特に、外部コラボレーターとのネットワーク（デザイン・ドリブン・ネットワーク・プロセスを通じて導かれない限りは、つながりを持たない関係性）を、より幅広く有する大企業にとっては朗報である。

　一方で、デザイン・ドリブン・イノベーションは、ネットワークを発展させるために、絶え間がなく、継続的な努力を必要とする。それは、リレーションシップに累積的な投資を行うということである。1つ1つの投資は小さなものであるが、それを何年もかけて行えば、その効果は絶大なものとなる。こうしたわけで、なぜ投資が重要であるかというと、この投資プロセスを踏んでいる

と，競合他社がそれを模倣するのはほとんど不可能となるからである。

　より高い利益，より高い資産価値，そして主要な解釈者からなる外部ネットワーク構築と維持のための限られた投資は，結局のところ会社にとって，株価の上昇と市場資本の拡大に大きく貢献する。その成果には驚かされるだろう。例えば，任天堂の株価はWii発売後1年間で165％上昇した（そして巨人ソニーの市場資本を超えた）。また，アップルの株価は4年足らずで10ドルから約200ドルにまで急増した。

イノベーション・レースからの脱却：製品の寿命

　父が，新しいクルマで家に帰って来たとき，私にはそれが信じられなかった。何だと？　板バネのサスペンションのクルマだと？[4]

　それは1980年，私が10代のときだった。父と私は，クルマ好きであった。私の父は，イタリアの自動車メーカー，フィアットに勤めていた。そんな父は，半年ごとにクルマを買い換えていた。父は，事前にどんなクルマを買うかは言わなかったので，毎回が大きなイベントだった。しかし，1980年3月は，我が家はとりわけ心配した。小さなシティ・カー（有名な例は500）で知られるフィアットは，ちょうどパンダ（Panda）という新しいブランド（低価格で3ドア・ハッチバック）を発売したばかりであった。父はこれを購入するものだと思っていた。しかし，その箱型自動車が，こんなにも奇妙なクルマだとは，全くもって予想していなかった。それは，呆れるほどナンセンスなものだった。

　それから約10年後の1990年頃，私は，パンダの温かいフラット・フード（flat hood）をランチ・テーブルにして，コルシカ（Corsica）で友人たちとキャンプをしていた。私は大学時代，夏になると，仲間の持っているパンダで，地中海地方を旅したものだ。20年後の2000年には，私の母は（数十年間も父のピカピカの新車を傷つけまいと運転を断念していたが）ついに，彼女専用のクルマを購入することを決心した。誰も彼女の選択に異論はなかった。彼

女は「私，パンダを買うわ」と言ったのだ。23年後の2003年，パンダに代わる新モデル開発に2度失敗した後，フィアットはパンダをつくるのを止めてしまった。当時まだ，イタリア国内で月間売上台数2位であったのだが，より厳しい安全基準を遵守するためであった。パンダは，1980年3月，あの夜に見たものと基本的に変わっていなかった。

　フィアットのパンダは，長寿製品の一例である。残念ながら，これは稀な事例だ。製品ライフサイクルは短くなってきており，会社はペースを速めて，それら製品の代替品をつくる必要があるという専門家から，非難され続けてきた。P&Gによる研究では，1992年から2002年の間に，消費者向け製品のライフサイクルは半分になったことが明らかにされた[5]。

　しかし，幸いなことに，製品ライフサイクルは外因的なものではない。その短縮は避けられない悩みというわけでもない。製品ライフサイクルは，企業のイノベーション戦略次第なのである。特にデザインは，良かれ悪しかれ，製品寿命にかなりの影響を与える。一般的なデザインへの漸進的アプローチは，製品代替を劇的に加速させた。外見は毎シーズン，わずかに変化する。競合他社は，短い会議で生まれた，ちょっとした創造的なアイデアも素早く模倣する。それは，何の関連もない特徴を付加していき，意味のないゴールをめざすようなもので，どこかおかしな競争である。機能性だけを競うことを狙った製品は，誰かが新しい機能を発明すると，いつもすぐに時代遅れのものとなる。そうした競争下の企業は，止めどないリ・デザインを強いられる。斬新的なデザインは，荒波立つ市場の表面を流れていく。一瞬の光を放つアイデアを放り込むことで，その水面をさらに掻き立てる。そうしたアイデアは，数ヵ月後には他のものと区別できなくなる。多くの漸進的イノベーションは，デザイン理論家のエジオ・マンジーニが「記号の汚染（semiotic pollution：人々を単に混乱させるような，まとまりのないアイデアが滝のように騒がしく渦巻いている状態）」と呼ぶものを，単に取り入れているだけなのだ。

　私たちは本当に，人々がそれを欲しがっていると言い切れるだろうか？　もちろん，素晴らしい提案がない場合には，人々はサプライヤーが提供するもの

しか選ぶことができない。限られた選択肢から，少しだけ機能や形態が良い，平凡な，もしくは格好よい製品を選ぶのだ。しかし，会社が，最終的に正しい意味を持った製品を提案したときには，たとえ最新の特徴，機能，色を備えていなくとも，人々は間違いなく，それを選び，そしてまた，選び続けるであろう。あなたが，正しい製品を持っているとき，誰が気にするだろうか？　意味とは，機能の総体ではない。それは，統合された概念であり，特殊な特徴の改善に関しては，あまり敏感ではない。

　デザイン・ドリブン・イノベーションの大きな恩恵の1つは，それが，長寿製品を生み出すという点である。このイノベーション・プロセスは，その流れに潜む重大な動きと，より深く作用する。表面の小さな動きには，あまり反応しない。例えば，B&O製品のライフサイクルの平均は，競合他社の製品が8年間であるのに比べて，20年間である。アレッシィの2つのベストセラーは，ケトル9093（Kettle 9093：1985年発売）と，ジューシー・サリフ（Juicy Salif：レモン搾り機，1990年フィリップ・スタルクによるデザイン）である。スウォッチの腕時計は，最初のものが発売されてから25年経っても，市場を主導している。

　移り変わりの激しい産業においても，この恩恵（デザイン・ドリブン・イノベーションが長寿製品を生むこと）は通用する。例えば，アップルが提案した革新的な新製品は，漸進的な姉妹製品よりも，そして，その産業の平均よりも長いライフサイクルとなる傾向がある[6]。製品寿命は，会社を損益なしの症候から救い出し，圧倒的な利益を生み出し，継続的な代替品に投資する必要をなくす。そして，企業がR&D費を，より実質的なイノベーションへと投じられるようにするのである。

自動車産業における製品寿命

　自動車産業は歴史的に，シトロエン（Citroën）の2CV，フォルクスワーゲン（Volkswagen）のビートル（Beetle）やミニ（MINI），フィアット500（FIAT500）など，数多くの伝説的製品を輩出してきた。しかし，パンダは，

図5-2
イタリアにおける自動車販売台数（1980年～2002年）

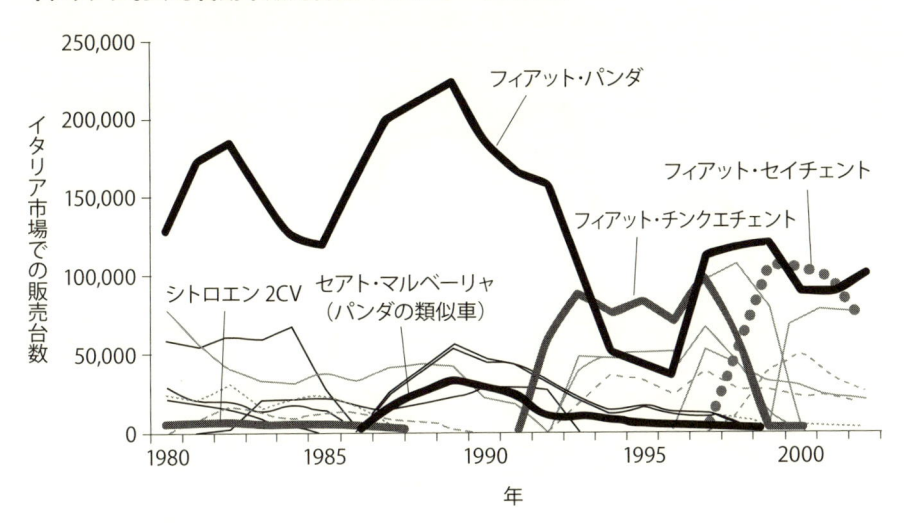

（縦軸：イタリア市場での販売台数、横軸：年）

グラフ中のラベル：
- フィアット・パンダ
- フィアット・セイチェント
- フィアット・チンクエチェント
- シトロエン 2CV
- セアト・マルベーリャ（パンダの類似車）

（注）パンダは2003年においては，一部だけ売られた。

データ原典：Alessio Marchesi, "Business Classics: Managing Innovation through Product Longevity" (PhD dissertation, Politecnico di Milano, 2005).

興味深い事例である。なぜならパンダは，ライフサイクルが通常，今よりも長かった，自動車産業の創生期に登場したクルマではなかったからである。パンダは，競合車の製品ライフサイクルの平均が，わずか8.5年という高速の時期で競争したクルマだった（図5-2，5-3参照）[7]。

1980年発売のパンダは，その完璧な外形で，23年の間，競合車よりも長く残った。パンダは，ほとんどいつもイタリアのシティ・カー市場で1位にあり，自動車産業のすべてのセグメントを通じても1位か2位だった。販売中止となった2003年でさえも，そうした状態であった。マイナー・チェンジと投資（最大の投資は1983年の4WDバージョンと，1986年のより高性能なエンジンの導入であった）により，23年間でフィアットは，全世界でパンダを450万台売り上げた。なぜ，パンダは，そんなにも（同じ長寿製品であるクラシッ

図5-3

イタリアのシティ・カー・セグメントにおける製品ライフサイクルと市場シェアの比較（1978年以降に発売されて2005年までに発売が終了になった自動車）

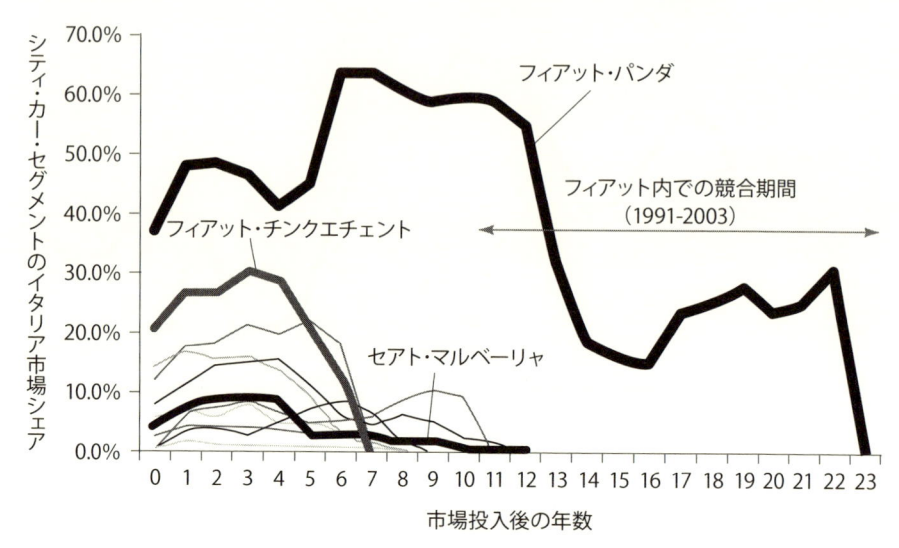

縦軸：シティ・カー・セグメントのイタリア市場シェア
横軸：市場投入後の年数

- フィアット・パンダ
- フィアット内での競合期間（1991-2003）
- フィアット・チンクエチェント
- セアト・マルベーリャ

データ原典：Alessio Marchesi, "Business Classics: Managing Innovation through Product Longevity" (PhD dissertation, Politecnico di Milano, 2005).

ク・フィアット500をも凌ぐほどの）長寿製品であり得たのだろうか？

　イノベーション・マネジメント理論は，製品寿命を支えるための様々な戦略を企業が用いることを提案する。そのうち，最初の戦略は，フィアットが模倣者から卓越した機能性を保護するために特許を用いたということで説明がつくだろう。しかし，パンダの機能性は，そのライフサイクル全体を通じて見ても，卓越したものではなかったことは明らかである。また，特許に守られていたというわけでもない。

　この戦略を調査するため，私たちは，パンダの機能性を，23年以上の製品寿命である競合車と比較することにした。比較するのは，メジャー業界誌によって格付けされた，搭乗者スペース，トランク・スペース，燃費，エンジ

第5章　価値と挑戦

図 5-4
競合車との平均値比較で見るフィアット・パンダの機能性

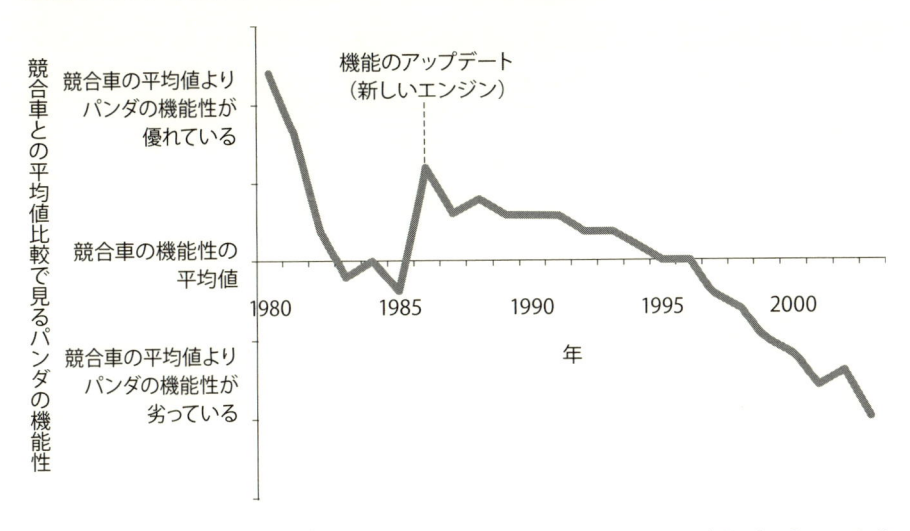

データ原典：Alessio Marchesi, "Business Classics: Managing Innovation through Product Longevity" (PhD dissertation, Politecnico di Milano, 2005).

ン，加速力，安全性，乗り心地の平均値である（図5-4参照）。初めこそ，パンダは，相対的に良い評価を得たが，すぐに競合車が追いついてきて，パンダ発売から3年で，その性能はすでに業界平均を下回るまでに落ち込んでしまった。パンダの機能的評価は，新世代エンジンのおかげで1986年に立ち直ったが，またすぐに，ゆっくりと下降していった。1996年以降，合理的な判断をするバイヤーは，パンダを買うことは決してなかった。多くのフィアット・モデルのように，パンダは，品質欠陥に苦しんだ。しかし，パンダは，業界内平均が20％以下という状況の中，40％という驚異的なリピート購入率を誇った。

　2つ目の戦略は，パンダが，その価格設定によって勝利しえたということである。これは，ある程度，当たっている。パンダの価格は基本的に，インフレ率を追う形で設定された。1983年の販売当初には2,000リラだったが，2003年には6,300リラになった。この価格は，業界平均よりも，ほんの少しだけ低

い程度だ。フィアットの市場分析によれば，2002年で，パンダを購入する一番の決め手に価格を挙げた顧客は，わずか38％しかいなかった。パンダの中古販売価格は，同じカテゴリーの競合車の中でトップであった。これは人々が，パンダは他の競合車よりも価値があると見なしている，明らかなしるしである。

　第3の戦略は，製品寿命は市場構造に依存する，と主張する既存の理論によって指摘される。つまり，競争がしにくい市場（独占市場，ニッチ市場，1社が流通チャネルなどの補完財を統制している市場）では，製品代替がゆっくりとしかなされないということである。しかし，パンダは，独占市場やニッチ市場で競ってはいなかった。むしろ，そのライフサイクルの間では，20もの異なったモデルと競い合ったという，群雄割拠のシティ・カー・セグメントに身を置いていた。パンダの優位性は，イタリアにおけるフィアットの市場力を単に反映していたものではなかったのだ。その証拠に，フィアット自らは，パンダの代替品をつくることを2回も試みている。1度目は1991年，チンクエチェント（Cinquecento：1960年代の歴史的自動車，フィアット500の名前だけを共有した，冴えないクルマ），2度目は1998年のセイチェント（Seicento：これもまた1960年代の歴史的車種から名前をとり，信じられないほど平凡なデザインを付加したクルマ）である。パンダは，初めは，その2車種のどちらとも，社内競争にさらされたが，最終的には，その姉妹製品に打ち勝った。

　パンダがこれほどまでに長寿製品となり得た真の理由は，シティ・カーの「意味」における画期的躍進があったからなのである。とりわけ，フィアットの伝統的なアプローチと比べると，よく分かることだ。1970年代末，シティ・カーの支配的なコンセプトは，乗客を最小のスペースに詰め込むことで，最低限の製品性能を最小限の価格で提供することにあった。（歴史的自動車，フィアット500は全長117インチ，車幅52インチだった。1970年代の後継車であるフィアット126は，それが120×54となっていた。）フィアットのCEO，カルロ・デ・ベネデッティ（Carlo De Benedetti）は，ジオルジェッティ・ジウ

ジアロ（Giorgietti Giugiaro：パンダのデザイナー）に，次のようにコンセプトを変えることを求めた。「私が求めているのは，乗客と荷物を乗せるのに十分な広さがあり，それでいて小型車の価格のクルマである」。

　それは1976年のことだった。1899年（フォード設立の4年前であり，GM設立の9年前）に設立されたフィアットが，ストライキとテロに悩まされた，歴史上，最も落ち込んでいた時期であった（フィアットの工場の一握りの労働者がレッド・ブリゲードスという，イタリアの極左テログループのメンバーとなり，経営陣に16回もの攻撃を行った）。その間，世界の自動車市場は，1970年代のオイル・ショック後の危機に直面していて，世界全体の生産量が20％落ち込んでいた（フィアットの生産量は30％落ちていた）。したがって，フィアットは保守的に，漸進的イノベーション戦略に徹するべきであり，人々をさらに小さく，効率的で，より安価なクルマに押し込むべきだ，という論調が世間では出ていた。

　カルロ・デ・ベネデッティは，たった100日間しか，フィアットのトップに立たなかった。彼が去るとき，フィアットは重大な問題を数多く抱えていたので，ジウジアロに自動車のコンセプトとエンジニアリング・デザインに関する，あらゆる裁量権と責任が与えられた。したがって，パンダが生産されたイノベーション・プロセスは，ある程度，異常な状況を反映した。だから，フィアット自らも，そして多くの経営学者も，パンダは失敗作になるだろうと見なしていた。しかしながら，後に見るように，そのプロセスは，まさしくデザイン・ドリブン・イノベーションのプロセスに適したものだったのである。

長寿と個性を追求するデザイン

　ジオルジェッティ・ジウジアロは，1968年に，自動車デザイン兼エンジニアリング会社のイタリデザイン（Italdesign）を設立した，世界で最も著名なカー・デザイナーの一人である。彼は，自動車業界でいくつかの名車をデザインしている。高級車市場では，マセラティ・グヒブリ（Maserati Ghibli：1966年），最近ではフェラーリGG50（Ferrari GG50）がある。低価格帯のク

ルマでは，ダエウー＝シボレー・マティス（Daewoo-Chevrolet Matiz：1998年），有名どころではフォルクスワーゲンのゴルフ（Golf：1974年）がある。彼は，長寿製品のデザイン専門家であるのだ。「パンダは，私が最も愛したプロジェクトである」と，ジウジアロは言う。「なぜなら，私はほんの少しの要求と最大限の自由を与えられていた。デザインの見地からすれば，低価格帯のクルマをデザインすることは，ブガッティ（Bugatti）をデザインすることよりもはるかに難しいものである」[8]。

　パンダをつくるにあたり，ジウジアロは，ただでさえ難しい問題に，さらに別の要求を付け足した。より広い空間だけでなく，平均的な製品性能の中により深い意味を持たせる，という要求である。彼は，パンダを「ノー・フリル，ビッグ・スリル（no frills, big thrills）」のクルマだと考えた。それは，「賢くて，陽気」そして「悩み事からの解放」というコンセプトの創出であった。つまり，旅行から，都心での仕事上の約束時，郊外での野菜の運搬に至るまで，人々がどんな場面でも乗れる，新鮮かつ実用的なクルマというコンセプトだった。パンダの，無数にある一貫したディテールは，何百もの親しみ慣れた用途を提案しているとともに，新しい用途も提案していた。

　座席は，シンプルな管構造をしており，取り外しができて，丸洗い可能な布カバーが取り付けられていた。後部座席は，座ることに加え，様々な用途に使えるように，2本の管の間に長方形の布が張られたつくりになっていた。つまりこれは，赤ん坊や割れ物を包み込むために，ハンモックのように折り畳み可能で，倒せばベッドサイズのマットレスにもなり，取り外しも可能であった。取り外して丸めれば，前座席の後部に確保された隙間に収納することも可能で，1,060立方メートルの広さのバン・クラスの積荷収容スペースをつくることができた。ダッシュボードも布張りされており，その下には小さな引き出しの代わりに，左右に動くオープン・ポーチが取り付けられていた。これにより，簡単にモノをその中に投げ入れることができたり，目の届くところに置き続けたりすることができるのだった。

　外観のデザインも，聡明なものであった。ジウジアロは，パンダに頑丈さと

いう，強力な個性を持たせた。後部サスペンションは板バネで，ドアの蝶番は目に見え，窓はすべて平らであり，取り換えやすく，ボディの側面もほとんど平らで，小さな衝突や錆から守るために，大きなプラスチック・バンドが取り付けられていた。タイヤは，型通りのアーチをつくれなかったので，「むき出し」のままになっていた。こうした解決策は，急ピッチの組立作業と低価格を実現可能にしただけでなく，郊外でも乗りこなすことができる，全地形対応型ワゴンという，明確なアイデンティティをパンダに与えた。（パンダ・プロジェクトの呼び名は「田舎者（rustic）」であった。その4WDバージョンは，その軽いボディのおかげで，荒れた地域でも予想以上に簡単に運転でき，もっと高価で頑丈なSUVよりも実によく機能した。）パンダの外見は，23年経った現在においても，まだ現代的に見えるほど，極めて型破りなものだった。

スニーカーみたいなクルマ

　低価格帯の製品は，その高級な製品の単なる劣化版であることが多い。劣化版は，より豪華な姉妹製品と同じ意味を有しているふりをしている。しかし，それらの機能や品質は，やはり悪い。もし，そのような製品を購入する機会があるなら，「もっと良いクルマが買いたいのだけど，残念ながら，お金がない」と言いたくなるであろう。だが，パンダは，その姉妹製品とは違う意味を持っていた。小さな劣化版という意味ではない。単にそれが安いから買ったのではなく，「欲しかった」から買ったのである。そして，安くあることは，「ノー・フリル，ビッグ・スリル」のコンセプトの一端を担う，重要な要素となった。パンダの意味を言い表した，最高の喩えは「スニーカーみたいなクルマ」であった。スニーカーは安いからという理由ではなく，それが必要だから買われるものだ。スニーカー同様，パンダの変形自在性，状況適応性，用途多様性は，パンダが年齢や性別，社会的地位にとらわれることのない社会的アイコンとなることを後押しした。

　「パンダに関しては，1つだけ信じ難い，悪い点が出てきてしまった」と，ジオルジエッティ・ジウジアロは語る。「私が想定したのは，最低限の収入し

第1部　デザイン・ドリブン・イノベーションの戦略

か得ていない人々が，パンダを彼らだけのクルマとして購入するだろうということだった。しかし，発売後には，知職人やトゥリン・ヒルズ（Turin hills）の優雅な婦人などが，パンダに魅力を感じていることが判明した。その他の顧客は，かなり後になって，その魅力に気づいたのである」[9]。

　多くのデザイン・ドリブン・イノベーションのように，パンダは，市場やユーザー分析の結果ではなかった。当初，ユーザーは確かに戸惑っていた。しかし，すぐに彼らは，熱狂的になった。パンダの市場シェアの最盛期は1987年，最大生産量は1989年だった。パンダ発売から7年後と9年後のことであった。（競合他社の自動車は，平均して3年以内にその最高市場シェアに達している。）結局，フィアットの限られた投資にもかかわらず，パンダは，今まで生産された中で，最も収益性のあるクルマの1車種となった。10年以上の開発期間がかかる，他の車種に比べて，パンダは，構想からデザイン，生産そして発売までがわずか4年で行われた[10]。そのプロジェクトは単に他とは違う問いかけから始まったのである。要するに，人々がシティ・カーにおいて好みうる，本当の意味とは何であるか？

　パンダには，史上3車種にしか与えられていない，コンパソ・ドーロ（Compasso d'Oro：イタリアの最も権威あるデザイン賞）が贈られている。パンダが，デザインにおける常識を破壊した傑作であることは言うまでもない。つまり，単なる製品でも，ニッチに限定されたモノでも，高級車でもなく，格好のよいモノでもなかったのだ。パンダは，その低価格と機能性が，購入に値する価値と意味と見なされるという複雑な量産品なのである。たとえパンダが，競合車よりも低機能となったとしても，それらの意味は，一度創出されたのなら，生き続けるのだった。

ビジネス・クラシックを生み出す

　パンダは，デザイン・ドリブン・イノベーションが，どの経営者も求めるような，最も望ましい恩恵の1つを生み出せる方法であることを示している。つまり，小さな投資で大きな利益マージンを得る，長寿製品なのだ。この事例が

図5-5

意味の急進的イノベーションとビジネス・クラシックの創造

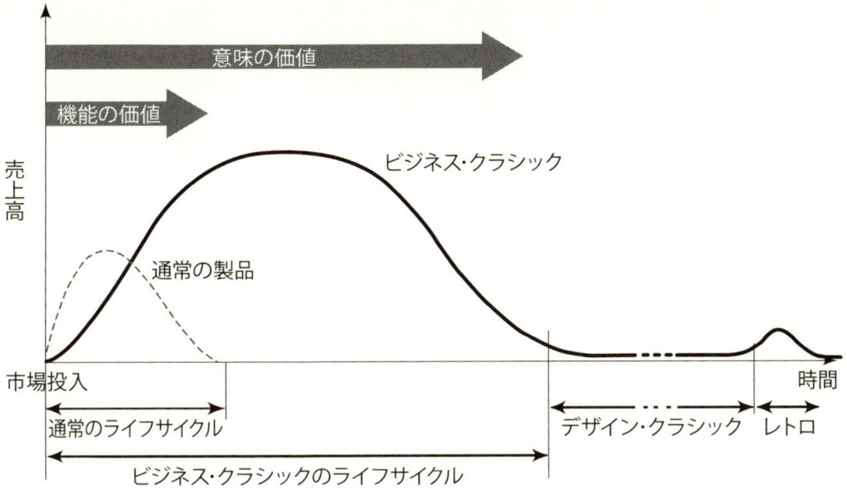

明らかにしているように，デザイン・ドリブン・イノベーションのライフサイクルは，図5-5に描いたモデルに従うことが多い。初めはゆっくりであるが，典型的な漸進的製品が（それらの機能性がもはや最高のものではなくなったり，そのスタイリッシュなデザインがもはや流行りでなくなったり，という理由から）型落ちになるときでも，デザイン・ドリブン・イノベーションによる製品は，機能や外見にとらわれることなく，その意味深さによってユーザーを魅了し続ける。

換言すれば，デザイン・ドリブン・イノベーション特有の意味は，その製品を競合品から遠ざけたところに置き，より長く，そしてより多くの量を存続させるということだ。競合相手が，そのイノベーションの機能を真似して超えたとしても，その意味までは複製することはできないので，デザイン・ドリブン・イノベーションによる製品は，機能性を売りにする製品が受けやすい模倣

や型落ちという慣例からは逃れられる。それらの意味は，ほんものの製品とブランドにのみ定着し続ける。実際，競合他社が，より安い模倣品のセアト・マルベーリャ（SEAT Marbella）を販売することで，パンダを模倣しようとした。しかし，その会社は，パンダの販売量の10分の1しか売ることができなかった。

　もちろん私はここで，企業たるもの，最高の機能を持った製品を提供し，その特許を取り，製品をアップデートし続けるべきではない，と提案しているのではない。私が言いたいのは，意味の急進的イノベーションは，そういった実利主義者の感覚を動かし，真の長期的利益をもたらすものであるということだ。

　スーザン・サンダーソン（Susan Sanderson）の言葉を借りると，パンダは，ビジネス・クラシックであった[11]。それは，単に長寿製品というだけではなく，そのライフサイクル全体を通じて，相当の売上と市場シェアを享受した。この点は，パンダと，デザイン・クラシックやレトロ製品などとの一線を画すところである。デザイン・クラシックには，1948年のシトロエン2CVがある。これは，1980年代にも少数のノスタルジックなヒッピーに向けて，まだ売れていた。レトロ製品には，1998年のフォルクスワーゲンのニュー・ビートル（new Beetle）がある。これは，ブランド・ネームとスタイルこそ先代の姉妹製品と同じであるが，その意味は別のものを有したクルマだった。つまり，「人々の車」ではなく，流行中毒者に向けたニッチ自動車という意味であった。

　デザイン・ドリブン・イノベーションの最も優れた恩恵の1つは，ビジネス・クラシックを生産するのに適しているという点である。ビジネス・クラシックは，製品そのものと，それからもたらされるハロー効果の双方から，多大の利益を生み出すのだ。例えば，アップルは，そのブランドを構築し，維持し続けるビジネス・クラシック（Apple II, Macintosh, iMac, iPod, iPhone）の連続したクリエーターである。

第5章　価値と挑戦

デザイン・ドリブン・イノベーションの挑戦

　デザイン・ドリブン・イノベーションの恩恵が，非常に大きなものになる可能性があるとはいえ，多くの会社は，この手つかずの競争優位の源泉を掘ることに怠慢である。競合他社が市場を支配する新たな意味を導入するのを，単に待っているだけである。技術的躍進と同様に，イノベーターというものは，産業の外側からやって来て，既存の企業の主導権を奪い取る場合が多い。

　過去10年間，家計からの調度品への出費を示すデータによれば，その予算の中で最大のシェアを示すのが，キッチン用品への出費であった。その次がバスルームで，3番目がリビング・ルームへの支出だった。以前では，室内において隠れていて忘れられていた「機能的な」場所であったバスルームが，驚くほど重要な位置を占めるようになっていた。人々は，最新式の蛇口や必要最小限の大きさのキャビネット，勢いのよいシャワー，プールのようなバスタブといったものを購入する。それらは貴重な素材でできており，最新のスパ装置を誇示している。バスルームは，単に機能的なものから，健康的な空間へとなったのである。

　このような意味の革新的な移行を牽引したのは，アメリカン・スタンダード（American Standard：スタイルを調整することで，従来の製品を売り続けている会社）といった古参のバスルーム企業ではなかった。それは，ボフィ（Boffi：イタリアのメーカー。以前はキッチン調度を専門につくっていたが，バスルーム向けの最高級健康製品の新ラインを発売した）といった小さな新参者であった。結局，アメリカン・スタンダードは2007年に，バスルームとキッチン・ビジネスを売却し，この産業から撤退した。

　この話は新しいものではない。例えば，音楽産業の古参企業は，音楽を聴くことや売ること，そして個人的なコミュニケーションの意味を再定義したアップルを観察した。リーバイ・ストラウス（Levi Strauss）は，ディーゼル（Diesel）という名前のスタートアップ企業によって，その市場シェアを徐々に失っ

ていった。ディーゼルには，ユニフォーム（1970年代の労働者階級のアイデンティティ）というジーンズの意味を本質的に変えるという自覚があった。自由と非服従の個人主義の象徴へと，ジーンズの意味を変えたのだ。スイスの時計産業ですら，腕時計は革新的な新しい意味を持ち得るというのを発見するためには，外部者（ニコラス・ハイエクという前エンジニアリング・コンサルタント）の登場を待たなければならなかった。

　なぜ，古参企業は，デザイン・ドリブン・イノベーションによってもたらされる機会をよくつかみ損ねてしまうのか？　それには多くの理由がある。そのほとんどは，イノベーションに対する典型的な障害（ビジョンの欠如，挑戦への恐れ，能力不足，NIHシンドローム：自社開発主義症候群，訳注：自社で開発されたものではないという理由から採用したがらないこと）から生じている。それでも私は，デザイン・ドリブン・イノベーションの2つの際立った挑戦に焦点を当てる。それは，その戦略とプロセスである。

意味は変わらないという信仰

　何より，多くの企業は，適切な質問を絶対に自問自答しない。「人々が自社製品を買う，最大の理由とは何か？　製品の意味は，今後数年間，変わらないままなのか？　どうやったら違う意味を持つ製品を提供して，人々をもっと満足させられるだろうか？」と。要するに，企業は何かと理由をつけては，デザイン・ドリブン・イノベーションを自社のイノベーション戦略の一部として見ないのである。

　その最もありがちな理由は，彼らが，意味とは自分たちの産業では競争の原動力にならないと信じ込んでいるからだ。そして，デザインとは消費者向けの高級品の成熟市場でしか関与しないと思い込んでいる。次からの何章かを読み終えた後，どの産業でも，どの市場セグメントでも，特に画期的な技術と結びついたときのデザイン・ドリブン・イノベーションの決定的な役割について，読者が疑いの眼差しを残さないことを願う。

　いくつかの会社は，意味の重要性について分かっている。しかし，それもま

だ限られた視野でしか見ていない。つまり，それら会社は，意味とは単に，市場の中で与えられるだけであり，理解はできるが，それを刷新することは不可能だと考えている。だから，そうした企業は，意味を急進的イノベーションの対象物としてではなく，マーケット・プル戦略の一部分としか見なしていないのである。

リスクへの恐怖心とイノベーションの境目

　しかしながら，たいていの場合，会社は主要な問いかけをすることすらできないでいる。デザイン・ドリブン・イノベーションは急進的であり，他のどの急進的イノベーションと同様，やり甲斐はあるが，それと同じくらい複雑さが伴い，危険度が高いものである。そして，ときには，画期的な技術を開発すること以上のリスクをはらむものである（それより安上がりではあるが）。アレッシィが，どこよりも早く成し遂げたのは，コルク栓抜きを道具から可愛らしいモノへと変化させたことだった。これは，電気通信において，アナログからデジタル通信へと移行するのと同じくらい挑戦的なことである。このように意味を変えるには，社会文化的モデルからの基本的なリサーチを必要とする上，その成果については不確実なものしか得られない。さらに言えば，そのプロセスは，人々が今欲しいもののデータに起因しない。人々が何を欲しがっているか，そして何にまだ気づいていないかというリサーチから出発するのだ。

　（失敗事例を「ユーザーに尋ねるからだ！」と責任転嫁できる）マーケティング（というイノベーションのための典型的な安全策）が算出するデータなんて，使い物にはならない。フォーカス・グループからのフィードバックもないし，早期の売上もはじき出てはこない（漸進的な製品の売上よりもゆっくりと売れ始めて，その後すぐに膨れ上がるからだ）。マネジャーたちは，（第2部で詳しく説明するような）綿密なプロセスを通じて構築される，独自の洞察力とビジョンに頼ることが求められるような状況下に居心地を悪くする。リスクを恐れるからだ。だが，もし挑戦することに踏み込まなければ，挑戦する理由のある，他の企業が常に挑み続けることになるだろう。例えば，任天堂は，競争

上，不利な立場にある状態から立ち直る必要があるという理由から，あるいは，アップルは，新市場に参入する機会だという理由から挑戦していった。

私は，アルベルト・アレッシィが，自社のリスクに対する姿勢について述べた文献を見つけた。そこには，特に自身のイノベーションの「境目（border-line）」についての見解が記してあった。それは，次のようなものである。

> 私たちは，常に働く傾向にある。欲望だ。人々の欲望がはびこる島にいる。まだその多くが未開の島で，ほとんど自主的に働いていると私は言おう…周知の通り，そこは激しい，極めて激しい乱気流の中にあるのだ…私たちは，未だ開かれていない通りを歩いていて，人々の心にたどり着くための，未踏の小道に入る…何が現実に成り得て（人々に本当に愛され，所有されるモノ），何が決してそうなり得ないのか（人々が待ち望んでいるものとはかけ離れているモノ），私たちは，その謎めいた境目（ボーダーライン）へと進む。この境目での活動は難しく，危険を伴うものであり，私たちめいめいの役割における，個々人の意識と関与を問うのである。私たちの使命は，境目に限りなく近いところに留まり続けることにある。たとえそれが，明確に描かれていないものだと分かっていても。そして，その一線を踏み越えてしまう恐れがあることも知っていながらでも…新しいプロジェクトが始まり，境目に近づいていくというのは，何とも言えない感動があるものだ。対照的にマス・メーカーは，その境目からできるだけ距離を取る。なぜなら，それらメーカーは，どんなリスクも避けたいからである。だけど，それでは，歩みが遅い。それらメーカーはどこも同じクルマ，同じテレビをつくることになる[12]。

アレッシィは，もし，自社のすべての新製品が成功するならば，会社は保守的になり過ぎてしまい，その境目から遠ざかったままになることを自覚している。これは良いことではない。なぜなら，競合他社にその活動領域をみすみす明け渡してしまうことになるからだ。そこで，アレッシィは定期的に，より革

新的なプロジェクトを追求している。それらの努力が失敗に終わったとしても（例えば「キワモノ」過ぎる製品を提案してしまい，境目を越えてしまう場合など），その失敗を通じて結局は，境目がどこかを会社が分かることができる。また，次のプロジェクトで画期的躍進をなすための最良の位置が，競合他社よりも前に，そしてよりよく知ることができるのである。

必要とされる能力の欠如

　古参企業がたびたび，デザイン・ドリブン・イノベーションを避ける2つ目の理由は，単にそれら企業が，その実行の仕方を知らないからである。それら企業のプロセスと能力は，漸進的イノベーションを興すのに適している。ほとんどの企業は，ユーザーのニーズを理解する術を心得ている。エスノグラフィー分析の仕方も知っている。自由な発想を生むための討論を組織化する方法も分かっている。企業側がこの討論の場を組織化しないとしても，デザイン・コンサルタントを雇い入れれば済む。しかし，それら企業は，何のアイデアも持たずに事に当たることになる。意味の急進的イノベーションを興すための能力も持ち合わせていない。人々の現在のニーズを近接して観察していては，このイノベーションは興せないのだ。

　大きな挑戦は，デザイン・ドリブン・イノベーションが，解釈者たちのネットワークにおける相互作用に基づいているという点にある（これについては次章で説明する）。解釈者たちの研究と知識がつながり合うことで，人々がどのようにモノに新しい意味を与えうるかについての洞察がもたらされる。しかしながら，多くの会社が，解釈者たちとの何の関係も持っていない。ゆえに，そうした企業は，社会が新しい意味を探り，つくり出すというダイナミクスからは，つま弾きにされている。あるいは，会社は，そのような関係を有してはいるが，その価値に気づいていない。例えば，解釈者たちが，新しい意味の可能性を解釈する者としてではなく，単なる技術サプライヤーとして部品メーカーと相互に作用し合っているのだ。

役に立たない能力を持ち続ける企業

　解釈者たちのネットワークと強い関係を有している企業もあるかもしれない。だが，そのネットワークは時代遅れである。というのも，変化を予想することよりも，過去の社会文化的モデルを解釈することを狙いとしているからだ。言い換えるならば，クレイトン・クリステンセンが，破壊的技術革新を相手にする古参企業の失敗例を示しているように，多くの会社は，いくつかのアクターと「価値のネットワーク」で密接につながっている。そのネットワークにおけるアクターは，会社が未来における画期的な意味を理解して，それを形にするのを手助けすることよりも，従来の解釈の中に会社を閉じ込めるのである[13]。

　例えば，B&Oについて考えてみよう。そのデンマークの会社は，何十年にもわたって，オーディオとビデオ製品の意味の急進的イノベーターであり続けた。また，マンション暮らしに適した製品をつくってきた，優れた解釈者でもあった。しかし，デジタル・メディア・テクノロジーの出現により，その決定的要因は振るわなくなった。人々が音楽を聴いたり，テレビを観たりする方法が変化し続けており，この先では，さらに革新的に変わるだろう[14]。もっとも，B&Oは技術的な挑戦などはしなかった。B&Oは，自社の革新性を危険にさらすことなく，それまでの電子技術を習得できており，これから先のデジタル技術の習得もできる見込みであるからだ。

　そうした技術的な挑戦ではなくて，B&Oは，ライフスタイルの変わり目への挑戦を果たす。ステレオやテレビは，もはや近代家庭の「暖炉」ではない（これは本来，B&O製品への比喩である）。もう人々は，音楽を聴いたり，テレビを観たりするのに，リビング・ルームに腰を下ろしたりしない。その代わりに，彼らは，そういったことをキッチンやバスルーム，車内，職場，あるいは路上で行うのである。新しい提案をなすために，B&Oは，その価値ネットワークを構築し直さなければならない。どのように新しいメディアが，人々を幸せにできるかということを理解するのを助けてくれる，主要な解釈者たちをB&Oは新たに見つける必要があるのだ。

第5章　価値と挑戦

　以上のように，デザイン・ドリブン・イノベーションの挑戦は，リスク，プロセスおよび能力に関係するものである。これは，困難な挑戦である。急進的イノベーションは，決して容易なものではない。しかし，それは常に起こっており，またすぐにも起こり得るものである。それは，ここでの分析でも明らかにしたことだ。このことに気づいている会社が，最高の価値を得るであろう。

　次の第2部と第3部では，そういった挑戦について触れている。根気よく挑戦し，デザイン・ドリブン・イノベーションに成功した者たちに学んだ後で，どのようにそのプロセスを実行し，必要な能力を培い，成功のチャンスをつかみ取るかについて，導きを授けたいと思う。

【注】

1) http://www.jacobjensen.com/#/int/heritage/jacob_jensen/technology/pages/page1.
2) ギフト市場は，高い売上を得るための重要な鍵となるかもしれない。人々がプレゼントを与えたいと思うとき，通常，愉快で独特な製品が，作者不明で機能的なモノを凌駕する（アルベルト・アレッシィは次のように言う。「私たちは2倍の売上を得た。1つは自分のために買い，そしてもう1つは友人のために買うからである」）。ギフトの収益は，多くの市場で重要である。例えば，多くのiPodは，クリスマスシーズンに，その1年の他の時期に売れた数と同じだけ売り上げた。
3) 製品言語の適合性のさらなる洞察は，Rossella Cappetta, Paola Cillo, and Anna Ponti, "Convergent Designs in Fine Fashion: An Evolutionary Model for Stylistic Innovation," *Research Policy* 35 (2006): 1273-1290.を参照のこと。
4) 板バネのサスペンションは，ほっそりした弧のような形の鉄が数層からなるバネの単純な形態であり，歴史的に乗り物に使われてきており，次に古い自動車に用いられるようになり，現在は重車両にのみ使われている。
5) Vijay Vaitheeswaran, "Revving Up," *Economist*, October 11, 2007.
6) Susan Sanderson and Yi-Nung Peng, "Business Classics: The Role of Outstanding Design in the Survival and Success of Apple Computer" (Rensselaer, NY: Lally School of Management, Rensselaer Polytechnic Institute, 2003).
7) 自動車産業のビジネス・クラシックスの分析は，以下の調査に詳細に描かれている。私は彼らの刺激的な洞察に恩恵を受けている。
　　Alessio Marchesi, Roberto Verganti, and Susan Sanderson, "Design Driven Innovation

and the Development of Business Classics in the Automobile Industry" (paper presented at the 10th International Product Development Management Conference, EIASM, Brussels, Belgium, June 2003).

Alessio Marchesi, "Business Classics: Managing Innovation through Product Longevity" (PhD dissertation, Politecnico di Milano, 2005).

8) Interview with Giorgietti Giugiaro in Paolo Malagodi, "Un amore chiamato Panda" (A Love Called Panda), *IlSole24Ore*, August 31, 2003, 14.

9) Ibid.

10) Kim B. Clark and Takahiro Fujimoto, *Product Development Performance* (Cambridge, MA: Harvard Business School Press, 1991（邦訳：田村明比古訳『製品開発力―自動車産業の「組織能力」と「競争力」の研究』ダイヤモンド社，2009年））.

11) Susan Sanderson and Mustafa Uzumeri, *Managing Product Families* (NewYork: Irwin/McGraw Hill, 1997).

12) Alberto Alessi, *La storia della Alessi dal 1921 al 2005 e il fenomeno delle Fabbriche del design italiano* ("The History of Alessi from 1921 to 2005 and the Phenomenon of the Italian Design Factories"), unpublished.

13) Clayton M. Christensen, *The Innovator's Dilemma: When New Technologies Cause Great Firms to Fail* (Boston: Harvard Business School Press, 1997（邦訳：伊豆原弓，玉田俊平太訳『イノベーションのジレンマ―技術革新が巨大企業を滅ぼすとき』翔泳社，2000年））.

14) Jennifer Fishbein, "Bang & Olufsen's Sorensen Out," *BusinessWeek Online*, January 10, 2008.

第**2**部

デザイン・ドリブン・イノベーションのプロセス

第6章 解釈者たち
[デザイン・ディスコースの研究]

> モンドリアンと科学者は同じタイプの活動を追い求めた。それは，新しい可能性の探索，他者の知見の組み換え，実験，将来有望な結果の特定，他者との共有，発見の利用であり，言い換えれば，研究である。

挿絵：Daniele Barillari

第2部　デザイン・ドリブン・イノベーションのプロセス

　デザイン・ドリブン・イノベーションはどのように実現されるのか？　すべての会社がパラダイムを変化させ，モノの意味を画期的に再定義する存在でありたいと願う。私たちはそれがなぜか，知っている。前章では，デザイン・ドリブン・イノベーションの価値である利益貢献，ブランド価値，製品の長寿命化，資産形成について述べた。私たちはまた，他の急進的イノベーションのように，デザイン・ドリブン・イノベーションもリスクが大きく，複雑な挑戦であることも知っている。

　第1章では，デザイン・ドリブン・イノベーションがユーザー中心のデザインとは違うことを示した。会社がユーザーに近づけば近づくほど，人々がすでにモノに与えた意味から抜け出せなくなる。対照的に，デザイン・ドリブン・イノベーションは画期的な新しい意味を提案する。デザイン・ドリブン・イノベーションは，実現性のある未来へのビジョンである。しかし，これらの提案やビジョンは基礎をなくしては夢に終わってしまう。これらの提案は，もともとユーザーは気づいていなかったが，最終的に実際に探しているモノとして現れ，市場で大成功を収めるのである。

　デザイン・ドリブン・イノベーションを実践できる会社は成功を繰り返す。その会社は何十年もこの戦略を採ってきたために，自らの産業内でグローバル・リーダーとなる。デザイン・ドリブン・イノベーションはまぐれでも突発的に生まれた創造性の成果でもない。アントレプレナーとマネジャーによって，デザイン・ドリブン・イノベーションを興すためのプロセスは熟知されているのである。

　この章では，デザイン・ドリブン・イノベーションのプロセスの基本となる原理を示す。人々がどのようにモノに意味を与えるかについて考えるためには，解釈者たちの活動を利用することが必要となる。会社は，ユーザーと距離を置き幅広い視点を持つことで，社会・文化・技術の変化を理解するための努力において孤独ではないことが分かるだろう。他のたくさんの協力者がその利害を共有する。言い換えれば，会社はモノの意味に焦点を当てる外部の研究プロセスを活用することができる。この集合的な議論のような，非公式で広がり

第6章　解釈者たち

を持つ研究プロセスを「デザイン・ディスコース（design discourse）」と呼ぶ。

本章では，デザイン・ディスコースの性質を分析することと，デザイン・ドリブン・イノベーションの全体的なプロセスの概要を述べることによって，その基礎的な原理を示す。

あなたはひとりではない

メタモルフォシィ・システムを創造した照明器具メーカーであるアルテミデの例を考えてみよう。すでに見てきたように，もしアルテミデが，漸進的な製品改善を意図して行っていたら，「私たちはどのように電球の交換のためのより良い方法を創造すればよいだろうか」と考えるだろう。しかしながら，アルテミデが意味の急進的イノベーションを追い求めるとき，その問いは変わる。それは，「彼女が夜の7時に仕事から帰ってきたとき，私たちはどのように彼女を癒すことができるだろうか？」という問いになるのである。

ごく単純ではあるけれども，この問いは3つのインプリケーションを含んでいる。1つ目は，そのコンテクストが非常に広いことである。それは，電球の交換のような「使用」に関することではなく，一人でまたは，家族や友人との関係における「家庭生活」に関することである。2つ目は，その対象者が広いことである。特定の製品のユーザーではなく，心理学的・文化的・社会的な背景を持った存在である「人々全体」を対象としている。3つ目は，その目的が広いことである。それは，実際的な電球を交換するためのニーズではなく，そのコンテクストの中で人々が行動する（実用的かつ感情的な）「理由」を目的としている。

この幅広い観点から，豊かなイノベーションの環境が生まれた。アルテミデは孤立していない。他の多くの関係者（actors）は「彼女が夜の7時に仕事から帰ってきたとき，私たちはどのように彼女を癒すことができるだろうか？」という同じ問いを共有している。これらの関係者には，家庭生活のコンテクストにおいて人を観察している点で同様である，テレビやオーディオの生産者な

どの他産業の企業も含まれている。アルテミデが照明器具をデザインするのに対して，これらの製造業者は家電をデザインするが，すべての関係者は同様に，家庭で生まれる欲望を理解することと，人々が仕事から帰ってきたとき，どのようにモノに意味を与えるかを発見することに興味を持っている。

　家具・パソコン・ゲーム機の製造業者や放送業者でさえ，同様に同じ人を観察し，彼らの製品とサービスを利用して，家庭における経験の創造に貢献する。プロダクトデザイナーもまた，建築家（家や生活空間をデザインする），雑誌や他のメディアの編集者（家庭のシナリオに関する記事を発行する），原料のサプライヤー（ベイヤー・マテリアル・サイエンスのような，家庭用製品に新しく採用される可能性がある），大学やデザイン学校（教授と学生が家庭用製品のデザインに関するワークショップを開催する），ホテルや展示デザイナー（空間の新しい構成を探索する），そして消費に関する社会学・人類学のコンサルタントのように振る舞うことで同じ問いを共有している（彼らはこれらの産業に属する企業と働くことによって，家庭生活についての彼ら自身のビジョンを発展させる）。

　これらのすべての関係者は，アルテミデにとっては「解釈者」として機能しているようである。彼らは照明をつくってはいないが，彼らは自身の方法やアプローチを通して，家庭内のシナリオの研究を行い，人々が家庭でどのようにモノに意味を与えているかについてのナレッジを得ることを追求している。そして，彼らはそのナレッジを喜んで共有するだろう。これらの解釈者たちとの相互作用によって，アルテミデは新しい意味をよく実現することができ，それらの意味を成功につながりやすい画期的な新しい製品に展開する。

　人々が生活するコンテクストにおいて幅広い観点をとり，ユーザーの特定の行動から一歩引いてみると，どの会社も孤独ではないことに気づくだろう。どの会社も何人もの解釈者たちに囲まれている。これらの解釈者には2つの特徴がある。第1に，彼らが同じ問いを共有していることである。言い換えると，彼らは人々（私たちのユーザーでもある同じ対象の人々）がどのようにモノに意味を与えるかについての研究を主導している。第2に，彼らが開発している

第6章　解釈者たち

図6-1
ユーザー中心のデザイン vs. デザイン・ドリブン・イノベーション

ユーザー中心のデザイン　　　　　　デザイン・ドリブン・イノベーション

```
                                          解釈者
                                         ↗    ↖
 企業 ← ユーザー              企業 ↔ 人
     現在の使用のコンテクスト      生活のコンテクストの想像
```

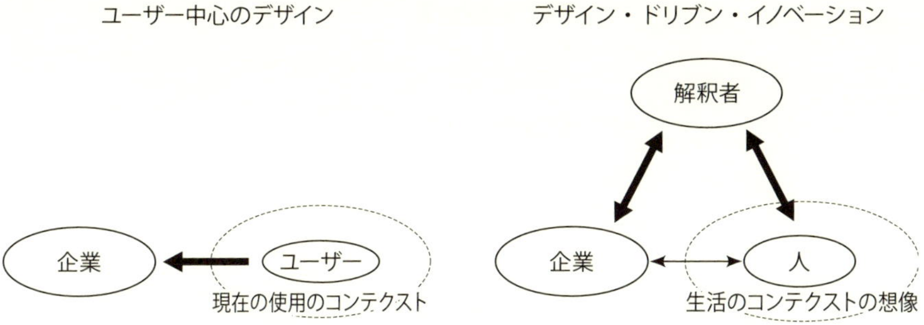

技術，彼らがデザインしている製品やサービス，彼らが創り出している作品が，社会文化モデルを形成させ，人々の意味・願望・欲望に影響を与えているという点で，彼らは「誘惑者（seducer）」でもある[1]。これらの2つの特徴のために，解釈者たちはデザイン・ドリブン・イノベーションのプロセスにおいて中枢（keystone）となる（図6-1参照）。ブレイクスルーを提案しようと試みる会社は，将来的な意味を調査し，それに影響を与えている非競合の解釈者たちの成果を利用することができる。

デザイン・ディスコース：研究者の輪

デザイン・ドリブン・イノベーションを生み出す会社は，解釈者たちのネットワークとの高度な相互作用を重要視する。これらの会社は，会社・デザイナー・芸術家・学校が自ら調査を主導していくことが，共同の研究ラボを形成していくことを理解している。これらの研究者は，明示的・暗示的に継続的な対話を行うことに従事している。彼らは作品・研究・発言・プロトタイプ・製品という形で，洞察・解釈・提案を交換する。彼らは仮説の強度をテストし，ビジョンを共有する。モノの意味の可能性において広くネットワーク化された

図6-2
デザイン・ディスコース

文化的生産

- 文化組織
- 社会学者，文化人類学者，マーケッター
- 芸術家
- メディア
- 研究・教育機関
- 企業
- 人々
- 技術サプライヤー
- 小売・配送業者
- 先駆的な製品の開発者
- 他産業の企業
- デザイナー

技術

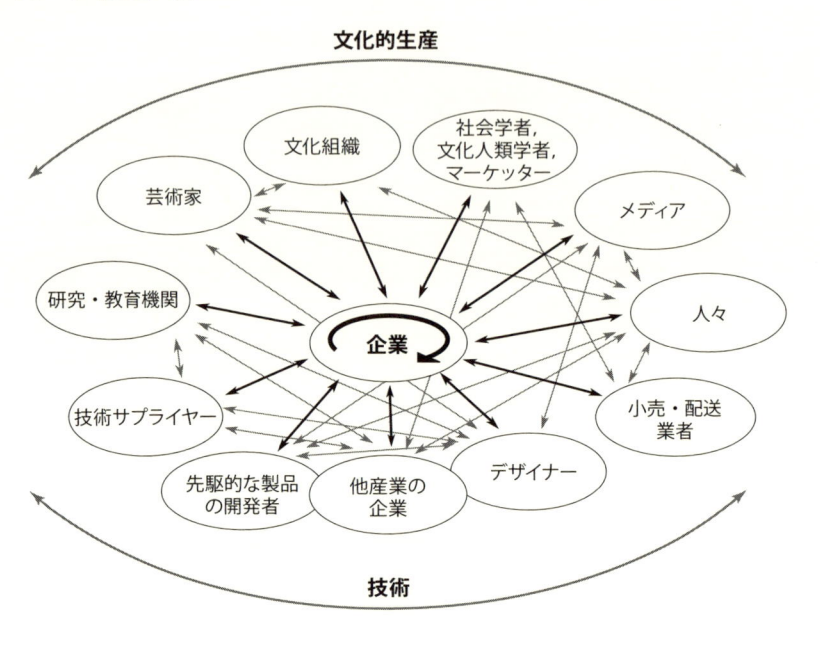

研究プロセスが，デザイン・ディスコースである[2]。

　ほとんどの会社は，自分たちがデザイン・ディスコースに埋め込まれていることに気づいていない。なぜなら，このプロセスは技術的なR&Dで通常考えられている研究プロセスとは異なった体系をとるからである。解釈者たちは，いくつかの企業の研究所の中に居続けることはほとんどなく，むしろ，たくさんの産業やコンテクストの至るところに拡散している。相互作用のための彼らのプロトコル（protocols：社交上の取り決め）は非公式であり予測できない。彼らは輪に融合しがちで，他のメンバーにだけ最も洞察的な解釈を提供する。そして彼らのほとんどは，科学者や技術者に限らず，自分自身を研究者とも呼びたがらない。彼らは多くの専門家を巻き込む（図6-2参照）。もう少し詳し

く調べてみよう。

文化的生産の世界における解釈者たち

　図6-2の上部は，「文化的生産（cultural production）」の世界に属する解釈者たちの集合である。つまり，社会的意味の調査と生産に直接関係している人々である[3]。彼らは，文化と意味の探索を，その任務の核の明確な構成要素にするような芸術家・文化的組織・社会学者・文化人類学者・マーケッター・メディアであるだろう。

芸術家
　　詩人は世界の認められていない立法者である。
　　　　　　　　　　―パーシー・ビッシュ・シェリー（Percy Bysshe Shelley）

　コンピュータ産業でよく知られた会社のCEOであるアンソニー（Anthony）は未だに自分の子どもと丸一日を過ごしたことがない。マイケル（Michael）は8歳になり，アンソニーは，マイケルが母親や姉妹なしでも父親と十分に長時間楽しむことができるくらいに成長したと感じている。だから，マイケルと土曜日を過ごすことにした。
　午前中に，彼らはアンソニーの企業のR&Dラボを訪れた。マイケルはクリーンルームに入るための白衣を着ることにわくわくしていた。彼が，すべての機械・ウェハ（wafers）・計算機の画面上に映る数字やグラフに忙しくしている作業者など，そこで何が起こっているかを理解することは困難であった。しかし，エンジニアとしてそのラボでキャリアを積んできた彼の父は，企業がどのようにそこで起こっているすべてを新しいコンピュータに転換させるかを説明した。そのラボで生まれた技術が次世代のパソコンとして少年の机に来るまでに，ほんのわずか数年または数ヵ月であった。
　ラボを離れて，土曜の午後の試合を観るために野球場に向かっていると，現

代美術館の新しい展覧会のポスターを見つけた。その展覧会は20世紀初頭のオランダの抽象画を描いたピエト・モンドリアン（Piet Mondrian）の特集であった。そのポスターには2つの画が配されていた。左側には「'Composition with Yellow'—1930」という見出しが描かれていた。それは典型的なモンドリアンの作品であった。キャンバスは白く，完璧な水平と垂直の黒い線のグリッドが交差し，とても小さい黄色の四角形がいくつか並べられていた。隣のイメージはモンドリアンのスタジオの小型の複製品の写真であった。その展覧会は，その芸術家の生活・インスピレーション・傑作を探究するものであった。

マイケルは我慢できずにすぐに父親に，幾何学的な絵画のどこが優れているのか，そして，子どもが簡単に描ける絵とそれほど違いのない芸術作品（実際に彼は，退屈な授業中にだらだら，同じようなものを練習帳にたびたび描いていた）がなぜ有名になるのか尋ねた。アンソニーは，息子と同様に，何年考えてもそれらの芸術をどのように解釈すればよいか分からなかった。彼にとっては，美しい構成というより子どもの絵のように見える単純な芸術作品が，どうして傑作となり得るのか？　現代画家は人類に対してどのような貢献をしてきたのか？　それらが達成しようとしているものは何だったのか？　彼は答えを知らなかった。

ただ，解釈はシンプルなものであった。親子がその朝に出会った研究者と同じように，画家は「研究」を行っていた。彼らが訪れたクリーンルームとモンドリアンのスタジオには大した違いがなかった。両方とも研究所（labs）であった。そして，そのどちらとも目的と成果を世界に生み出すことに一役買っている。細い糸が，20世紀初頭に科学者が行った半導体の物理的性質の研究と，今日の統合された回路を結びつけているように，その細い糸はまた，純粋な抽象芸術の形態の本質におけるモンドリアンの研究と，現代のコンピュータの形態を結びつけている。何世紀も受け入れ続けられた審美的な言語の支配的な考え方にあえて挑戦した抽象芸術家による研究と単純化がなかったら，コンピュータは，19世紀後半の多くの機械がそうであったように，ヴィクトリア

様式を持っていることになったであろう。私たちが毎日起き，流線型のミニマルなデザインのコンピュータを使い，ルイ16世（Louis XVI）のワゴンのようではない車を運転しているのは，モンドリアンに感謝すべきことである。

アンソニーの企業の科学者と技術者は，モンドリアンと同様の活動を追い求めていた。それは，新しい可能性を探り，他者の成果を再結合し（科学者が既存の理論を利用するように，芸術家は既存の作品を利用する），実験をし，様々な手段を用いてフィードバックを集め，将来性のある結果を見つけ，それらを他の研究者と共有し，利用するのである[4]。まさに研究である。

技術者とモンドリアンの違いは，彼らが異なる次元で研究を行っていることだけである。前者は科学と技術を対象にし，後者は意味と言語を対象にしている。デザイン・ドリブン・イノベーションの観点からすると，画家や作家，映画監督，音楽家，振付け師は私たちの社会において最も強力で象徴的なクリエイターである[5]。詩人は研究を行っていると，パーシー・ビッシュ・シェリーが私たちに思い出せるように，彼らは毎日の生活に影響を与えている。しかし，私たちはめったにそれを認識しない。

彼らの仕事は産業や市場に直接関係しているように思えないが，イタリアの製造業は芸術家に注目している。例えば，アルテミデは最近，ピッコロ・テアトロ・ディ・ミラノ（Piccolo Teatro di Milano）のアーティスティック・ディレクターを務め，劇・オペラのディレクターとして有名なルカ・ロンコーニ（Luca Ronconi）と親密な協力関係を築いた。アルテミデの社長であるジスモンディは，新しい照明器具を創造するためにルカ・ロンコーニに協力を依頼した。

舞台演出家とアルテミデはいったい何を共有するのか？ 彼らはともに光がどのような意味を持ち，どのように感情を創造するかを研究し，同じ対象（照明器具のユーザーや，舞台演劇の一部としての観客）に対して提案を行う。舞台演出家には，光のデザインにおいて斬新な試みを行う者もいる。ロンコーニは特にアバンギャルドな考え方と探究を行う者として知られている。そして一方で，建築家のガエ・アウレンティ（Gae Aulenti）やファッションデザイナー

のカール・ラガーフェルド（Karl Lagerfeld）のような，彼の作品に関連する業界から解釈者たちを引き込み，他の解釈者・研究者たちと継続的なナレッジの交換を求め続ける。

　もちろん，ジスモンディはルカ・ロンコーニが照明のデザインをすることを期待しているわけではない。むしろ，ロンコーニに対するジスモンディの依頼は次のようなものであった。「家の部屋を想像して，あなたがそこでどんな光を体験したいかを教えてください。考えていただきたいのは，あなたを心地よくさせる光であって，照明器具自体ではありません。なぜなら，それは私たちが考えることですから。ただ，光を考えてください」。

　ロンコーニは彼のベッドルームについて考え始め，アルテミデに小型のベッドルームの模型をつくらせた（カーペットや毛布，本，犬のベッドさえも緻密に再現した）。彼の最初の提案と要求は，実利的な特徴に限られていた（人々が夜中に目が覚め，喉が乾いているときに，腕の動きを感知し，ベッドの横にある水のボトルやグラスを優しい光で照らすような照明）。言い換えると，彼は，最初は既存の製品の実利的な改善点を指摘するリードユーザーとして行動した。しかし，それから研究が進むにつれ，演出家の感覚が見られるようになり，より感情的で，強い願望を示すようになった。

　「そうだ！」ロンコーニはジスモンディに言った。「私はいつも，舞台の後，夜遅くに家へ帰る。そのため，めったに自分の部屋で夜明けや夕暮れを見ない。私が本当に欲しいものは部屋に入ったとき，様々な季節や1日の様々な場面の自然光をつくり出す，窓から入ってくる人工的な光だ。例えば，夜明け・夕暮れ・冬の薄明かり・夏の午後・春の朝など…」。この劇場的なビジョンは，明らかにオペラの常連（そして同様に家で照明を利用する人たち）の間に深い感情を呼び起こす自然光を人工的な光で再現するための，何年にもわたる研究から得られたものである。その結果完成した製品は，月明かりの夜のような11の異なった雰囲気をつくり出す，窓の形をした実際の光のシステムである。

文化的組織

協会や財団法人，美術館のような文化的組織もまた，社会的意味の解釈と生産に関与する。これらの団体の中には既存の文化を代表し，現状の保存を実際に行うだろう。他方で，支配的で画一化された文化としばしば比べ，全く新しいビジョンと意味の解釈を促進する。このような目的で，彼らは研究と実験を行っている。

フード愛好家のグループによって1989年にパリに創設された組織と，国際的運動に発展したスロー・フード（Slow Food）が良い例である。スロー・フードは，質の低いファストフードや粗末な食習慣に対して，異を唱えるビジョンの提示を促進している。食べ物の味と生産方法の両方の観点で，人々に「食」についてより意識的で責任を持たせることを目的としている。

スロー・フードは，全体的な農業文化と，良質な食べ物の裏にある社会を支えている。教育プログラムを開発し，試食や食文化の体験学習を行うことで，穀物・野菜・飼育動物の種の多様性をサポートしている（イタリアのピエドモント地方にある食科学大学院（the Graduate School of Gastronomic Science）をも創設した）。そして，地方の生産を紹介するために様々な国でフェアやイベントを行い，消費者と小規模な生産者を面会させている。スロー・フードは，食世界で最も先進的で革新的な文化的勢力の1つであり，バリラのようなその業界の革新的な企業がその活動に従い，新しいビジョンと意味に関する調査活動においてスロー・フードと交流している。

社会学者，文化人類学者，マーケッター

文化的生産の世界で第3勢力の解釈者は，専門家として必然的に意味と言語の研究を行うすべての人たちである。それは，消費社会学や消費人類学，マーケティング，ブランディング，コミュニケーションの研究者やコンサルタントのような人たちである。

このような解釈者は，社会・文化・市場を観察し分析するための専門知識を持ち，人々がどのようにモノに意味を与え，流行が発生するかについての概念

をすぐに描くことができる。これらの成果は，漸進的なイノベーションで主に役立つが，最先端を理解することは，会社に他者がすでに探索した課題や手段を特定させ，急進的イノベーションの基礎としても機能する。このような解釈者たちとの交流は，会社がその市場に移行することを可能にする以外に，その会社に他の産業において出現している文化的現象を感知させることができるときに，特に興味深いものとなる。これはマーケット・セグメントを限定しないコンサルタントに特によく当てはまり，それゆえに既存の製品カテゴリーを超える現象を感知でき，幅広い生活のコンテクストに適用することができる。

メディア

最後に，文化的生産の世界には，編集者や新聞や雑誌のライター，放送局，ウェブサイトなどのメディアが存在する。これらの人々は社会・文化・政策・経済を観察しており，彼らは事象を解釈し，人々がそれらを内面化する過程に影響を与える[6]。これらの解釈者のほとんどは，研究とビジョンよりも観察から結果を得るが，その中には時々先見の明があるものもあり，会社は将来性のある新しい意味についての一貫性のあるシナリオをつくるために彼らを利用することができる。

技術の世界における解釈者

デザイン・ディスコースにおける解釈者の第2のグループは，発見・技術的なイノベーション・新しい製品やサービスにおいて，実際に世界の意味を変え，暗示的ないし明示的に新しい意味を提案する人々である。技術は，長い目で見ると私たちの生活を形成し，実際に最も影響を与える要因の1つである。また，技術の革新的な変化を追い求める関係者は，文化や生活に対するこれらの変化の貢献も追究する[7]。

研究・教育機関

　学校や大学，公共機関のような研究・教育機関はよく，技術の進化や文化と社会に対する影響を研究している。技術を教える学校だけでなく，技術・言語・意味の間の相互作用の解明に取り組むデザイン学校においても，同様の研究が行われている。企業は，革新的なプロジェクトで教授と学生に挑戦し，ワークショップを開催し，インターンシップで若い学者を招待し，研究室や資源を共有することによって，デザイン学校と協力関係を築くことを熱望している。

　例えば，アレッシィはこれらの交流を制度化した。第3章で触れたラウラ・ポリノーロが指揮したセントロ・スチュディは，ヘルシンキ芸術デザイン大学（UIAH：University of Art and Design Helsinki），英国王立芸術大学（RCA：Royal College of Art in London），ミラノ工科大学のような卓越した国際的なデザイン学校でワークショップを組織する移動式の研究所となった。

　ノキアも学校や研究所と幅広く協力関係を築いている。例えば最近，フィンランドのタンペレ大学（University of Tampere）とヘルシンキ芸術デザイン大学で行われている，製品言語の人々の認知を評価するための目線追跡の技術を使う野心的な研究プロジェクトを（政府と）協賛している。

　ノキアはまた，エストニア，イスラエル，ブラジルや他のいくつかの国で，プロダクトデザインがどのように文化的な影響を表現しているのかを調査する，オンリー・プラネット（Only Planet）と呼ばれる国際的な学生のプロジェクトのスポンサーになっている。そのプロジェクトは2つの段階から構成されている。第1段階は，学生にそれぞれの国で視覚文化の鍵となる影響（商業的，家族的，審美的な価値）を探索させ，これらの要因が国際的な製品のデザインにどのように影響するかを発見することである。第2段階では，マルチメディアやエンターテインメント技術，新しい生産システムといった企業によって開発される技術を使って，第1段階での成果を含んだコンセプトやシナリオ，製品を学生に創造させる。

　ノキアは，このプロジェクトが新しいアイデアを発見するためだけでなく，

むしろ地域文化に対するナレッジの改善や，重大な社会現象に対する創造的な熟考に拍車をかけ，特に新しい才能の発見を狙ったものであることを認めている。しばしば，すぐに使える解決策を見つけることができると錯覚して，デザイン学校に近づく他の企業とは違って，ノキアはこの成果を，より大規模な研究プロセスへ貢献するものとして見ている。

技術的サプライヤー

技術的サプライヤーは，技術の世界では第2の文化的解釈者である。第4章では，新しい技術——特にそれらの技術の中で鳴りを潜めている本当の意味——が，たびたびどのようにデザイン・ドリブン・イノベーションのきっかけとなるかを示している。また，製造業と部品や材料のサプライヤーの協力のおかげで，技術が悟る瞬間がどのように現れるかを示している。

最も革新的なイタリアの家具製造業者は，新素材の発明とそれらが生み出す社会文化的および審美的なものを予測する，川上の技術的サプライヤーと熱心な協力関係を求めている。この協力関係のおかげで，家具製造業者は，新素材が現れるとすぐに感情的側面の可能性を探究することができ，それらの可能性と独自性に最も適合する製品言語の使用を促進することができる。

ブックウォーム本棚を制作したプラスチック製の家具をつくる革新的な企業である，カルテルを考えてみよう。カルテルと，ベイヤーのようなポリマープラスチックの先進的なサプライヤーとのコラボレーションはとても熱心で，新しい解決策を探究するためにお互いにたびたび挑戦を行っている。その探究の結果は，例えばフィリップ・スタルクがデザインした，ポリカーボネート一体型成形の透明のイスであるラ・マリエに見られる。

家具のリーディングカンパニー，B&Bイタリアの創設者で代表でもあるピエロ・アンブロジオ・ブスネッリ（Piero Ambrogio Busnelli）は，新素材を求めて技術的サプライヤーとの交流に多くの時間を費やした。彼がソファーの生産にポリウレタンの応用を探究していた1960年代に，彼はB&Bイタリアを創設した。B&Bイタリアは，この技術を使った初めての企業である。ブス

第6章　解釈者たち

ネッリはこの技術をロンドンで行われたインタープラスト・フェア（Interplast Fair）で見つけ，ベイヤーとの共同で開発した。その結果，B&Bイタリアは業界初の（製品）言語と手触りを実現することができた。

　この交流の結果から生まれた最も有名な製品の1つが，1969年にガエタノ・ペッシェ（Gaetano Pesce）によってデザインされた，肘掛けイスのUP5である。巨大な女性の形を強いメタファにしたこの象徴的なデザインは，温かで心地よい子宮で腰掛ける人を受け止め，足かせを象徴したボールの形をした足置き（ottoman）がしっかりした（へその緒のような）コードで結ばれている。この肘掛けイスの最も目立った特徴は，小さな真空包装された箱に圧縮された状態で包装されて，運ばれることである。開封すると，そのイスは元の形に戻るので，ユーザーは箱を開けるだけで感情的な体験ができる。今日，B&Bとカルテルは，新しい製品言語と意味を探究することにおいてベイヤーの最も親密なパートナーとなっている。

　革新的な素材の世界の中で興味深い解釈者の例が，マテリアル・コネクション（Material ConneXion）である。ニューヨークに本部があり，バンコク，ケルン，ミラノにオフィスを持つマテリアル・コネクションは，仲介者（mediator）として機能している。マテリアル・コネクションは，小企業からグローバルの製造業まで，製造者やデザイナーが使用できる新素材を発見するために，世界中のサプライヤーを探し回っている。この会社は，350以上の手に触れられる素材サンプルとその製造過程を記録したライブラリーと，新素材に関わるシナリオを調査する年4回の展示会を開くためのスペースを持っている。また，雑誌を発行し，カンファレンスも主催している。

　マテリアル・コネクションは，その探究において，素材の機能的特性だけではなく，言語や意味への応用を考慮している。マテリアル・コネクションのアプローチは，素材のサプライヤーと，「未来のモノの形を決める」革新的な素材産業の担い手をつなぐ「創造的な輪（creative circle）」をつくっている[8]という点で，デザイン・ドリブンと言える。

第2部　デザイン・ドリブン・イノベーションのプロセス

先駆的なプロジェクトの参加者

　先駆的なプロジェクトに参加している人たちも解釈者である。多くの産業において，イノベーターは，新しい解決策を探究するためのより自由な環境である，通常の市場の流れの外にある特別な環境で製品を使用している。

　例えば，ホテルや組織の本部，公共建築を設計する建築家は，その仕事の中で照明を考慮する必要がある。ノーマン・フォスター（Norman Foster）やフィリップ・スタルクのような幾人かの最も先進的な建築家は，ヒトの空間を組織する斬新な方法の研究や，象徴的な言語の表現をするなど，実験的な態度でプロジェクトに臨む。その中で，彼らはビルの建築だけではなく，イルミネーションや照明を含んだインテリアを考慮し，通常，居住者の特定のニーズに合わせた照明器具のデザインを行う。

　アルテミデは，よくそのような特別なプロジェクトにおいて建築家と協同する。例えば，2002年には，スイスのサンクトガレンにある保険会社のヘルベティア（Helvetia）の本社の建築において，スイス人の建築家であるジャック・ヘルツォーク（Jacques Herzog）とピエール・ド・ムーロン（Pierre de Meuron）とコラボレーションした。（イングランドの権威あるロイヤル・ゴールド・メダルを受賞した）そのプロジェクトの間，2人の建築家はオフィス内の照明をアルテミデと協同でデザインした。アルテミデは，この成果として生まれた照明（権威あるコンパソ・ドーロの2004年でのデザイン・アワードを受賞したもの）をパイプ（Pipe）という名前で，一般消費者向けのカタログに加えた[9]。

　アルテミデは，イノベーションの研究開発を追究する機会として，特別なプロジェクトへの参加をとらえているだけの会社ではない。アルテミデの競合であるフロスの最も売れている製品の1つは，もともとはニューヨークのパラマウント・ホテル（Paramount Hotel）のためにフィリップ・スタルクによってデザインされた小さなテーブルランプのミス・シィシィ（Miss Sissi）である。同様に，モルテーニ（Molteni）の最も人気のある製品の1つは，パリのカルティエ・ファンデーション（Fondation Cartier）のために，ジャン・ヌーヴェ

ル（Jean Nouvel）によってデザインされたテーブルのレス（Less）である。B&Bイタリアは，大規模なクルーズ船のためのインテリアデザインのために，先進的な実験を行っている。

　レースのためにデザインされた特別な車から，特別なイベントのために創造された新しい食品の製造にいたるまで，いかなる産業でも，先進的なプロジェクトを通してデザイン・ドリブン・イノベーションのための実験を行うことができる。そのようなプロジェクトがイノベーションを引き起こしやすい理由はいくつかある。

　第1に，こうしたプロジェクトでは，クライアントは新しい手法を探究し，際立った特徴を生み出すことを好む傾向があり，それゆえに自由に革新的な解決策を探究できる環境が与えられる。しかしながら，ここで注意すべきは，これらは実験的な企業がよく行うような単なる「コンセプト」のプロジェクトではない。むしろ，それらは実際にフィードバックを行ってくる，現実のクライアントによって使用される真の道具である。単に，プロジェクトに特別な性質が与えられると，プロジェクト自体が興味深い実験の場となる。例として，ニコラス・ネグロポンテ（Nicholas Negroponte）によって先導された"One Laptop Per Child（子どもに1人1台のPCを）"で開発された100ドルのパソコンが挙げられる。このプロジェクトでは，数社の企業とデザイナーに，新しい技術的な解決策（遠く離れた子どもでさえインターネットにつなぐことを可能にするネットワークを実現し，ルーターとそれ自身がコミュニケーション・デバイスとなる両方の機能を持ったラップトップをつくる賢いアイデア）と新しい意味（機械というより，教育や社会的な道具としてのパソコン）を協同で探究することに拍車をかけた[10]。

　第2に，これらの特別なプロジェクトはいつも，いくつかの条件から与えられたコンテクストにおいて，新しい意味と言語を開拓するために招集され，研究者に挑戦する，建築家やデザイナー，科学者，そしてトップシェフのような「先進的な解釈者（advanced interpreters）」によって先導される。そのため，このようなプロジェクトは，企業に対し，研究と探究の最前線にいる競争関係に

ない解釈者と新しいナレッジを共有し、開発するような唯一の機会を提供する。

　第3に、これらのプロジェクトは文化的製品の案内役として機能する。それらはメディアや文化的機関、公共機関を含む他の解釈者から大きな関心を受けるため、結果的にヒトがどのように製品に意味を与えるかについて、しばしば影響を与える。

その他の産業における会社

　デザイン・ディスコースにおいて、最も興味深い解釈者たちは、ターゲットとしている生活のコンテクストに同じく注力しながらも別の産業にいる会社である。先にアルテミデの例を挙げ、家具やTVセット、オーディオシステム、パソコン、ゲーム機の製造業者および放送業者などが、アルテミデと同様に人々が家でどのように暮らすかを観察していることに言及した。

　自転車産業にとっての他産業の解釈者は、スポーツ服や携帯音楽プレイヤー、テイクアウト食品の製造業者および音楽制作者さらにはワイヤレスサービスを提供する企業であり、また旅行会社などである。これらの会社は自転車産業とは競争関係にない。しかしながら、そのすべてが、人々がどのように暮らし、動き回り、屋外で運動しているかを研究し、人々の屋外での経験の創造に一役買っている。

　いかなるコンテクストにおいても、すべての会社が、このような解釈者たちに囲まれている。そこで、私たちがデザイン・ドリブン・イノベーションを研究するにあたって、気になる疑問が生まれる。それは、他産業のどの会社が、同様の生活のコンテクストにおける人々をターゲットとしているのか？　また、他のどの製品やサービスが、現在利用されるのか、あるいは、将来利用される可能性があるのか？　ということである。これらの解釈者たちはみな、私たちの研究対象である意味と言語に関するいくらかのナレッジを持っている。さらに彼らはおそらく、同じ問題に直面し、同じ興味を持っており、そこで意味と言語を共有し、私たちの解釈を理解しようとするだろう。

　例えば、フィリップスは、アルテミデ、アレッシィ、カッペリーニ（Cappelini：家具），リーバイ・ストラウス，ナイキ，ダウエグバーツ（Douwe Egberts：コーヒー），バイヤスドルフ（Beiersdorf：個人医療）といった他産業の企業と協力関係を築いてきた。ワークショップ形態をとり，コンセプトを生成し，そして市場での製品発売まで行った。このような協力関係のおかげで，フィリップスは，先見の明のある解釈者である企業と一緒に，突破口となり得る機会の探究や洞察の交流，そのビジョンのテストを行うことができる[11]。

競争関係にない企業とのシナリオづくりを行うことはまた，機能的と象徴的の両方に合致した製品とサービスをつくり出すので，そこでは市場における首尾一貫した生活手段を想起できる。

デザイナー

もちろんデザイン企業（Design Firms）もまた，人々がモノに意味をどのように与えるかについての重要な解釈者であり，特にデザイン企業は，与えられた生活のコンテクストに焦点を当てることによって研究を行う。デザイン企業の中には，クライアントの将来の要望を予測するために，新しいシナリオづくりや先進的なナレッジの開発に投資をするものもあるが，デザイン・コンサルタントが必ずしもこのように大学や企業によって請け負われているような研究プロジェクトを持っているわけではない。

デザイン企業は，同じ生活のコンテクストをターゲットとした様々な産業のプロジェクトに何度も参加することを通して研究し学んでいる。照明やソファー，キッチン，家電のデザイナーは，家庭の生活スタイルに関する情報収集や新提案のテスト，フィードバックの獲得のための機会を繰り返し持ち，このコンテクストの中で，多様な解釈者たちと交流している。第7章では，このようにデザイナーが中心的役割を果たした複数のデザイン・ドリブン・イノベーションの例を紹介する。

小売と配送業者

最後に，製品やサービスの配送を扱う企業は，興味深い解釈者である。例え

ば，消費財の小売店やレストラン，または耐久財と機械のメンテナンス，修理サービスを扱う会社である。それらの会社のうちのいくつかは，それぞれのサービスを補完し合うような製品をどのように人々が購入し，使用するかについて研究を行っている。例えば，家具のショールームは，家庭生活における新しいシナリオの洗練された探究を提示している。アバンギャルドな建築家は，時おり先駆的プロジェクトで生まれた意味を内包した，これらのインテリアをデザインする。

サムスンが，画面性能だけでなく，その独特な見た目と感覚（一見したところ，ワイングラスに似た光沢のある形）を持つボルドーテレビ（Bordeaux TV）をデザインしたときには，家具の販売店の分析を行った。サムスンは，そのテレビに生活の中で活きる雰囲気を感情的な言語で表現させ，人々が家具を購入するときに従う感情的な購入パターンを刺激したかった[12]。韓国の企業であるサムスンはそのために，マンハッタンのタイム・ワーナー・センター（Time Warner Center）に，彼らのデジタルライフスタイルの解釈を展示・提案する小売スペースをつくりさえした。

同様に，レストランは食品産業において，興味深い解釈者に属する。レストランの中には，新しいレシピや材料だけでなく，社会的なコンテクストを参照しながら食事の楽しみ方自体を考え，全く新しい経験を探究しているところもある。

ユーザー

もちろんデザイン・ディスコースにはユーザーも参加している。デザイン・ドリブン・イノベーションはユーザーを中心には考えないが，それはユーザーをただの受容者であると見なしているわけではない。この二面性は，私たちのモデルにおいて他の関係者とユーザーをつなぎ，解釈者のネットワークにおける彼らの重要な役割を強調する。最終的に，新しい製品に実際の意味を与えるのは，ユーザー自身である。もっと重要なことは，ユーザーの中には研究を行う者もいることだ。それは特にリード・ユーザーと呼ばれ，新しい文化のパ

ターンを予測し，モノに意味を与えるための新しい方法を探究する人々である。

　例えば，競技用車イスの紹介が示唆に富む例である。この産業における最大のイノベーションは，既存の病院用装置の製造業者からは生まれなかった。代わりに，それはユーザーから生まれた。特にそのユーザーは，事故で障害を持つ前までスポーツを楽しんでいた人々である。

　例えば，ピッツバーグ大学の人間工学研究所（University of Pittsburgh's Human Engineering Research Laboratories）の教授である，ロリー・クーパー（Rory Cooper）は，車イスのイノベーターとして成功したのと同様に，車イスランナーとしても成功している（1988年のソウルパラリンピックで銅メダルを獲得している）。また，1974年に初めて行われた車イスマラソンの勝者であり，ボストンマラソンに初めて車イスで挑戦したボブ・ホール（Bob Hall）は，彼の母親の地下室で競技用車イスのデザインを始め，その後1984年に彼自身の会社のニュー・ホール・ホイールズ（New Halls Wheels）を創設した。

　この分野で，既存の業者がイノベーションを実現できない理由は技術ではない。病院用装置の製造業者は，車イスの使用者を通常の人々と一緒に考えず，分離させる方法で車イスをデザインした。競技用車イスのデザインには，単に機能的なイノベーションは求められていない。結局，そこに求められているのは文化的な解釈の変化である。このような文化的解釈に関する新しい提案は，主にリード・ユーザーから行われるのである[13]。

デザイン・ディスコースに参加する，その「プロセス」

　デザイン・ドリブン・イノベーションを創造するためには，2つの資産が必要となる。それは，人々がモノにどのように意味を与えるかについてのナレッジと，革新的な新しい意味の出現に影響を与えることのできる魅力的な力である。デザイン・ディスコースを探究する中で，会社は研究の試みにおいて一人ではないことを私は示してきた。それら会社は，これらの2つの資産を普及し，

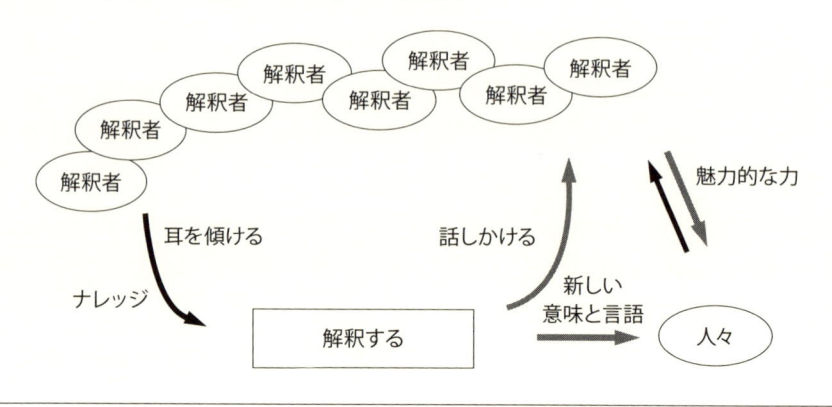

図6-3
デザイン・ドリブン・イノベーションのプロセス

```
      解釈者   解釈者
   解釈者  解釈者  解釈者  解釈者
 解釈者                              
解釈者                         魅力的な力
        耳を傾ける    話しかける
  ナレッジ                 新しい
                          意味と言語
              解釈する   ────→    人々
```

共有している研究所の集合体に埋め込まれている[14]。ユーザー中心のデザインに必要なことは、ユーザーにできるだけ近づくことであるが、デザイン・ドリブン・イノベーションに必要なことは、デザイン・ディスコースに参加することである。

もっと正確に言うと、デザイン・ドリブン・イノベーションのプロセスは、次の3つの活動から構成される（図6-3参照）。

・デザイン・ディスコースに耳を傾ける

この活動は、新製品の将来的な意味と言語についてのナレッジへのアクセスを可能にする。それによって、このナレッジがどこにあるのか、それを取り込むにはどうしたらよいかが理解できる。それには、デザイン・ディスコースにおいて継続的に主要な解釈者を特定し、引きつけることが必要となる。

・解釈する

この活動は、新しい革新的な意味と言語のための提案とあなた自身のビ

第6章　解釈者たち

ジョンを生み出すことを可能にする。それによって，今までにない解釈を考えることと同じように，デザイン・ディスコースから収集したナレッジを統合し再結合できる。そのためには，企業は自社で研究と実験を先導することが必要となる。

・デザイン・ディスコースに話しかける
　この活動は，解釈者たちに対して，あなた自身のビジョンを広く認識させる。あなたは，デザイン・ディスコースの魅力的な力から恩恵を受け，人々がどのように意味を与えるかに最終的に関わるだろう。それは，解釈者たちが議論しあなたの新たな提案を受け入れることを通して，最も適切な意味を再定義することに貢献する。

　次章以降で詳細に分析するが，これらの3つの活動は，会社においてデザイン・ディスコースを利用するための基礎となる。一方で，それは外部資産（ナレッジと魅力的な力）に対し，安定した特権的で特有なアクセスをめざしている。「特権的で特有である」ということは，競合他社よりもデザイン・ディスコースとの対話を優位に進めることを意味する。言い換えれば，それは競争優位の根源である。それゆえ，競合相手より先に，より強力な形で，ユニークな配置で，主要な解釈者と関係を構築することが必要となるだろう。
　一方で，これらの活動はまた，内部資産の発展も目的としている。デザイン・ドリブン・イノベーションを生み出すことは，単にデザイン・ディスコースとナレッジを共有することではない。それは，新しく所有できる提案を生み出す，前向きなプロセスである。それには，競合他社よりも効率的に外部のナレッジを取り込み，会社内の実験を通して新しいビジョンの結合を発見し，独特のビジョンを作成するための内部能力を必要とする。だから私は，デザイン・ディスコースに「参加すること」について述べているのである。それにはビジョンの開発を通じた積極的な解釈を必要とする。この中心的な活動なしでは，イノベーションは興せず，単なる複製となってしまう。

このプロセスは，今まで行われてきたユーザー中心のプロセスとは大きく異なっている。まず，そのプロセスは，浅いブレーンストーミングよりもむしろ深い研究を，そして，その場しのぎの創造性を追い求めることよりもナレッジの開発と共有を必要とする。また，このプロセスは広告会社の仕事よりも，工学の研究（技術ではなく，意味に注力しているが）に似ている。

次に，デザイン・ドリブン・イノベーションのプロセスは，観察ではなく参加することに基づく。社会で起こっていることを単に観察するのではなく，支配的な文化パラダイムを修正させ，新しい意味の可能性を生み出す。

最後に，そのプロセスは，特定の方法や決まりきった一連の段階を踏むのではなく，内外の関係者ネットワークを構築し，維持するための能力に基づいている。だから，次章以降もこの本は，社会文化的トレンドの分析方法を記述したハンドブックではない。むしろこの本は，社会学者や文化人類学者の仕事を評価し，それらをどのように見出すか，他の解釈者たちが持つ解釈のトレンドをいかに統合するかについてのガイドラインとなる[15]。

図6-2に示したデザイン・ディスコースのモデルは，意味と言語が社会でどのように進化するかを示しているわけではない。むしろ，それは意味と言語の研究をしている解釈者がどのように交流しているかを示している。それはデザイン・ドリブン・イノベーションの2つの資産であるナレッジと魅力的な力がどこにあるかと，どのように共有されるかを指摘している。もしあなたがアレッシィやアルテミデ，アップルのような会社の成功の秘密が，決まりきったツールや方法であると考えているなら，とても残念である。そこには企業家精神にあふれたマネジメントの洞察力がある。次章ではそれを抜き出してみよう。

【注】
1) 著者は，解釈者たちの「魅力的な力（seductive power）」について述べている。これは，技術社会学理論によって提案された記号の力の概念を反映している。この概念は，注目

する社会集団において，人工物の意味に影響を与え精緻化する行為者の力を示している。詳細は，Wiebe E. Bijker and John Law, eds., *Shaping Technology/Bulding Society: Studies in Sociotechnical Change* (Cambridge, MA: MIT Press, 1994). を参照 のこと。

2) デザイン・ディスコースという用語は，これまで本書とは異なった意味とコンテクストで使用されてきた。例えば，デザインの定義とその範囲に関する議論を示している（詳細は，Victor Margolin, ed., *Design Discourse: History, Theory and Criticism*, Chicago: University of Chicago Press, 1989. を参照)。この本では，モノの意味が生成するプロセスや，解釈者たちのネットワークの相互作用を通して常に社会で起こるプロセスの研究を示す用語として使用している。実際に，第7章で述べるように，社会におけるこれらの相互作用は，モノの意味を与えること（すなわちデザイン）について，継続した対話を形成している。

3) 文化の生産として常に参照される社会学の一分野は，創造的産業の従事者が文化の象徴的要素の形成を促すプロセスを徹底的に研究してきた。例えば，以下を参照のこと。

Howard S. Becker, "Art as Collective Action," *American Sociological Review* 39, no.6 (1974): 767-776.

Howard S. Becker, *Art Worlds* (Berkeley: University of Calfornia Press, 1982).

Paul Du Gay, ed., *Production of Culture/Cultures of Production* (London: Sage, 1997).

David Hesmondhalgh, *The Cultural Industries* (London: Sage, 2002).

Richard A. Peterson and Narasimhan Anand, "The Production of Culture Perspective," *Annual Review of Sociology* 30 (2004): 311-334.

4) 芸術社会学分野の研究では，芸術家は孤立した創造者ではなく，社会の影響と相互作用の関係の中に埋め込まれていることを示してきた。詳細は，以下を参照のこと。

Pierre Bourdieu, *Distinction: A Social Critique of the Judgment of Taste* (Cambridge, MA: Harvard University Press, 1984（邦訳：石井洋二郎訳『ディスタンクシオン <1>―社会的判断力批判 ブルデューライブラリー』藤原書店，1990年))．

Vera L. Zolberg, *Constructing a Sociology of the Arts* (NewYork: Cambridge University, 1990).

これらの理論のデザインへの応用に関しては，Jeffrey F. Durgee, "Freedom for Superstar Designers? Lessons from Art History," *Design Management Review* 17, no.3 (Summer 2006): 29-34. を参照のこと。

5) Hesmondhalgh, *The Cultural Industries*.

6) 文化の生産の領域の研究者は，マスメディアを「イノベーションの調整機関」として活動するゲートキーパー（門番）と認識している。つまり，マスメディアは文化・意味・言語において変化を促進したりフィルターをかけたりしているととらえられるだろう。詳細は，Paul M. Hirsch, "Processing Fads and Fashions: An Organization-Set Analysis

of Cultural Industry Systems," *American Journal of Sociology* 77 (January 1972): 639-659 を参照のこと。

7) 技術社会学者の中でも特にアクター・ネットワーク理論の支持者は，新しい技術が支配的な社会文化的パラダイムに挑戦するプロセスを深く研究してきた。これらの理論は，異なる社会の行為者が，同意に達するまで彼ら自身の技術の解釈を提供し，共通の意味に折り合いをつけるプロセスを描き出している。詳細は，以下を参照のこと。
Bruno Latour, *Science in Action: How to Follow Scientists and Engineers Through Society* (Cambridge, MA: Harvard University Press, 1987（邦訳：川崎勝，高田紀代志訳『科学が作られているとき―人類学的考察』産業図書，1999年))。
Bijker and Law, *Shaping Technology/Building Society*.

8) http://www.matirialconnexion.com/PB2.asp.

9) 特別な建築のプロジェクトへアルテミデが参加した他の事例はwww.artemide.comを参照。

10) John A. Quelch and Carin-Isabel Knoop, "Marketing th $100 PC (A)," Case N2-508-024 (Boston: Harvard Business School, August 2007).

11) Stefano Marzano, "People as a Source of Breakthrough Innovation," *Design Management Review* 16, no.2 (Spring 2005): 23-29.

12) Karen J. Freeze and Kyung-won Chung, "Design Strategy at Samsung Electronics: Becoming a Top Tier Company," (Boston: The Design Management Institute, 2008).

13) エリック・フォン・ヒッペル（Eric Von Hippel）は，イノベーションにおけるリード・ユーザーの役割を研究してきた。彼の主な貢献は *The Source of Innovation* (New York: Oxford University Press, 1988（邦訳：榊原清則訳『イノベーションの源泉―真のイノベーターはだれか』ダイヤモンド社，1991年))と *Democratized Innovation* (Cambridge, MA: MIT Press, 2005（邦訳：サイコム・インターナショナル訳『民主化するイノベーションの時代―メーカー主導からの脱皮』ファーストプレス，2005年))を参照のこと。車イス産業における意味のイノベーションについて示唆に富むものとして，Jim Utterback, BengtArne Vedin, Eduardo Alvarez, Sten Ekman, Susan Sanderson, Bruce Tether, and Roberto Verganti, *Design-Inspired Innovation* (Singapore: World Scientific, 2006（邦訳：サイコム・インターナショナル『デザイン・インスパイアード・イノベーション』ファーストプレス，2008年))を参照のこと。

14) 技術のイノベーションにおける最近の研究は，科学と工学が主導する産業においても，同様のダイナミクスが生じることを示してきた。協調的なイノベーションの理論は，企業の境界を超えて開発される技術の複雑性と多くの蓄積されたナレッジに気づいた企業が，外部の研究所やベンチャー，大学とどのように協力関係を増加させていくかを示している。詳細は，以下を参照のこと。

Henry W. Chesbrough, *Open Innovation: The New Imperative for Creating and Profiting from Technology* (Boston: Harvard Business School Press, 2003（邦訳：長尾高弘訳『オープンイノベーション―組織を越えたネットワークが成長を加速する』英治出版，2008年)).

Larry Huston and Nabil Sakkab, "Connect and Develop: Inside Procter & Gamble's New Model for Innovation,"*Harvard Business Review* 84, no.3 (March 2006):58-66.

この見方では，デザインを重視する企業は，オープン・イノベーション・モデルの先駆者としてとらえられている。研究者と実践家は，協調的なイノベーションがこれらの実践は研究に有用な場である，と見なしていることを理解しようとしている。技術とデザインの両方にわたる協調的なイノベーションの包括的なモデルに関しては，以下を参照のこと。

Gary P. Pisano and Roberto Verganti, "Which Kind of Collaboration Is Right for You? The new leaders in innovation will be those who figure out the best way to leverage a network of outsiders," *Harvard Business Review* 86, no.12 (December 2008): 78-86.

15) 実際に，デザインを重視するイタリアの製造業者は，トレンドの分析を行うプロセスや方法を公式にはほとんど持たない。これらのナレッジが必要である場合，それらメーカーは通常，外部のコンサルタントを利用する。これは自社のイノベーションの能力を悪化させない。また，与えられたナレッジは，それらメーカーがデザイン・ディスコースから吸収し，独特な方法で統合した，多様な洞察力のうちの1つでしかない。

第7章 耳を傾ける

[鍵となる解釈者を見つけ，引きつける]

メンフィス（Memphis）の集団は，挑戦的で革新的な研究に従事していた。彼らは，製品の意味の基礎研究がどのように応用されていくかについて最も興味深い例の1つを提示している。（挿絵：最初の部屋：エットーレ・ソットサス（Ettore Sottsass）のスタジオで，壁にはカールトン・サイドボード（Carlton Sideboard）のスケッチが掛けられている。2番目の部屋：アレッシィの研究所で，机の上には，マンダリン・シトラス・スクイーザー（Mandarin citrus squeezer）のプロトタイプが置かれている。3番目の部屋：アップル社のジョナサン・アイブ（Jonathan Ive）のオフィスで，机の上には，iMac G3 のプロトタイプが置かれている。）

挿絵：Daniele Barillari

「私はスーパースターのデザイナーを雇い，彼に頼るべきですか？」と聴衆の後列の男性が私の話を遮った。

私はプレゼンテーションの途中であり，その鋭い質問に全く気づかなかった。「すみません。私たちはデザイン・ドリブン・イノベーションについて話しているのであって，デザイナー・ドリブン・イノベーションについて話しているのではありません」。

初めてデザインを利用する人々はよく先入観を持っている。彼らはスーパースターのデザイナーが決めたことを実行すればよいと考えている。なぜなら，「デザイナーは人々が夢見ているものを知っている」からである。さらに掘り下げると，重役が大物デザイナーの言いなりであり，彼らの気まぐれに従っている悪夢のような状況に陥っている。メディアの観察者や一部のデザイナー，製造業者（特にマスコミの関心を集めるために有名人の活用を大げさに宣伝する新参者），そしてずる賢いはずの競合他社でさえ，この神話を信じている[1]。

不思議なことに，このデザイナー中心の考え方は，会社がよく重要なプロセスの一部を外注する，外部のデザイン企業が中心的な役割を担う，ユーザー中心のイノベーションにおいては足掛かりを得ている。この場合，専門用語は変わり（流行の言い回しは，「グル」から「エバンジェリスト」に変化してきており，西洋文化により馴染んだシナリオをつくっている），話法は経営用語に近づいている（ブレーンストーミング，創造性，チームワーク）が，あなたが必要とするすべての神話は，あなたのイノベーションに関する残された問題を解決する，外部のデザイナー（またはデザイン企業）にある。

これは，私が話しているアプローチの種類ではない。単に有名なデザイナーを雇えば，腕を伸ばせば届くところで成功するイノベーションが奇跡的に実現する，そんなに単純であればいいのに。

いくつかの会社は不運にもデザイナー・ドリブン戦略を実行しようとしている。1995年に，イタリアの二輪車製造業のアプリリア（Aprilia）は，フランス人の建築家フィリップ・スタルクに新しいバイクの構想を依頼した。スクーターの市場で良いポジションにつくために，アプリリアは高級なバイクの製

品ラインを強化する必要があった。アプリリアは，スタルクによってデザインされたモト6.5（Motò6.5）を1997年に市場から撤退，1999年に再び販売しただけで，最終的には2002年に販売中止した。そのバイクはデザイナーの名前のおかげでマスコミの関心を十分に集め，強力な支持者となったデザイン中毒のバイカーの小さなニッチの領域を勝ち取ったが，モトはアプリリアの大型バイクのセグメント成功に道を開かなかった（欧州でのシェアにおいて，競合する日本企業が20％を超えているのに対して，アプリリアは3％も取れなかった）。2003年にはピアッジオ（Piaggio）がアプリリアを買収した。

　デザイナー中心の手法に致命的になるほど依存を行った別の例は，リチャード・サッパー（Richard Sapper）によって2005年にデザインされた，ルセスコ（Lucesco）のハレー・ランプ（Halley lamp）である。照明デザインにおける彼の地位は，2,000万ユニットを販売した後でも，未だに市場で新鮮に見える，1972年に販売されたビジネス・クラシックであるアルテミデのティジオによって確立され，サッパーはデザインの大家と見なされている。しかしながら，ハレー・ランプは失敗した。「象徴的なデザイナーであるリチャード・サッパーを起用したことは失敗ではなかった」とルセスコの創設者のカーティス・アボット（Curtis Abbot）は言っている。「私たちの失敗は照明ビジネスについてのナレッジが欠けていた状態でスタートしたことだ。私たちはこの製品の販売可能性を理解させてくれる市場調査を行っていなかった」[2]。

　私は，デザイナーとデザイン企業が十分な貢献をしないとは言わない。むしろ，彼らはデザイン・ディスコースの中で不可欠な声であり，革新的プロジェクトのための主要な貢献者である。しかし，彼らは決して唯一の解釈者ではない。私たちがこれまで成功した会社で見てきたプロセス―個々のデザイナーに依存することが明らかであったイタリアの例も含む―は，様々な分野（例えば技術サプライヤー，芸術家，他産業の企業など）の多くの解釈者との相互作用ネットワークを実際に基盤にしている。イタリアの企業家は自身のポケットマネーで投資をするとなると，一人の者だけを信じない。彼らは，あるデザイナーにちなんで製品に名前を付けるときでさえ，いくつかの声に耳を傾け，最

表 7-1
デザイン・ディスコースの原動力と，解釈者との特権的なつながりを持つためのガイドライン

デザイン・ディスコースの原動力	解釈者との特権的なつながりを持つためのガイドライン
議論・討議	多種多様な声に耳を傾ける
解釈者との関わりの傾斜配分	主要な解釈者を見つける
移動	先見性のある研究者をつかむ
橋渡し	仲介業者や媒介者に影響力を持つ
ささやき	会社をそのディスコースに没頭させる
2層の位置関係	ローカルとグローバルを混成する
エリート集団	自分も解釈者として振る舞うことで，他の解釈者を引きつける
陳腐化	新しい解釈者とその輪を探し続ける

終的に決断する。それゆえ，デザイン・ドリブン・イノベーションのプロセスは，個々の解釈者よりむしろ経営者の統合力が重要となる。それはめったに外注できない。なぜなら，その会社独自のネットワークから得た洞察を結合するからである。

　この章では，デザイン・ドリブン・イノベーションを実践する企業が，製品の意味と言語に関するナレッジを効果的に選択するために，どのようにデザイン・ディスコースと特権化された対話を行うかについて分析する。まだ特定できていない主要な解釈者をどのように特定し，競合他社より先に彼らを引きつけ，優先的で実のある関係を築くかを示す。表7-1はデザイン・ディスコースの原動力（ダイナミクス）を反映した実践の要約を示している。それぞれの原動力を調べ，その意味合いを簡潔に示している。私の狙いは，マネジャーにイノベーションの源泉となる対話者との，独自の関係の形成に役立つガイドラインを提供することである。

多種多様な声

　デザイン・ディスコースとは分かりやすく，単刀直入な対話ではない。そ

れは，どのようにして参加者が新しい解釈を与え，議論し，支配的なものとして1つの解釈を受け入れ，残りを否定するかということである。むしろ，複数の解釈者が同時に存在するため，混乱を引き起こし，雑音にさえなり得る。

参加者が機能的特徴ではなく，感情的で象徴的な意味に注目すると，提案とフィードバックは理解しにくく，曖昧になる。ガソリンの消費が半分になるエンジンをデザインすることが役に立つことは誰もが分かっている（問題はそのようなエンジンを生産するための実際の方法を見つけることである）。しかし，人々が車で時間を費やすことで得られる意味と，それらが内部空間に与える重要性やその使用方法を研究するとき，その解釈は多種多様であり，それぞれが著しく対照的になることがよくある。どの会社も1つの決定的な見方を持っていない。デザイン・ディスコースでの考え方は，複数の解釈者において分かれている。会社はこれらのすべての洞察や展望を整理し，結合することによって，独自のビジョンをつくり上げる。

実際に，成功しているイタリアの製造業は，多様な解釈者と相互関係を持っている。私はクラウディオ・デルエラ（Claudio Dell'Era）と行ったイタリアの家具製造業の研究において，最も革新的な企業と模倣者におけるデザイナーのポートフォリオの違いを調査した（表7-2参照）[3]。私たちははじめに，イノベーターは競合他社以上に外部のデザイナーに依存する傾向にあることを発見した。イタリアの外でよく知られた会社がこの戦略の利益を確証している。例えば，ハーマン・ミラーのCEOであるブリアン・ウォーカーは次のように述べている。「この社外のネットワークは，私たちにいつも自分自身のフィルターに支配されることなく，消費者によって与えられる問題に新鮮な見方を提供してくれる。もし社内のデザインスタッフしか持っていないのであれば，たとえ彼らが非常に優秀であっても，物事に対して既存のフィルターを通した見方しかできない」[4]。

しかしながら，社外のデザイナーによってデザインされた製品の割合の違いは，模倣者（77％）よりイノベーター（90％）のほうが目立って高いということはない。社外の解釈者とのコラボレーションは，いくぶんありふれた方法

表7-2
イタリア家具製造業におけるデザイナーのポートフォリオ

	イノベーター	模倣者
社外のデザイナーによってデザインされた製品の割合	90%	77%
ポートフォリオに記載された外部のデザイン企業の平均数	11.9社	4.4社
建築の学位を持ったデザイナーの割合	45%	33%
工学の学位を持ったデザイナーの割合	6%	0%
インダストリアルデザインの学位を持ったデザイナーの割合	31%	52%
イタリア人以外のデザイナーの割合	46%	16%

であり，それだけでは十分ではない。

　私たちがイタリアの製造業者と協働している多くのデザイン企業を調べたところ，面白いことが分かってきた。成功している製造業者は，平均で11.9社の外部のデザイン企業を持っており，B&Bやカルテルは約30社であるのに対し，模倣者は4.4社である。なお，その平均には，デザイン・ディスコースにおいて異なる声や意見を尊重しており，協働企業を50社以上持つアルテミデや200社以上持つアレッシィは含まれていない。これらのすべてのデザイナーが意味の急進的イノベーションに関わるプロジェクトに参加しているわけではない。ほとんどが漸進的な開発に携わっている。しかし，これらによって，デザイン・ディスコースに参加することを通じて企業のリーダーが得る様々な洞察は，より急進的なイノベーションに投資するとき，リーダーが探し出せる才能の幅と一緒であることが分かる。

　それゆえ，デザイン・ディスコースに取りかかる上で，最初の課題はデザイナーだけではなく，たくさんの関係のない情報源から複数の解釈者を特定することである。大事なことは，彼らが持つ多様な考え方である。つまり，不均質（heterogeneity）が重要になる。

　パスタとその他小麦製品の製造大手である，バリラを考えてみよう。バリラは最近，既存のビジネスを拡大するために，家庭料理や食事における人々の満たされていない欲望を理解し，革新的で新しい食生活を提供することを目的と

したイノベーション・プロジェクトを実行した。そして，人々が台所でどのような生活をしているかについてのビジョンを共有するために，パルマにある本社に解釈者たちを招待し，バリラが行ってきた研究と解釈者が持つ市場に関する考え方を結合し，まとめた。

　これらの解釈者は，白物家電製造業者のワールプール（Whirlpool）のイノベーション・ユニット，台所用品製造のスナイデロ（Snaidero）のR&Dマネジャー，アレッシィのデザインマネジャーなどである。バリラはまた，食品の調理と消費に対して議論するために，デザイン企業であるIDEOから2人のデザイナーを迎え入れた。2つの料理文化（イタリア料理と日本料理）の融合を探索してきたシェフは，新しい食文化の実験に対する人々の寛容性について意見を述べた。また，ドイツの雑誌『シュテルン（Stern）』のフード・コラムニストは，人々がなぜ自分で料理をするよりも，テレビで他人が料理するのを見るのが好きなのかということについての意見を述べた。彼の解釈力は，彼の変わったバックグラウンドに由来していた。神学の学位が，彼に文化的発展に対する鋭く深い視点を持たせていた[5]。

どこで見つけるのか

　会社は多様な相互作用に基づいてデザイン・ディスコースに取りかかるべきである。しかし，有用な解釈者をどこで見つけるのであろうか？　第6章ではその地図と方向性を示した。はじめに，会社はイノベーション・プロジェクトが取り組む先の「生活のコンテクスト」を定義すべきである。例えば，バリラの場合のそれは「家の台所」であった。

　次に会社は，人々が同じ生活のコンテクストの中で，どのようにしてモノに意味を与えるかについての研究を行う解釈者は誰か，そして新しい意味の出現に影響を与えるのは誰なのか？　を問うべきである。第6章で紹介した図6-1のフレームワークは，解釈者を形式的に分類するためのチェックリストとして機能する。もちろん，同じ会社で行っていることであっても，異なったプロジェクトでは，それに応じた解釈者の輪を必要とする。例えば，バリラがパスタに

図7-1
解釈者たちの分類

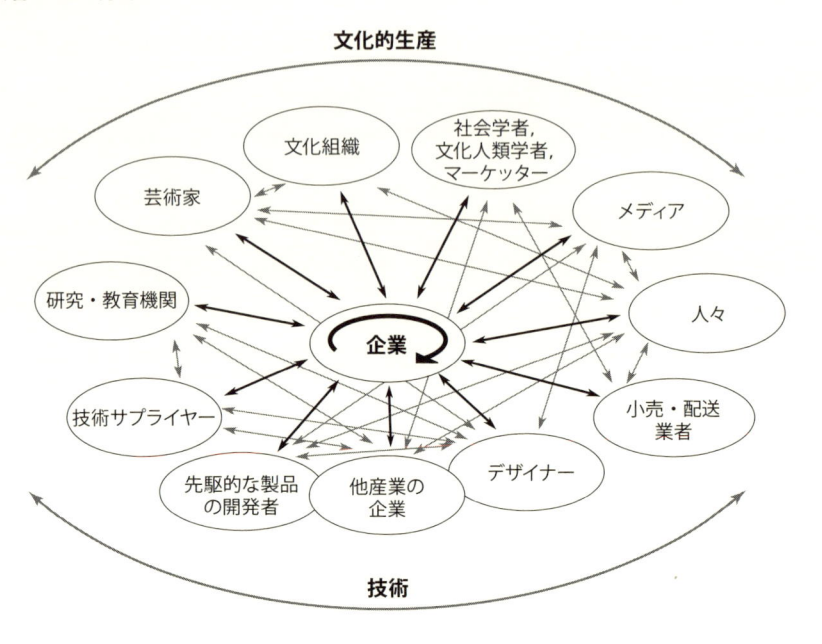

（図：中心に「企業」、その周囲に「文化組織」「社会学者, 文化人類学者, マーケッター」「芸術家」「メディア」「研究・教育機関」「人々」「技術サプライヤー」「小売・配送業者」「先駆的な製品の開発者」「他産業の企業」「デザイナー」が配置され、上部に「文化的生産」、下部に「技術」と記されている）

焦点を当てた、前述とは別のプロジェクトでは、ワインメーカーや、レストランと「幸せな時間」の経験をデザインする専門知識を持った教授、流行のケータリングサービスを行う起業家、記号学者、食品と食文化史の専門知識を持った社会学者、スロー・フードの文化団体の副代表、分子料理法を研究してきたシェフ、料理評論家といった、別の解釈者たちと交流を行った。

ゆがんだ世界における主要な解釈者

デザイン・ドリブン・イノベーションに効果的に貢献する能力を持っている解釈者は、ほんのわずかである。例えば、デザイン・ディスコースには何千人

ものシェフがいるであろうが，そのうちのほんのわずかしか，食の意味についての研究を行っておらず，そこで新しい可能性を見出し，イノベーションを必要とするチームに参加することができるのは，さらにわずかである。だから，あなたが「人々がどのようにモノに意味を与えるかについて，私に明らかにしてくれるのは誰だろうか？」と自問するとき，問題はあなたが誰も見つけられないことではない。問題は，多様な関係の中から正しい人を見つけられていないことである。

例えば，バルセロナには300社以上，ミラノには700以上，ロンドンには1,000以上のデザイン企業がある[6]。これらの企業は，会社の漸進的なプロジェクトをサポートする場合にはとても創造的になる。しかし，その中で，意味の「急進的」イノベーションを生成する可能性を持っているものは，一握りしかない。実際に，イタリアの製造業で集めたデータ（表7-2）では，たくさんの模倣者が外部のデザイン企業と協同している。それゆえ，デザイン企業との単なるコラボレーションでは成功が保証されない。イノベーターと模倣者の違いは，「どの」解釈者を選ぶかに依っていると思われる。

実際に，デザイン・ディスコースの中で，革新的な洞察力を与えてくれる解釈者の数は少ない。それゆえ，彼らの解釈の質の分布は確実にゆがめられている（図7-2参照）。このコンテクストでは，一般的な解釈者とのコラボレーションは非生産的である。結局，図の左側で当てずっぽうな選択となるだろう。その代わりに，長いしっぽの端にいる主要な解釈者を特定することが重要となる。彼らは，あなたが必要とする2つの資産（ナレッジと魅力的な力）を供給できる。STマイクロ・エレクトロニクスのMEMSのための科学アドバイザーである，ブルーノ・ムラリは次のように述べている。「既存の領域での飛躍的なイノベーションは，世界中のほとんどの人は想像できない。おそらく3～4人であろう。私が本当に言いたいのは，組織ではなく人であるということである。あなたはそのことをよく知っている」。

不運にも，会社と政策立案者がデザイン・ディスコースの高度にゆがんだ性質を理解していないことが時々見られる。初めてデザインを採用した会社で，

図7-2
デザイン・ディスコースでの主要な解釈者のゆがんだ分布

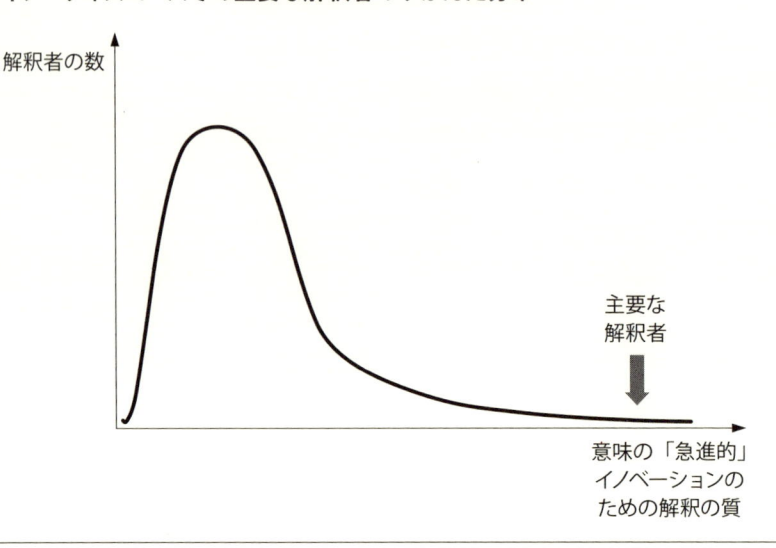

（グラフ：縦軸「解釈者の数」、横軸「意味の「急進的」イノベーションのための解釈の質」。右端に「主要な解釈者」の矢印）

次のような話を多く耳にする。「デザインのコンペティションに参加しよう。そうすれば無料でたくさんの優れたアイデアを手に入れられるのだから」。この近道は罠である。会社は結局，図の左側のカーブに示されるような何千もの貧しいアイデアを振るい分けすることに労力を使うことになり，理解力が欠如し，その中に良いものがあったとしても，多くの場合，それらを逃してしまう。もし，あなたが解釈者としての才能を持っていれば，解釈能力に欠けた会社に従うことによって，何千もの貧しいアイデアにまみれて，あなた自身の解釈を失うリスクと多大な時間に投資するだろうか？

　反応の多くは，不運な選択（adverse selection）となる。最も優れた解釈者がそのような競争を避け，最も先進的な会社と直接に個人的な関係をつくろうとする。まだ企業は，より漸進的なイノベーション，もしくは，より大きく統合されたプロジェクトへの部分的な洞察を集めるために役立つ競争を探しているだろう。デザインのコンペティションは，デザイン・ディスコースを通じて，

第7章　耳を傾ける

イノベーションの拡散を促すだろう。例えば，新素材をデザイナーに気づかせようとするサプライヤーは，このアプローチに適合する（第9章を参照）。まだ多くの会社は，デザインのコンペティションが最良で，パッケージ化されたアイデアを見つけるための唯一の方法であると考えるので，また，このテクニックはとても一般化しているので，デザインのコンペティションで競い合うことに拍車をかけている（これはすべて図7-2の左側の領域の取り合いである）。

　政策立案者も時々，同じ罠にはまる。私はこれまでに，様々な国の政府によって促進されているイノベーションとデザインのプログラムに関与してきた。これらのプログラムのほとんどが共通の特徴を持っている。それは製造業者が（地元の）デザイナーと協力することを前提にしており，これらの協力関係を促す活動を追求している。先ほども述べたように，このアプローチはうまくいかない。製造業者が図の左側に属するデザイナーに出会う可能性があるだけでなく，デザイナーも同様である。ほとんどのデザイナーが似たような（図7-3の点線を参照）ビジョンを促進すると，そのデザインはコモディティ化する。つまり，どこを見ても同じようなものばかりになってしまう[7]。

　たびたびこれらの戦略が立てられるのは，成功企業の振る舞いの浅く，誤った分析による。アレッシィやアルテミデのような会社は，例えばIBMやP&G，イーライリリー（Eli Lilly）などで知られるようになったイノベーションのテクニックに頼らない（彼らは既存の製品を完全なものするために，大量の匿名のコード書き（code writer）などに頼らない）。これらの開かれ，混雑したテクニックは，それぞれの貢献者がまずまずの質を供給できるときに働く（図7-3参照）[8]。しかし，解釈者がゆがんだ分布の場合，競争は，多くのアイデアよりむしろ，主要な解釈者と接近していて，特権を与えられた関係に基づく。カルテルの代表でCEOであるクラウディオ・ルーティ（Claudio Luti）は次のように言っている。「私は解決策を探す前に，手を組むデザイナーを選ぶ。その逆はない。この理由で，私たちの企業に無意識に提出されたプロジェクトは考慮されさえしない。イノベーションはコラボレーションから生まれる」[9]。

図7-3
解釈の質の2つの分布の可能性と関連するコラボレーション戦略

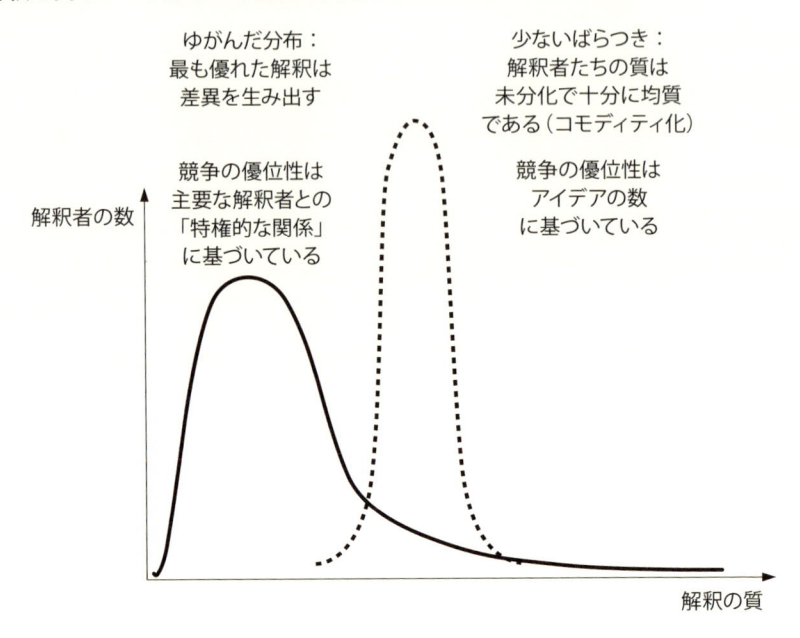

ゆがんだ分布：
最も優れた解釈は
差異を生み出す

少ないばらつき：
解釈者たちの質は
未分化で十分に均質
である（コモディティ化）

競争の優位性は
主要な解釈者との
「特権的な関係」
に基づいている

競争の優位性は
アイデアの数
に基づいている

解釈者の数

解釈の質

　これらの会社は，関係資産の構築に向けた何年もの度重なる投資の後，注意深く数十の主要なデザイナーを選択する。そして，意味の急進的イノベーションを追い求めるために，これらの企業は，すでによく知られたデザイナーや新しい才能を見つけるために行うさらなる投資を，競合相手より先に自分たちのものにする。彼らは主要な人々を見つけるまで，成功と失敗を繰り返しながら，実験を行っている。
　次章では，たくさんの潜在的な解釈者の中でデザイン・ドリブン・イノベーションをサポートする主要な個人を見つけ，自分たちのものにする方法を示すガイドラインを提示する。

第7章　耳を傾ける

先見の明がある研究者

　多くの人々が，イタリアに1990年代後半までインダストリアルデザインの大学院がなかった事実を見過ごしている[10]。地元の製造業と協力関係にあるイタリアの「デザイナー」は，主に建築家である。
　私はかつて，インダストリアルデザインが不足しているにもかかわらず，イタリアが卓越した国として，たびたび引用されるようになった謎を解明するために，ミラノ工科大学のデザインスクールの友人に尋ねた。彼の説明に私は啓発された。「イタリアのデザインは独特であり，革新的である」。彼は続けた。「なぜなら，デザイナーの代わりに建築家によってイノベーションがもたらされているからである。考えてもみたまえ。あなたは建築家がマーケティングコースを取っているということを聞いたことがあるかい？」
　そう言えば私は，同僚のエンジニアの学生とともに，典型的な建築家をからかっていたことを思い出した。彼らはクライアントに耳を傾けないのである。トム・ウォルフ（Tom Wolfe）は，知的な修道会の中で，建築家が人々のニーズを理解することより，手の届かない議論に従事していた，その態度を自著の『バウハウスからマイホームまで（From Bauhaus to Our House）』でパロディー化した[11]。
　友人は続けた。「建築家は建物をデザインする。そして，ほとんどの建物は持ち主の借用期間より長生きするだろう。そのため，なぜ彼らが唯一のユーザーでなくなるのに，建築家が彼らに耳を傾けるべきであろうか。建物はまた，住んでいる人々だけでなく，より多くの人々が関係する大きなコミュニティの中で都会の存在感を持っている」。
　実際に，建築家はクライアントに耳を傾けないのではなく，むしろ一歩退き，時間的（建物と都市がこれまで経験してきた歴史をつなぎ，そこに永住する将来の世代の生活を想像する）にも，空間的（建物が立っている社会的環境を考慮する）にも，幅広い観点からデザインをするように訓練されている。建

築家が，イタリアの家具製造業から家具のデザインについて尋ねられたとき，彼らは建物のデザインから製品のデザインまで，先見の明がある考え方を提供する。彼らのプロセスは市場の分析から始まらない。その代わりに，新しい素材や技術を用いることでどのような現象が社会的に起こるかという調査から始める。

「デザインは市場の誤った提案を受けるべきではない。市場は良いものを決して提案できない」。アルテミデの主要な解釈者である建築家のミケーレ・デ・ルッキ（Michele De Lucchi）は，そのように述べる。建築家のマイケル・グレイブスは，よく知られたアレッシィのケトル9093をデザインしたときに，この考え方を反映した（第8章参照）。「私にとって，誰のためかは重要ではなく，良いデザインを考えることが重要であった」[12]。

最も革新的なイタリアの家具製造業者では，インダストリアルデザインを学んだ学生が増えているにもかかわらず，最も先進的なプロジェクトにおいてインダストリアルデザイナーよりもまだ建築家に頼る傾向がある。私の製造業の研究（表7-2参照）で，革新的な企業はインダストリアルデザイナー（31％）より，建築家（45％）と協力関係を築くことが分かった[13]。これらの会社は時々，典型的なユーザーを中心に考える設計の教育を受けてきていないエンジニアにコンセプトデザインを外注することさえある。対照的に，模倣者は建築家（33％）やエンジニア（0％）より，インダストリアルデザイナー（52％）に頼りがちである。

もちろん，建築家がデザイン・ディスコースにおいて唯一の革新的な解釈者ではない（すべての建築家がこの能力を持っているとは限らない）。市場の流行を超える提案を行う能力を持つデザイナーもいる。例えば，フィアットのパンダをデザインしたジオルジェッティ・ジウジアロは次のように言っている。「大衆は何も求めない。あなたは彼らに何かを提供する一人である。自動車製造業者が，大衆はスタイルの進化を求めていると言うことがあるが，それは本当ではない。もし本当であれば，組織化されたマーケティング専門家が成功を保証する戦略を提案できる。私たちはそのようなケースがほとんどないことを

知っている」[14]。

言語の転移：基礎研究のためのデザイン・ディスコース上流の動き

　会社がデザイン・ドリブン・イノベーションを追い求めるときには，市場で支配的な解釈を超えて動くために必要となる，先見性のある考え方ができる解釈者を探すべきである。不運にも，これらの解釈者はとても貴重で稀な存在である。どこで彼らを見つけることができるのであろうか？

　その効果的な戦略は，先進的な探究をする基礎研究者のコミュニティで探すことである。デザイン・ディスコースにおける意味と言語のナレッジの流れは，科学技術の基礎研究の流れによく似ている。それは基礎研究から応用へと移り変わる流れである[15]。ちょうど科学者が基礎的な探究を行い，技術者がその発見に基づき製品を開発するように，一部の解釈者が革新的に特定の市場をターゲットとしない新しい言語を探究する実験に従事し，その後，他の解釈者がその探究結果を市場へ応用することで，ターゲットを定め，提案する。

　つまり，ナレッジは図7-1で示したデザイン・ディスコースのモデルの左側（教育機関，芸術家，技術サプライヤー）から右側（メディア，プロのコンサルタント，小売店）へと移動するのである。私は文化的象徴の創造において，芸術家が基礎研究を行う研究者としての役割を担っていることに気づき，この原動力に注目した。基礎研究者の密度が，デザイン・ディスコースの上流に位置する集団の中で高められる。それが注目すべき最初の場所である。例えば，アルテミデが実験的な舞台デザインで有名な劇作家のルカ・ロンコーニとどのように協力を行ったかを示した（第6章）。しかしながら，かなり珍しいが，先見の明がある研究者は，デザイン・ディスコースの右側で典型的に短期志向を持つ解釈者の中からも見つけられる。バリラの例は，あなたが注意深く観察していれば，シェフやジャーナリストの中からもまた研究者を発見できることを示している。

メンフィス：言語の研究所

　1980年代に建築家とデザイナーが集まったメンフィスは，製品の意味と言語に関する基礎研究がどのように製品に応用されたかを示す，最も興味深い例の1つである。

　メンフィスは，オーストリアで生まれ，その後トリノで建築を学んだエットーレ・ソットサスによって創設され，スタジオはミラノにつくられた。1960年代に彼は，オリベッティ（Olivetti）のコンサルタントをしており，有名なバレンタイン・タイプライター（Valentine typewriter）のような製品デザインを行った。1981年には，ソットサスは60歳であったが，1960年代，1970年代の若者の運動の結果，生まれた世の中の基準を覆す活動に，彼の年齢の半分以下の若い才能（ミケーレ・デ・ルッキ（Michele De Lucchi），マッテオ・トゥン（Mattero Thun），ハビエル・マリスカル（Javier Mariscal），アルド・チビチ（Aldo Cibic）など）と共に加わった。彼らの新たなビジョンは，当時支配的になっていた「グッド・デザイン」の暗示的意味と組織化された文化に挑戦することであった。

　例えば，メンフィスは強力な原色（「適度」な黒や白，茶色を当然のように使用することに反して）を使い，素材を不安定に並べるなどして，非常識な展開を行った。ソットサスは言った。「挑戦していることは，意味の観点からは著しく異なった素材をまとめることである。例えば，貴重な木材や大理石にプラスチックのラミネート加工をすることだ。感覚は物語る。品のないプラスチックと壮大な大理石は結合され，それ自体が疑問視される」[16]。

　メンフィスは，嗜好の民主化において，あらゆる階級の芸術，贅沢さと単純さを合成させ再提案した。その提案は愉快で皮肉であり，機能面などの合理的な特徴より，むしろ感情的な特徴を有している。つまり，メンフィスという集団は，ポストモダンの哲学と言語を実験的な人工物に適用した先駆的な実験に従事したのである[17]。

　メンフィスは7年間で，マスマーケットではなくデザイン・ディスコースの解釈者に向けた約40の作品—家具から陶磁器，照明器具から織物まで—を生

第7章　耳を傾ける

産した（ソットサスは1988年にメンフィスを解体した。なぜなら，革新的な原動力を失ったからである）。もちろん，当時確立された文化の中心にいた批評家は，裕福なダラスの精神科医しかそのようなデザインは買わないだろうと批判し，これらの提案を却下した[18]。しかしながら，これらの作品は，奇怪でその場しのぎのひらめきから生まれる創造性に頼った無益な結果ではない。挑戦的で革新的な研究から生まれたものである。ソットサスは次のように述べている。「メンフィスでの私の仕事は，他人から遊んでいると言われ，いつも気分を害していた。実際に，私は真剣である。メンフィスでの仕事以上に私が真剣に取り組むものはない。私が遊ぶのは，オリベッティの機械をデザインするときである」[19]。

　私たちは最終的な成果を知っている。それは，象徴的なモノの感情的な原動力と言語を持ったポストモダニズムは，アルテミデやアレッシィのような企業によって，一般消費者向けに画期的に姿を変え，市場の主流となっていることである[20]。他の企業はメンフィスが残した建築家を雇い，彼らの作品は，フィリップ・スタルクやマーク・ニューソン（Marc Newson）のような，1980年代の最も人気のあるデザイナーに影響を与えた[21]。感情的な製品は，多くの産業でありふれたものとなった。

　狭いデザイン・ディスコースに埋め込まれている起業家は，彼らの実験の将来性を認識できる特権を持っていた。アルテミデの代表であるエルネスト・ジスモンディは，メンフィスを意味と言語における突破口を探究する機会として見ていた。「ソットサスは，メンフィスの運営のために，基金を必要としていた。私は彼らに資金を提供し，彼らがやりたいようにやらせた。私にとっての研究所はここであった」。

　私はここで，ジスモンディが，芸術的なアバンギャルドを愛するがゆえに支援したのではないことを強調しておきたい。むしろ，ジスモンディは，イノベーションを創造する技術を持ったベンチャー企業や，スピンオフした企業に投資するのと同様の狙いを持って，メンフィスに投資していた。彼は，その研究プロセスにおける解釈者を支援したのである[22]。

表7-3
革新的な研究者と典型的なクリエイティブ・チームの比較

	先見の明がある研究者 （革新的）	クリエイティブ・チーム
成果物	提案，ビジョン 枠組みの提示	答え アイデア
プロセス	深さ 調査・研究	速さ ブレーンストーミング
集団やチームの原動力	収斂	拡散
資産	ナレッジ 学者（独自の専門性） 関係	方法論 初心者（制約がない） プロセス
質の基準	ビジョンの強さ 社会でのビジョンのインパクト	アイデアの種類の数 問題解決
社会のビジョン	強力で個人的なビジョン	文化的中立
既存の社会文化パラダイム への姿勢	支配的なパラダイムへの挑戦	既存のパラダイムでの活動

　また，ジスモンディが，創造性に富んだシンクタンクとしてではなく，研究所としてメンフィスをとらえていたことも強調しておきたい。主要な解釈者は，ブレーンストーミングから生まれた何百もの個別のアイデアを提出する者ではなく，ある特定のビジョンを持って深く探究し，実験をする研究者である。私たちは最近，創造性の重要性を論じる専門書によって押さえつけられ，その言葉は意味を失っている。即効性があるブレーンストーミングは，漸進的でユーザー中心のイノベーションには役に立つが，意味の急進的イノベーションではその働きは異なる（表7-3参照）。

仲介（Brokering）と媒介（Mediating）

　　　　何の真似もしようとしないで，何も生み出さない人々
　　　　　　　　　　　　　　——サルバドール・ダリ（Sarvador Dali）

研究から応用への製品言語と意味の転移のように，技術の進展を呼び起こすデザイン・ディスコースではもう1つの原動力がある。それは産業を超えた意味と言語の転移のプロセスである。

技術経営の研究は，既存知識の断片の新しい再結合によってイノベーションがたびたび発生することを明らかにしてきた[23]。新しい結合を見つける人々（仲介者（brokers），橋渡し（bridges），門番（gatekeepers）と呼ばれる人）は，今までつながりのなかった技術的なコミュニティをつなげる[24]。例えば，デザイナーは技術の仲介者として機能する。IDEOの研究では，40もの産業における製造業者に向けたプロジェクトを手がけるパロ・アルト（Palo Alto）を本拠地とした企業が，産業を超えて解決策を転移するためにどのようにそのネットワークでの位置づけを利用するのかを明らかにした[25]。

同様の原動力がデザイン・ドリブン・イノベーションに存在する。つながりのなかった世界の交差点で機能する解釈者は，意味と言語をあちこち転移させる。

アップルのiMacにおける言語の仲介

1998年にアップルによって発売されたiMac G3は良い例である。クパチーノ（Cupertino：カリフォルニア州の都市）にスティーブ・ジョブズが戻り，イノベーションの最前線にアップルを帰還させるきっかけとなったiMacは，今まで発売されたパーソナル・コンピュータの中で最も革新的なものの1つとして賞賛されていた。それは画面と基板を1つにまとめ，コンパクトなオール・イン・ワン構造を売りとする，アップル製品の初期の特徴を復活させたものであった。一方でそれはまた，PC産業にとって新しく採用されたデザイン言語であった。それは面白みのないベージュの箱という当時支配的であったパラダイムに挑戦した卵のような形と，半透明のプラスチックでできたフレンドリーな筐体を持っていた。しかしながら，その言語は他の産業では新しいものではなかった。同じ半透明のプラスチックで同じ色は，1990年代初期に家庭用品ではすでに使われていた[26]。

第2部　デザイン・ドリブン・イノベーションのプロセス

　私はiMacが革新的でなかったと言っているわけではない。むしろ，アップルは既存の製品から得たひらめきを信頼し，画期的躍進を遂げたと言える。技術・芸術両方の進化の歴史は，イノベーションが孤立しているものではないことを示している。前進はいつも他で達成された成果から発生する。ラファエロ・サンツィオ（Raffaello Sanzio）は，初期に彼の作品に多大な影響を与えたピエトロ・ペルジーノ（Pietro Perugino）のワークショップで見習いをしていた。トーマス・エジソン（Thomas Edison）は，その人生すべてを，別々の産業の発明を再結合することに費やした。画期的躍進は，しばしば既存の環境で今まで存在しなかった要素に基づいている。

　iMacは家庭内で使われるように意図されているので，家庭で生まれた言語はiMacに影響を与えている。iMacはリモート接続のおかげで，人々が仕事のために家庭でデスクトップを使い始めた，インターネット時代の最初のコンピュータであった。アップルは，パソコンが，ビジネスやオフィスで使われる冷徹でよそよそしい言語よりむしろ，モダンで家庭用品としての親しみのある言語を使用するべきであることを理解していた。

　アップルのデザインに関わる上席副社長のジョナサン・アイブ（Jonathan Ive）は，「言語の仲介者」としての役割を担っていた。アップルに入るまでは，彼はロンドンでデザインコンサルタントとして独立していた。彼の企業であるタンジェリン（Tangerine）は，家庭用品のデザインを行っていた（タンジェリンは，アイデアル・スタンダード（Ideal Standard）のコンサルタントであり，トイレや水道設備産業の従事者であった）。アイブは，他のどのコンピュータ会社にも知られていなかった家庭用品の意味と言語の世界にアクセスできるような，完璧なネットワーク・ポジションをアップルに与えた。

　企業は，彼ら自身の産業ですでに中心的なポジションを持っている解釈者だけを採用しがちである。この戦略は安全なように思える。しかし，それでは将来よりむしろ過去に感化される。その結果，すべてが同じ方向に向き，同じ種類の解釈を行ってしまい，コンサルタントの予算は増え，その産業の製品はすべて似たようなものになる。アップルによって行われた非合理的な選択（もと

もとトイレ用品をデザインしていたデザイナーにパソコンをデザインさせるなんて）だと思われたことは，それどころかデザイン・ディスコースにおける主要な解釈者の適切な選択であった。

　言語の仲介は，デザイン・ディスコースにおいて中心となる原動力である。そのプロセスと，かつて技術的な知識開発で行われたプロセスとの違いは，その言語が，産業に依存するよりも，文化に依存することである。なぜなら意味は，既存の生活のコンテクストの中で進化し，異なる社会文化的な世界を超えて転移するとき，その境界に直面するからである（例えば，異なる国のように。ロシアと西欧諸国では，高級な家具が持つ言語は異なっている）。しかしながら，製品言語は，産業を超えて技術より流暢に転移する。ある部門における新しいサインの出現が，身の回りにある製品をより豊かなものにしていく（家具から，照明やコンピュータ，電話に至るまで）。

　主要な解釈者の特定において重要となる基準は，橋渡しとして機能する人を探すことである。すなわち，あなたの産業だけでなく，同じ生活のコンテクストをターゲットとしている人となる。あなたのユーザーに適切ではあるが，競合他社には扱いづらい世界に橋渡ししようとすればするほど，画期的な提案を行う機会を持つことになる。

仲介者（Brokers）

　特に2つのタイプの橋渡しが重要となる。1つ目は，言語の仲介者である。彼らは，企業にアクセスできないデザイン・ディスコースのサブネットワークに現れる意味についてナレッジを供給する。これはiMacにおけるジョナサン・アイブ，そしてデザイナーやコンサルタントの典型的な役割である。例えば，車の中での新しい体験を探究しようとする自動車会社は，エンターテインメントやデジタルメディア産業の中で専門家を探し，エンターテインメントが進行する分野での言語の進化の解釈を求めているだろう。

媒介者（Mediaters）

　2つ目の橋渡しのタイプは媒介者である。彼らは，ナレッジを供給するのではなく，むしろ他の解釈者にアクセスする。例えば，自動車会社は，相互作用を行い洞察力を共有するエンターテインメントの分野にいる他の解釈者へのアクセスを供給できる専門家を求めているだろう。媒介者は，他の人々へのつながりを創出する。

　例えば，第6章で示した新しい材料の供給業者と製造業者，デザイナーの間で橋渡しとしての役割を担う，マテリアル・コネクションが挙げられる。アレッシィのティー・アンド・コーヒー・ピアザプロジェクトはもう1つの例である。有名な建築家であるアレッサンドロ・メンディニは，そのプロジェクトでアレッシィのための中心的な解釈者であった。メンディニの役割は，新しいデザインを提供することではなく，むしろポストモダン建築において実験を行う10人の外国の建築家をアレッシィに紹介することであった。

　この媒介的な役割は，デザイン産業ではあまり見られない（デザイン企業は，他の解釈者へのアクセスを供給しようとせず，クライアントはめったに他の解釈者へのアクセスを供給させる目的でデザイナーを使わない）。しかし，その役割は，企業に知られていない世界のアクセスへの道を開けるために不可欠なものとなり得る。確かに，デザイン・ドリブン・イノベーションを創造し始めたいが，デザイン・ディスコースでの広範囲な意見交換をまだ成し遂げていない会社は，直接的な解決策を供給する仲介者より，もっと役に立つかもしれない企業のネットワークを形成させるような，この2番目のタイプの解釈者を見つけるだろう[27]。

ささやき声に企業を没頭させる

　デザイン・ディスコースにおけるほとんどの相互作用は，多くの聴衆に見える形で起こる（新製品，芸術作品，展示会で発表されるプロトタイプ，記事，公的報告書など）。すなわち，技術的なイノベーションの専門用語の使用や，

第7章　耳を傾ける

どのように人々がモノに意味を与えるかについてのナレッジは、「体系化された形式（codified form）」に埋め込まれている[28]。これによって解釈は、よりすぐに広がる。しかしその反面、競合他社を含めた誰もが簡単にアクセスできる。それゆえ、この埋め込まれたナレッジの価値は、まだ体系化されていないが、その代わりにささやかれている——それはまだ、洞察という形で自信なく交換されているような解釈よりも低いレベルである。

ジウリオ・カステリ（カルテルの創始者）、パオラ・アントネッリ（Paola Antonelli：ニューヨークのMoMAの建築・デザイン部門の館長）、フランセスカ・ピッチ（Francesca Picchi：建築雑誌『ドムス（Domus）』のジャーナリスト）による最近の書籍で、イタリアのデザインにおける50年間に、起業家とデザイナーの間でどのように対話が展開されたかについての詳細が述べられている。著者たちがインタビューした起業家は、アルプスでスキーやボートでセイリングしている人々の間で起こっている議論について、たびたび言及している[29]。

私は、急進的なイノベーションを創造するための機会を高めるために、スキーやセイリングのスキルを改善することが必要だと言っているのではない。むしろ私は、デザイン・ディスコースで最も価値のある知識にアクセスするために、ウェブをくまなく調べたり、社会文化に関する流行をつかむレポートを読む必要はないと言っているのだ。その代わり、デザイン・ディスコースへの「没頭（immersion）」が必要となる。あなたがそこにいること、そしてささやきを聞くこと、積極的に体験することが求められる。知識の形成と交換の最も効果的な方法は、口頭での対話やワークショップ、合同プロジェクトに参加するという典型的な形態である。そのため、デザイン・ドリブンを行っている会社の幹部はしばしば、媒介する人を介さずに、外部の解釈者（デザイナーや学生、研究者、供給者）と直接交流するのである。

体系化された知識となって現れる解釈は、まだ価値があるものかもしれない。雑誌やウェブサイト、分析レポートをくまなく調査したり、展示会で芸術作品やコンセプチュアルな製品をモニターすることが基礎を築くために不可欠であ

る(そして,流行分析機関,シナリオ作成機関,社会学者のような解釈者は増えてきており,このモニター活動によって起業を支援することもできる)。しかしながら,これらの情報は競合他社も利用可能であり,それゆえ差別化の源泉にならない可能性が非常に高い。体系化されたナレッジを解釈するための能力は,主要な解釈者のささやきが普及する前に,独占的にアクセスできるかどうかにかかっている。ささやきを聞くことで,それらが目の前にあるときでさえ誰も気づかなかった,製品やレポート,記事,実験結果が示すものが,混雑し,雑然とした海の中から,はっきりとした違いとして気づくことができる。

天才の遺伝子配列:デザイン・ディスコースの地理

デザイン・ディスコースは,ローカルでもグローバルでもある。一方では,暗黙の知識に基づく交流は,地理的な近接性から恩恵を受けるため,ネットワークのローカルの密度が不可欠である。もう一方で,世界に広がる解釈者との交流が様々な洞察を拡張させ,意味の進化にグローバルな視点を与える。

デザイン・ディスコースはどこにでもある

デザイン・ディスコースが繁栄する地方の近接性は,会社にとって重要なアドバンテージである。例えば,北イタリアの地方ライフスタイルにおけるデザイン・ディスコースの力は,地元の家具製造業者の成功に大きく貢献している。それゆえに,デザイン・ドリブン・イノベーションは,ミラノやその内陸地域,ヘルシンキ,コペンハーゲン,サンフランシスコのように,見た目に洗練され,文化的に豊かな環境によってだけ繁栄できると考えるかもしれない。しかしながら,あなたの地域にある(未開発の)資源を過小評価してはいけない。実際,デザイン・ディスコースの潜在能力はどこにでも存在する[30]。

将来的に見込みのない候補を1つ取り上げてみよう。ニューヨークの200マイル以上北西にある州北部のフィンガー・レイク(Finger Lake)地方は,大都市よりも西部のペンシルバニアに文化的に近い。ニューヨーク北部は高い失

第7章　耳を傾ける

業率を持ち，アメリカでも最も経済成長の遅い地域の1つであった。しかし，そこはデザイン・ディスコースのための素材を持っている。

人口212,000人のフィンガー・レイク地方の最も大きな都市であるロチェスター（Rochester）は，かつてゼロックスとガーネット新聞網（Garnett newspaper chain）の本社を持ち，今もボシュロム（Bausch & Lomb：レンズ製造業）とコダック（Kodak）の本社がある。ファイバー光学メーカーのコーニングは，同じ名前の近くの町に本拠地を持つ。もっと小さな地元の企業は，高速のデジタル装置製造と特注の印刷業を行っている。

ロチェスターはまた，ゼロックス，コダック，ロチェスター大学，優秀な専門職学校（光学学会を置くエンジニアリングの学校を含む）の中規模の研究組織，そして紙メディアの世界で最初の専門的な教育機関であるロチェスター技術研究所が協同する，ニューヨークが出資した先進的な技術の研究所であるCEIS（Center for Electronic Imaging Systems）の本拠地でもある。1時間も離れないところには，セラミックとガラス彫刻に関する世界クラスのプログラムを持つアルフレッド大学があり，そこには版画家，デザイナー，ビデオアーティスト，コンピュータプログラマーの協同を促進する，拡張されたメディアを研究する部局（Division of Expanded Media）がある。研究で顕著な成果を上げているコーネル（Corneal）大学は，近くのイサカ（Ithaca）にある。

フィンガー・レイク地方では芸術も無視できない。米国建築家協会の270人のメンバーに意見を述べることができ，ウェンデル・キャッスル（Wendell Castle）やアルバート・パーレイ（Albert Paley）のような有名なクラフトマンがいて，アレッシィが拠点としているミラノ北部のオルタ湖（Lake Orta）のように静かな湖があるスカニアトレス（Skaneateles）には，デザインスタジオのクラスターがある。ロチェスターはまた，おそらく世界で卓越した写真美術館であるイーストマン・ハウス（Eastman House）を誇り，他にもファインアートの美術館が近くにある。そのため，リチャード・フロリダ（Richard Florida）が『クリエイティブ資本論（The rise of the Creative Class）』の中で，ロチェスターをアメリカの大都市で最もクリエイティブである21都市の1つ

225

に選び,「スーパー・クリエイティブ（super creative）」に属する人々の比率が大都市で2番目としたことは,驚くべきことではない[31]。

　光学,写真技術,オフセット印刷に関連する技術,豊富な資源が集中した地方であるにもかかわらず,ロチェスターはデザインの突出した中心として現れてこなかった。なぜだろうか？　欠点は,そのローカル地域の解釈者の数と質ではなく,その地域の企業間での親密な対話が欠けていることである。他の多くの地域のように,資源はあるが,会社が自分たちをうまく活用できていなかった。

　「情報の共有は部分的であり,グローバル経済の中心よりむしろ,町の中で競争が行われてきた」と,ある地方企業のマネジャーは言う。「クリエイティブな資源はこの地域に豊富にある。そして,私たちの会社はそれらを利用してより良い仕事ができると信じている。歴史的に社内の活動であったプロダクトデザインに対する私たちの考え方が主要な理由だと考える。私たちは会社として,デザイン・ディスコース概念を定義する一種の外見のコラボレーションに抵抗しがちである」。

　しかし,フィンガー・レイク地方の可能性は,そこで働いている人々に対しても明らかである。ゼロックスのある科学者とマネジャーによると,「昔は,コダック,ボシュロム,コーニング,ゼロックスや協力関係にある小規模の企業のクラスターのようなローカルなコミュニティは稀であった。しかし,デザイン・ドリブン・イノベーションにおけるコラボレーションは,それぞれの企業にそれぞれの産業での競争優位を生み出す。ゼロックスは,コダックのカメラのデザインとコーニングのグラスファイバーからヒントを得ることができる。ゼロックスがコピー機のフレームとして透明なガラスを使用できないと誰が言ったのだろうか。それは,芸術的で,モダンで,時代感覚に合っている。紙詰まりの位置が明らかになるという機能的な目的も提供できる」。

　私がイタリアのロンバルディ（Lombardy）の政府の金融組織であるフィンロムバーダ（Finlombarda）で行った研究では,学校やスタジオ,製造業者などのデザインシステムの要素が,他の地域より良いか悪いかは重要ではないこ

とを26人の国際的なデザインの専門家が認めた。ロンバルディではっきりしたことは，これらの要素間のつながりの数，強さ，質であった[32]。

要するに，資源の不足はクラスター形成を妨げない。ちょうど個人のスタイルに関する商品や家族のシナリオにおいての対話が強いミラノや，写真技術に関連する文化的な経験に対してまだ手がつけられていない潜在能力を持ったフィンガー・レイク地方のように，世界のすべての地域がローカルのデザインと意味に関するディスコースの財産を有している。ダブリンの成長著しいソフトウェア産業はローカルの口承文学のクラスター（ジョイス（Joyce），ベケット（Beckett），ワイルド（Wilde），ショー（Shaw），シング（Synge），キーン（J.B. Keane）の全盛期から現代作家のビンチーやバンビル（Binchy and Banvile）まで広がる）を利用している。それは，技術開発者が思いつく退屈で非包括的な説明書より，むしろ遊んでいるように描かれた基幹業務ソフトをどのように楽しむかについて考えているクラスターである。ニュージーランドやノルウェーの企業は，アウトドア文化やスポーツ，エンターテインメントで優れた専門知識を最大限利用することができる。

デザイン・ディスコースはどこにでもある。会社はそれに没頭し，他の地域の競合相手がアクセスできないローカル資源を有効利用することだけを必要とする。

ローカルとグローバルを混成する

しかしながら，会社はローカルの対話だけに頼ることはできない。他の文化からの解釈とローカルの特性の連携と混成が，独自のビジョンを創造するのである。

私が行った，イタリアの家具製造業者のデザインポートフォリオの研究では，成功している会社は，革新性に欠ける競合他社よりも頻繁に外国のデザイナーと協力する傾向があることを示している（表7-2参照）。模倣者は国際的な協力関係が少ない（16%）のに対して，成功している会社はイタリア人（54%）と外国人（46%）がほぼ同数のバランスのポートフォリオとなってい

る。

　繰り返すと，これはローカルの製造業者とローカルのデザイナーの刺激的な協力を純粋にめざす，すべての政策とプログラムに対する警鐘となる。成功しているイタリアの製造業者の中での外国人デザイナーのシェアは，企業が安易にドアの外に正解を見つけるような関係の先を思い描くことの重要性を証明している。

　競合他社が行う前に，主要な解釈者をグローバルな舞台で特定するためには，投資と支援が必要である。アレッシィは，他のどの製造業者よりも先に，アメリカの才能ある建築家のマイケル・グレイブスを発見し，引きつけ，試すことに重大な資源を投資した。イタリア企業が彼の価値を証明した後，彼がターゲットのようなアメリカの企業にとっての主要な解釈者となるまでに，それほど時間はかからなかった。

　グローバルな環境で解釈者に接触するために必要なことには，国境を越えて，会社のネットワークを拡げることができる媒介者を支援することの重要性が強調される（例えば，アレッシィにとってのアレッサンドロ・メンディニ）。特に，グローバル企業は現地の支社を有効活用して，世界に拡がる解釈者にアクセスを持つ。例えば，サムスンは，東京，上海，サンフランシスコ，ロサンゼルス，ロンドン，ミラノにデザインセンターを持っている。しかしながら，多くの会社はその土地の才能を仲介することよりむしろ，その土地の流行に対してアンテナを張るためだけにデザインセンターを利用している。その結果，大企業は，デザインセンターのようなユニットの働きによって得られた，豊富な現地の関係網のナレッジを持たず，めったにグローバルデザインの潜在能力を十分には活用しない。

解釈者たちを引きつける

　ひとたび，企業が主要な解釈者を特定すると，競合他社が行う前に，よりよく彼らを引きつける必要がある。デザイン・ディスコースのゆがめられた性質

が私たちに思い出させるように，主要な解釈者は稀少な資産である。会社はどのようにして，彼らと独占的な関係を築くのであろうか？　多大なリスクが存在し，財政的な結果を経営陣に明示できない，急進的で革新的なプロジェクトに，どのようにして彼らを説得して参加させるのであろうか？

お金の問題ではない

　建築家のアレッサンドロ・メンディニは，革新的なデザインの歴史の中で類い稀な人物の一人であった。彼は，カサベラ（Casabella），モド（Modo），ドムス（Domus）といった有名な建築およびデザイン雑誌のディレクターや，スウォッチ，フィリップス，スワロフスキー（Swarovski）といった会社の主要なコンサルタントとアートディレクターを務め，コンパソ・ドーロ・デザイン・アワードの受賞者でもある。彼はポストモダンのデザインの主要な解釈者の一人であり，彼自身が今は最も有名な製品言語の1つである。

　あなたはどのようにして，このような解釈者をあなたの企業と協同するように引きつけるだろうか？　経済の原則では，重大だが稀少な資産に確実にアクセスするためには，多くの報酬を支払わなければならないとされている。しかし，メンディニに，なぜアレッシィに協力するのかと聞けば，彼は全くもって風変わりな口調で答える。「私がアレッシィのために働いているのか，アレッシィが私のために働いているのかを区別することは難しい」。

　アレッシィとメンディニの相互作用は，明らかにクライアントとサプライヤーの関係とは異なる。誰がサービスを行い，誰がそれに対して報酬を支払っているのかを区別することは難しい。実際に，イタリアの製造業者に協力しているデザイナーは，報酬がプロジェクトベースで支払われず，売上のロイヤリティで支払われることさえよくある。すなわち，デザイナーは，著者と出版社の関係のように，製造業者とイノベーションのリスクを共有している。この関係で例えると，サプライヤーが作家と出版社のどちらに当たるかを区別することが難しい。両者ともに，創造的な製品を人々に提案することに貢献している。金銭的なことを抜きにしても，アレッシィと仕事をしたがるデザイナーは

多く，解釈者は時々，お金を支払うことさえある[33]。アルベルト・アレッシィは次のように述べている。「例えば以前に製品を全くデザインしたことのないような，まだ日の目に当たらない才能に試しに協力するように頼むとき，彼らはとても好奇心を持ち，この新しい挑戦に関わるので，あなたがいくら報酬を払うかなんて気にさえしない。でも，あなたが有名なデザイナーと働くときにはそうではなく，彼らに普通の仕事をするように頼む」。

解釈者として役割を果たす

　お金ではない別の通貨は，明らかに主要な解釈者を引きつける。ここで扱っている急進的なイノベーションの話を思い出してみよう。私たちは市場開拓より，「探究」の領域にいる。解釈者はこのコンテクストの中で，何を探しているのであろうか？　解釈者である彼女は，私たち自身と同じものを探している。それは，人々がどのようにモノに意味を与えるかについてのナレッジと魅力的な力である。すなわち，彼女は主要な解釈者を探している。

　イタリアの製造業者で働くデザイナーの報告書には，協力のための主な理由は，彼らがこれらの会社で得られる能力であることが強調されている。彼らがそこで見つける技術や適応性，ビジョン，ブランドは，競合相手の製造業者ではほとんど得られない資産である[34]。新しい技術の実験に協力することで，その才能を伸ばし，アバンギャルドな解釈者としての名声を得る。そして，後々より大きな利益を得るために活用できる，彼ら自身の資産を成長させる。

　アーティストでデザイナーのロン・アラッド（Ron Arad）は「北イタリアは製造業文化があるために，とりわけデザインでは世界の中心にいる。これほど多くの製造業者がデザインの価値を知っている地域は世界で他にはない」と述べている。また，カナダで活躍するエジプト人デザイナーのカリム・ラシッド（Karim Rashid）は「イタリアには，世界中のデザイナーを刺激するような企業家がいる」と述べている。デザイナーにはまた，お互いを尊重し，経験を交換する風土があり，それが経験を促進し，経営陣にさえオープンな姿勢を持つ。マイケル・グレイブスは言う。「デザイナーと製造業者はとても個人的

な関係である。デザイナーとして，あなたたちは，家族の一員として迎え入れられる。それはすべてを共に結ぶものである」。

フィリップ・スタルクは次のように証言している。「カルテルのクラウディオ・ルーティ，ドリアデ（Driade）のエンリコ・アストーリ（Enrico Astori），フロスのピエロ・ガンディーニ，カッシーナのウンベルト・カッシーナ（Umberto Cassina）たちにプロジェクトが紹介されると，彼らはそのプロジェクトを情熱を込めて愛する。アルベルト・アレッシィにプロトタイプを持っていくと，彼はクリスマスが来たと思う。すてきなギフトだと思っているのである。私はイタリアの製造業者が『これは儲かりそうだ』と言っているのを聞いたことがない。いつも『これはみんな本当に気に入るだろう』と言っているのを聞く。やっぱりそうでなくちゃならない」。能力と柔軟性という通貨で，デザイナーに払い戻すという姿勢は，デザイン志向の会社に世界的に共通している。バング＆オルフセンの主要なデザイナーであるデビッド・ルイス（David Lewis）は次のように述べている。「ここにいるすべての人々が技術と機構にとても興味を持っている。彼らは，将来性がある，または，興味ある課題を解決するためにとても長い道のりを歩むであろう。私たちデザイナーにとってどれが良いだろうか。それは本当に彼らの文化の中にあり，挑戦の機会を与えるだけで，彼らは解決に向かう」[35]。

製造業者自身が，主要な外部の解釈者の創造性と表現を十分に発揮できるような環境を与えることの重要性を強調している。カルテルの会長のジウリオ・カステリの発言は，どのようにカルテルの技術的な能力と探索的な態度が，才能のある解釈者との協力関係を維持したかを想起させる。「私は彼がミラノにいたことを知っていた」。カステリは，フィリップ・スタルクとの最初の協力関係について話した。「私は彼にデスクセットをデザインさせるためのアイデアを持っていたので，彼をカルテルに招待した」。カステリは続ける。「もちろん，彼はそのアイデアを進めるようには見えず，彼が何年か前にデザインし，フランスのビジネスマンが製造する勇気がなかった製品をすぐに私に売り込んだ。それは，単調な材料の代わりに，鋼鉄の背もたれとプラスチックの台座を

組み合わせたドクター・グロブ（Dr.Grob）というイスだった。角は丸ではなく，シャープであった。その当時，全く使われていなかった新しい色が使われており，プラスチックは光沢ではなく，艶消し仕上げであった。要するに，それは完全に市場に反するイスであった。彼はイタリアでそれを成し遂げた。世界の他のどの場所でも実現できる場所はなかった」。

カステリはまた，フランス人の建築家によってデザインされたラ・マリエというイスについて語った。「その研究は，エンジニアリング部門によって行われたのであるが，その部門は巨大だったため，非常に困難なものであった。的確な技術的特徴を持った材料とそれに見合った金型を見つけることが，本当に求められた。ちょっと考えても，ベイヤーでさえ，その結果を保証してくれなかっただろう」。また彼は，ブックウォームという本棚をデザインしたロン・アラッドとどのようにコラボレーションを行ったかについても述べている。「カルテルは初めてロン・アラッドと一緒に仕事をし，長期間の協力関係に成功した会社である。今日，アラッドは私たちに週に1つのプロジェクトを送ってくる。彼の機嫌をよくさせるために，時々そのプロジェクトを実行する必要がある。彼は口うるさいが，本当に素晴らしい」[36]。

デザイン・ドリブン・イノベーションの主要な実践者はみな，才能を引きつけるためのイノベーションとテクニックに刺激を与える探索と実験に対しては，開かれた態度を共有している。「デザイナーがフロスでデビューするとき，私たちは彼がその能力を最大限発揮できるように，自由裁量権を与える」と照明会社の会長である，ピエロ・ガンディーニは言う。そして，ホモニム・ファニチャー・カンパニー（homonym furniture company）の会長であるクラウディオ・モルテーニ（Claudio Molteni）は次のように記している。「時々，私は『これはクレイジーだ』と思う。しかし，さらなる開発を止める前には，私たちは2度，それについて考える。私たちは何も当然だとは考えない。そうでなければ，私たちがすでに行ってきたことだけをやり続けることになる。このように考えることを通じて，問題を解決するために，今まで存在しなかったことを学ぶことができる」。

第7章　耳を傾ける

　彼のアプローチは，ハーマン・ミラーと同じである。CEOのブリアン・ウォーカーは次のように述べている。「私たちが学んできたことの中心となることは，進んでデザイナーに従い，任せることである。それは，自分自身を見失うのではなく，私たちが初めに疑問に思っていた場所に彼らを追っていくことになる。私たちの創造性のネットワークに受け止めている問題の概要を説明し，私たちが正しい道を進んでいるかどうかの洞察を共有し，解決策を見つけ出すために，彼ら自身の才能を適用させる。私たちは早まった判断をせず，彼らの旅についていく。私たちのR&Dの英知は，創造性のネットワークを異なった場所に推し進めるために，どのように適所に正しい制約を配置するかを知る能力である」[37]。

　私たちは，浅はかな第三者のように，この章の初めで要約したステレオタイプなデザイン・ドリブン・プロセスとこの考え方を混同し，眩惑される必要はない。これらのシニア・エグゼクティブは，デザインの権威者に企業のリーダーシップを渡してはいない。むしろひとたび，彼らが主要な解釈者を特定する（これが本質的な前提である）と，できるだけ解釈能力を利用したがる。競合相手が行うより先に解釈者を引きつけ，独占的な関係を築き，能力を発揮させるために，彼らは不要な制限を取り除き，開放し，解釈者に実験の場を提供しなければならないことを知っている。これらのマネジャーは，デザイナーの気まぐれに対する単なる執行者（executors）ではなく，また，彼らに課題とナレッジを供給しない執行者によって引きつけられた本当に才能があるデザイナーでもない。

　デザイン・ドリブンの会社は，技術に卓越しているので，意味の急進的イノベーションを追求する。彼らのイノベーションプロセスには，適応性がある。彼らは，小ロットの生産にも対応でき，解釈者を促し，会社がプロトタイプをつくるような機会を促進する。デザイナーはといえば，トップマネジメントが結果としてできたものを入念に何でも評価することで，自信を持つことができる。アントニオ・チッテリオ（Antonio Citterio）が，フロスで初めてラストラ（Lastra）と名付けられた照明をデザインしたとき，製造業者は白い拡散板

の微妙な違いを表すために，32ものプロトタイプを制作した。この関係は，製造業者が技術的な解決策や製造技術を含む重要なイノベーションの一部をデザイン企業に外注するような，ユーザー中心のプロジェクトにおけるデザイン企業と製造業者の典型的な関係とは異なっている。代わりにここでは，会社は，モノの意味の探索の結果をもたらすことを外部の解釈者に依頼しており，技術は製造業者の手元の資産として残している。

家具製造業者であるB&BイタリアのR&Dセンターのコーディネーターを務めるフェデリコ・ブスネッリ（Federico Busnelli）は，次のように述べている。「プロジェクトを提案したいデザイナーが，スケッチを提出する必要はない。なぜなら，描かれるものは，すでに存在するものであるからである。デザイナーは，実現の方法を知らなくても，新しいアイデアや提案をしなければならない。それがプロジェクトに生命を与える私たちR&Dセンターである」。バング＆オルフセン（B&O）のデザインとコンセプトのディレクターであるフレミング・モレー・ペダーセンも同様に強調する。「私たちは［デザイナー］に，日常のビジネスを楽観することを心配［しなければならないような］組織内の他の関係者に［過度に］影響されてほしくない。［デザイナー］は，私たちの産業の限界，製造のしやすさ，またはどの音がどのような形態から出てくるかについて理解する必要はない。デザイナーは社会で何が起こっているか，どのように人々が家に家具を備え，生活をしているかについて無条件で自由に目を向けなければならない。そしてB&Oにふさわしい提案をしなければならない。それをつくるのは私たちの技術者にかかっている」[38]。フレミングによると「B&Oでは，私たちは製造のためにデザインするのではなく，むしろデザインのために製造する」ということである。

主要な解釈者を引きつけ，彼らの表現とビジョンに力を与える最も良い方法は，単に現金ではなく，技術力，実験場所，魅力的な力（ブランドや流通チャネルを使って市場に新しいメッセージを届ける能力）であり，さらには意味に関するあなた自身が持つナレッジといった資産で報いることである。言い換えると，もしあなたが解釈者をもっと引きつけたいのであれば，あなた自身が解

釈者になる必要がある。そのため，私はデザイン・ディスコースに参加することについて述べており，単にそれを利用することについては述べていない。あなたはビジョン（デザイン・ディスコースに対して何かを訴えること）を持ち，資産を交渉の場に持ち込むことが必要となる。

デザイン・サークル

　画期的な解釈がどのように出現するかを考えるのであれば，デザイン・ディスコースへの活発な貢献者となることの重要性がより顕著になる。デザイン・ディスコースの最も興味深い動態の1つは，急進的なイノベーションがたびたび，共通のビジョンを持ち，共通の施設（学校や文化的機関，有名な学者など）の周りに存在する，解釈者であるような集団によるコラボレーションから生まれることである。デザイン史の中で起こった多くの画期的躍進は，20世紀初頭のオーストリアのウィーン工房（Wiener Werkstätte）やドイツのバウハウス，1960年代のドイツのウルム造形大学，1980年代初頭のミラノのアルキミア（Alchimia）やメンフィスなどのように，ほんのいくつか挙げるだけでも，だいたいが組織化された集団である。

　革新的な解釈者の集団は，いかなる産業や生活のコンテクストの中にも生まれるものである。食事の世界や，もはやそれを超えて，今や最も革新的な文化的プレイヤーの一人であり，食事や栄養に関するパラダイムの変化を促進している文化的機関であるスロー・フード（Slow Food）は，創設者のカルロ・ペトリーニ（Carlo Petrini）によって主導された数人の先駆者による集団から生まれた。

　マイケル・ファレル（Michael Farrell）による研究は，なぜ急進的なイノベーションがたびたび，集団によるコラボレーションから生まれるかを説明している[39]。文学，絵画，科学における主要なシフトを分析することで，彼は画期的躍進の思考を得るために，相互作用やお互いの信頼，集団の使命感がどのように貢献するかを示している。それらは，先駆者的な考え方が新たな道を探究できるような，心強く，馴染みがあり，棲み分けされた環境を提供してい

る。この環境で，彼らは支配的な文化による批判と懐疑の中で生き残っていくのだろう。彼らは一人でないことに気づき，初期の実験での失敗の挫折を通してお互いに支え合っている。集団は，新しいビジョンを伝達しようと努力し，探究を進めることを分かち合え，信頼できる仲間をもたらす。しかしながら，ファレルが調査した（印象主義画家のような）同業者によって構成される創造的な集団とは違って，デザイン・ディスコースの集団は，マネジャーを含む異なったカテゴリーの解釈者を受け入れている。

例えば，1950年代にミラノでは，企業家（カルテルのチェーザレ・カッシーナ（Cesare Cassina）やジウリオ・カステリ（Giulio Castelli），エラム（Elam）のエツィオ・ロンギ（Ezio Longhi）など）や，建築家（ジオ・ポンティ（Gio Ponti），マルコ・ザヌーゾ（Marco Zanuso），ガエタノ・ペッシェ（Gaetano Pesce）など），革新的な小売業者（テクノ（Tecno）のオズヴァルド・ボルサーニ（Osvaldo Borsani），マッダレーナ・デ・パドヴァ（Maddalena De Padova，ディーノ・ガビーナ（Dino Gavina）など），技術のサプライヤー（ピエリ（Pirelli）のエンジニアであるカルロ・バラシ（Carlo Barassi）など）の小規模な集団によるデザイン・ディスコースが発展した。これらの参加者の中には定期的に面会している者もいた。

アルベルト・アレッシィは，ミラノでのまだ駆け出しの頃に，家庭に関する製品を販売していたいくつかの産業の企業家からなる小さな集団である「グループ・オブ・ナイン（group of nine）」の議論に参加していたことを思い出す。これらの企業家たちは，家庭のライフスタイルの世界のビジョンを共有し，展示会を行い，『モド（Modo）』や『オッタゴノ（Ottagono）』のようなアバンギャルドなデザイン雑誌をつくった。

この協力的な姿勢は，今日も生き続けている。2005年に，著者はクラウディオ・デルエラ（Claudio Dell'Era）とともに，イタリアの製造業のカタログから2,000の製品（照明・テーブル・イス・ソファー）の分析を行った[40]。私たちは，デザインの観点から最も革新的な製品ライン（少なくても1つはデザインアワードを獲得している企業）と，そうでない企業を比較した。特に，異質

性の主な測定法であるジニ係数（Gini Index）を用いて，様々なサイン（材料・色・形・表面・スタイル）を使っている革新的な会社によって，どのような製品が販売されたかを分析した。

　革新的な会社のクラスターの異質性は，革新的でないクラスターより著しく「低い」ことが分かった。すなわち，革新的な会社は同じサインを使用し，同質の製品言語を用いており，その一方で，追随者は市場で支配的となった製品を見つけるまで，その方針がぶれており，最終的に支配的な製品を模倣することになる。これは，革新的な会社が小さな集団を通して洞察を共有し，サインの世界を理解し，影響を与える能力を増強することを示している。

　新しい集団の出現は，デザイン・ディスコースにおいて混乱の兆候となり，支配的な意味において将来性のある変化の初期の表れとなる。会社は，初期段階で将来性のある集団を特定し，彼らと特権的な関係を築くことによって大きな優位性を獲得するかもしれない。しかしながら，その実践が課題を与えるかもしれない。

　新しい集団は，初期段階では，定義上は議論の主流の外側に存在する。当初，彼らは内部でコンセンサスを得て自信をつけるまでは，暗黙に内密な活動を行いがちである。そして，彼らの実験と情報の価値を保護し，外部の破壊的な批判を避けるために，会員だけが参加できるようにする。このようにして，メンバーが自分自身を精鋭集団と考えるようになる。

　それゆえに，出現しつつある新たな集団を特定することは，弱いささやきを感じ取るために，デザイン・ディスコースに自身を没頭させ，その集団があなたを確かに迎え入れるように投資を行うことを意味している。それは，集団の「メンバー」になること――デザイン・ディスコースにおける活発な参加者になることを示している。さらにこのことは，主要な解釈者として，議論や活動の場にビジョンや実験の基盤となる価値を提供する者として認識されるようになることの重要性を強調している。

陳腐化

過去10年でトップ10に入るデザイナーのリストをつくることは簡単である。しかし，私は実質的に彼らのうちの半分以下は次の10年でトップ10に入らないと確信している。そのときまでに彼らの言語はもはや斬新ではなくなり，広く模倣されるようになる。また，彼らの興味と活力は衰えていく。ときには成功を台無しにしてしまうこともある。それゆえ，もし革新的な新しい言語を創造し，競争の最前線に残りたいなら，常に新しい才能を探し続ける必要がある。

―アルベルト・アレッシィ

　デザイン・ディスコースにおいて独特の対話を行うことには，多大な努力を必要とする。それは企業のシニアエグゼクティブが直接関与し，没頭することを要求する。最も大事なことは，「蓄積された」投資の結果である。あなたが主要な貢献者として名声を得る前の初期段階では，集団のメンバーとして認められ，主要な解釈者を引きつけることは難しい。しかし，あなたが対話を開始した後（おそらく媒介者の力を借りて）はディスコースにおいて，次第に中心的なポジションを手に入れることができる。それから，洞察と解釈がスムーズに流れる。

　アレッシィは現在，要求していないにもかかわらず，毎月何百ものデザインを受け取っている。企業は，その栄誉を当てにして，新しい解釈者のネットワークづくりの投資を削減すべきであろうか？　アルベルト・アレッシィの答えに疑う余地はない。デザイン・ディスコースは不運にも陳腐化に苦しめられている。今日の主要な解釈者は明日のそれではない。ある時点で過去の成功にすがっている同じ解釈者に頼ることは，イノベーションに対してさらなる壁をつくることにさえなり得る[41]。そのため，ネットワークは常にリフレッシュさせておくべきである。

解釈者は，いくつかの理由で陳腐化する。1つ目は，内因性の力によるものである。ファレルが示したように，協調的な集団は，形成され，発展する初期段階から，創造的かつ共同での作業を行う最も重要な段階を経て，創造性を失い，集団が分散する最終段階へ移行するような放物線のライフサイクルに従う[42]。例えば，メンフィスは7年で終焉を迎えた。

　戦略的な観点から見ると，解釈者の価値は最終段階に入る前であっても低下することがある。ひとたび解釈者の才能が認められると，その考え方はしばしば探索することから利用することに移行する。画期的なビジョンの漸進的な再解釈に焦点を当て始め（漸進的なイノベーションのための実践には適しているが，デザイン・ドリブン・イノベーションには向いていない），他者がそれを模倣し，ときにはその解釈者自身が競合相手のためにデザインをすることもある（マイケル・グレイブスがターゲットの主要な協力者となったときに起きたように）[43]。

　解釈者の陳腐化に関する2つ目の理由は，外因性によるものである。それは，コンテクスト（文化，またはしばしば技術）の変化がネットワークを強制的に変化させ，意味と言語の将来的な変化を調査するための能力を無力化してしまうことである。例えば，B&Oの大きな課題は，娯楽向けの新しいメディアの出現と同様に，デジタルオーディオとデジタルビデオの出現である。アルテミデは，照明器具の価値を変化させ，間接照明に新しい選択を与えるLED技術の普及に直面しているに違いない。

　両者の課題は，技術の変化だけではなく，彼らの解釈者のネットワークの再構築をも必要とさせる。なぜなら，技術が人々の生活を変化させるために，彼らは新しいビジョンと解釈を必要とするからである。これらの企業にとって，過去の成功がこの脅威をより大きくすることさえある。デザイン・ディスコースでより中心的なポジションを取ろうとすればするほど，よりこの資産を無力化する動きを避け，最低限の投資でそのポジションを維持しようという気になる。B&Oは，フラット画面のテレビの新しいデザイナーを発掘するために，目隠し審査（blind judging）でコンペティションを開催した。その勝者は，企

業自身が評価していたデザイナーであるデビッド・ルイス（David Lewis）であった[44]。

　文化や技術の放物線の形をした変化の異なる波に次々に乗り移ることによって，数十年も成功し続けているアレッシィやB&Bイタリア，カルテルのようなイタリアの家具製造業者は，二元的な構造をした大規模な解釈者のネットワークを維持しようとする。この構造では，周辺で新しい世界との接点を探索する自由な協力関係を持ちながらも，中心では現在の製品ポートフォリオの豊富な発生源である有名デザイナーを維持している。解釈者は後に居場所がなくなったときにだけ，定期的に周辺から中心へと移動する[45]。

　アレッシィは，デザイン・ドリブン・イノベーションを実現するだけでなく，新しい解釈者を見つけるためにも，5年から10年毎に革新的な研究プロジェクトを行う。そのようなプロジェクトの1つであるティー・アンド・コーヒー・ピアザは，1979年に始まり（詳細は第8章），製品を今までデザインしたことがない10人の建築家を採用した。最終的には，アルド・ロッシ（Aldo Rossi），マイケル・グレイブスという2人の将来性のあるデザイナーを選択した。それから，1990年代初頭にはファミリー・フォローズ・フィクション（第3章参照）とメモリー・コンテナーズ（Memory Containers）などのプロジェクトが行われた。2001年から2003年に行われたティー・アンド・コーヒー・タワーズでは，3人の日本人と1人の中国人を含む約20人の新しい建築家に協力を要請している。

　アルベルト・アレッシィはCAD（computer-aided design）の出現によって，今までにない新しい形をひらめくことができることに期待している。「これらの建築家は，鉛筆のようにコンピュータを使うことができる。昔ながらのデザイナーにとって，鉛筆が直接デザインの核心に触れていたように，彼らはPCを巧みに操ることができる。これによって，今まで見られなかった形を実現することができる」。これらの建築家のうちの7人は，多くの消費者がお気に入りの監督の次回作を待つような期待を持って，製品の開発に携わっている。

第7章　耳を傾ける

【注】

1) メディアに関しては,
   Jay Greene, "Where Designers Rule: Electronics Maker Bang & Olufsen Doesn't Ask Shoppers What They Want ; Its Faith Is in Its Design Gurus," *BusinessWeek*, November 5, 2007.
   Jeffrey F. Durgee, "Freedom for Superstar Designers? Lessons from Art History," *Design Management Review* 17, no.3 (Summer 2006): 29-34.
   を参照のこと。
   スーパースターの固定観念の例は,高級家具製造業に挑戦するイケアによってつくらされた架空のデザイナーであるバン・デン・プープ（Van den Puup）である。英国のイケアの宣伝に現れるバン・デン・プープは,気まぐれでエリートな教祖的存在の典型的な象徴を持っている。彼が贅沢なライフスタイルの最新のルールとして命じた,フィリップ・スタルクとマーシャル・ワンダース（Marcel Wanders）の間のような中途半端なきらびやかな形を,イケアが低価格で同じものを製造できることを見たとき,彼はかんかんに怒る。詳細は彼のウェブサイト http://www.elitedesigners.org/ を参照のこと。

2) Steve Hamn, "Richard Sapper: Fifty Years at the Drawing Board," *BusinessWeek*, January 10, 2008, http://www.*businessweek*.com/magazine/content/08_03/b4067038197222.htm.

3) Claudio Dell'Era and Roberto Verganti, "Strategies to Leverage on Creative Networks in Design-Intensive Industries" (paper presented at the 14th International EurOMA conference, Ankara, Turkey, June 17-20, 2007). を参照のこと。
   この分析は,98の会社とそのデザイナーの間での658の協力関係のサンプルに焦点を当てている。イノベーター（サンプルの25％）は,イタリアで最も権威のあるデザイン賞であるコンパソ・ドーロを受賞した会社である。協力に関するデータは,イタリアの家具産業に関する最も包括的なデータベースであるWebmobili(www.webmobili.it)から得られた。

4) Peter Lawrence, "Herman Miller's Brian Walker on Design," *@issue* 12, no.1 (Winter 2007): 2-7.

5) 私たちは解釈者を探索するとき,包括的な組織（白物家電製造業者など）や分類（例えばジャーナリスト）を探さないことを覚えておかなければならない。私たちが探すのは特別な人々—例えばスナイデロのマネジャーや,シュテルン出身のジャーナリストである。

6) Roberto Verganti and Claudio Dell'Era, *I Distretti del Design: Modello e quadro coparato delle politiche di sviluppo* [The Design Districts: A Model and a Comparative Framework of Development Policies] (Milano: Finlombarda, 2003).

7) デザイン・ドリブン・イノベーションを支援する効果的な政策に関する議論は,付録B

を参照のこと。
8) 過去数年間のいくつかの研究では，企業が，ユーザーや科学者，発明家などを含む，多くの匿名の外部の貢献者たちを源泉とすることによってイノベーションを興し，発展させることを示す，イノベーションへの開かれたアプローチを促進してきた。しかしながら，筆者とゲイリー・ピサノ（Gary Pisano）との最近の研究では，興味のあるオプションでも，開かれたイノベーションが第三者を利用するための唯一でも，最も優れた方法でもないことを示してきた。「開かれた」「閉じた」の選択（本書で述べられているように，主要な外部の集団の，選択されて，独特で，特権的な関係との協力に基づくもの）は，手近なイノベーションの問題に厳格に依存している。特に，デザイン・ドリブン・イノベーションは，曖昧で（成文化された仕様や機能よりむしろ，意味や製品言語のような目に見えない特徴に基づくもの），不可欠で（独立に解決される小さくモジュール化された問題に分けられない），複雑で，そして外部の貢献者によってテストすることが難しい，イノベーションの問題を解決することで成り立っている。この場合，私たちは協力関係の閉じられたモードがより効果的な方法であることを示している。直面した問題による最も適切な協力関係のモードの選択において，マネジャーを導く詳しい枠組みに関しては，

Gary P. Pisano and Roberto Verganti, "Which Kind of Collabration Is Right for You? The new leaders in innovation will be those who figure out the best way to leverage a network of outsiders," *Harvard Business Review* 86, no.12 (December 2008): 78-86.

を参照のこと。

9) Giulio Castelli, Paola Antonelli, and Francesca Picchi, *La Fabbrica del Design: Conversazioni con i Protagonisti del Design Italiano* [The Design Factory: Conversations with the Protagonists of Italian Design] (Milano: Skira Editore, 2007).

10) ミラノ工科大学は1995年にイタリアで最初のインダストリアルデザインの大学院課程を創設し，2000年にその1期生が卒業した。ミラノには，初歩的なデザインスクールはいくつかあったが，大学院レベルのものはなかった。

11) Tom Wolfe, *From Bauhaus to Our House* (New York: Farrar, Straus and Giroux, 1981).

12) Pallavi Gogoi, "Michael Graves: Beyond Kettles," *BusinessWeek*, August 18, 2005, http://www.*businessweek*.com/innovate/content/aug2005/id20050818_669685.htm

13) Claudio Dell'Era and Roberto Verganti, "Strategies to Leverage on Creative Networks in Design-Intensive Industries."

14) Alessio Marchesi, "Business Classics: Managing Innovation through Product Longevity" (PhD diss., Politecnico de Milano, 2005). から引用。

15) 技術の予測に関する研究は，産業間の水平移転と区別するために，これらの「垂直の」技術移転を要求する。詳細例は，Eric Jantsch, *Technological Forecasting in Perspective*

(Paris: Organisation for Economic Co-operation and Development, 1967). を参照のこと。
16) "Memphis Remembered," *Designboom*, http://www.disignboom.com/eng/funclub/memphisremenber.html.
17) しばしば数年間にわたる，デザイン・ディスコースでの相互作用の複雑な連鎖に沿って移動する新しい意味について議論する原理をさらに強調するために，私は，メンフィスが最初で唯一ポストモダン言語を探索し，収集したわけではないことを指摘しなくてはならない。イタリアでは，ミラノのアルキズーム（Archizoom）やスーパースタジオ（Superstudio），アルケミア（Alchmia）のような集団，そして初期の実験を主導したトスカーナのアンチデザイン活動，ピカソやモンドリアン，カンディンスキーのような芸術家もまた，エットーレ・ソットサスに影響を与えている。
18) "Ettore Sottsass: Designer Who Helped to Make Office Equipment Fashionable and Challenged the Standard Notion of Tasteful Interiors," *Timesonline*, January 8, 2008, http://www.timesonline.co.uk/tol/comment/obituaries/article3118052.ece.
19) "Memphis Remembered."
20) 第3章で示したアレッシィのファミリー・フォローズ・フィクション・プロジェクトは，メンフィスの感情的で象徴的な作品がどのように消費者向け製品に影響を与えるかを示している。第8章では他の例としてアレッシィのティー・アンド・コーヒー・ピアザについて議論している。
21) "Memphis Remembered."
22) イタリアの企業家は，注意深くデザイン・ディスコースを育てている。彼らがまだ無名なときに，才能のあるデザイナーに補助し，研究を先導させ，新しいビジョンを探索させる例が多くある。家具製造業者の主要な会社であるカッシーナの創立者で社長でもあるチェーザレ・カッシーナは，ガエタノ・ペッシェの月毎のチェックを長期間行った。オリベッティは，ソットサスやデ・ルッキのような卓越したデザイナーのホストであった。マルコ・イアンシティ（Marco Iansiti）とロイ・レビアン（Roy Levien）は，*The Keystone Advantage* (Boston: Harvard Business School Press, 2004（邦訳：杉本幸太郎訳『キーストーン戦略―イノベーションを持続させるビジネス・エコシステム』翔泳社，2007年))において，ハイテク産業で同様の現象を調査し，効果的な会社が産業のエコシステムの健全を理解し，維持していることを示している。
23) この見方はジョセフ・シュンペーター（Joseph A. Shumpeter）によって行われた研究でつき止めることができる。詳細は，
Shumpeter, *Theory of Economic Development* (Cambridge, MA: Harvard University Press, 1934（邦訳：塩野谷祐一，東畑精一，中山伊知郎訳『経済発展の理論―企業者利潤・資本・信用・利子および景気の回転に関する一研究』岩波書店，1977年))．を参照のこと。最近の研究では，

243

Rebecca M. Henderson and Kim B. Clark, "Architectural Innovation: The Reconfiguration of Existing Product Technologies and the Failure of Established Firms," *Administrative Science Quarterly* 35 (1990): 9-30.

Bruce Kogut and Udo Zander, "Knowledge of the Firm, Combinative Capabilities and the Replication of Technology," *Organization Science* 3, no.3 (1992): 383-397.

を参照のこと。

24) Tom J. Allen, *Managing the Flow of Technology* (Cambridge, MA: MIT Press, 1977（邦訳：中村信夫訳『"技術の流れ"管理法―研究開発のコミュニケーション』開発社，1984年））。

Andrew Hargadon, *How Breakthroughs Happen: The Surprising Truth About How Companies Innovate* (Boston: Harvard Business School Press, 2003).

Andrew Hargadon and Robert I. Sutton, "Building an Innovation Factory," *Harvard Business Review* (May-June 2000): 157-166.

Lee Fleming and Matt Marx, "Managing Creativity in Small Worlds," *California Management Review* 48, no.4 (Summer 2006): 6-27.

を参照のこと。

25) Andrew Hargadon and Robert I. Sutton, "Technology Brokering and Innovation in a Product Development Firm," *Administrative Science Quarterly* 42, no.4 (December 1997): 716-749.

Paola Bertola and Carlos J. Texeira, "Design as a Knowledge Agent: How Design as a Knowledge Process Is Embedded into Organizations to Foster Innovation," *Design Studies* 24 (2003): 181-194. も参照のこと。

26) カルテルの多くのプラスチックの家具（アントニオ・チッテリオ（Antonio Citterio）によって1994年にデザインされたモービル（Mobil）など）や1991年のアレッシィのファミリー・フォローズ・フィクションの台所用品，フィリップ・スタルクによって1991年にデザインされたフロスのミス・シィシィ・ランプ（Miss Sissi lamp），ロウェンタ（Rowenta）のアイロンのような電気製品が良い例である。

27) 技術的なイノベーションの分析は，ナレッジを供給する仲介者と，解釈者との接触を提供する媒介者の区別の調査もしてきた。

前者は，まだつながっていない世界を分離したまま，イノベーションを生み出す有益なネットワークを探索する傾向がある。詳細は，

Roland S. Burt, "Structural Holes and Good Ideas," *American Journal of Sociology* 110 (2004): 349-399.

を参照のこと。

後者は，つながっていない個人を紹介し，彼らの間の協力を容易にするために，より社

会的に建設的な役割を果たす。詳細は,

David Obstfeld, "Social Networks: The *Tertius Iungens* Orientation, and Involvement in Innovation," *Administrative Science Quarterly* 50 (2005): 100-130.

を参照のこと。

28) 例えば,

Ikujiro Nonaka and Hirotaka Takeuchi, *The Knowledge-Creating Company: How Japanese Companies Create the Dynamics of Innovation* (New York: Oxford University Press, 1995 (邦訳：梅本勝博訳『知識創造企業』東洋経済新報社, 1996年)).

を参照のこと。イノベーションにおける暗黙知の重要性に関しては,

Eugene S. Ferguson, "The Mind's Eye: Nonverbal Thought in Technology," *Science* 197, no.26 (1997): 827-836.

を参照のこと。

29) その本には, 50以上のインタビューを通して, 主に起業家（デザイナーもいる）によって直接語られたイタリアのデザイン・ディスコースの計り知れない価値がある。不運にも, 今のところイタリア語でしか利用できない。

Castlli, Antonelli, and Picchi, *La Fabbrica del Design: Conversazioni con i Protagonisti del Design Italiano* [The Design Factory: Conversations with the Protagonists of Italian Design].

30) この節では, 企業がどのようにデザイン・ディスコースの地理を扱うかを示している。しかしながら, その分析にはまた, 彼らの地域でデザインとイノベーションへのより革新的なアプローチを育てたい政策立案者に対しても重要な示唆がある。デザインとイノベーションの政策に対するこの分析の示唆は［付録B］を参照のこと。

31) Richard Florida, *The Rise of the Creative Class: And How It's Transforming Work, Leisure, Community, and Everyday Life* (New York: Perseus Books Group, 2002 (邦訳：井口典夫訳『クリエイティブ資本論―新たな経済階級の台頭』ダイヤモンド社, 2008年)).

進歩的政策研究所（Progressive Policy Institute）とケース・ウェスタン・リザーブ大学（Case Western Reserve University）による共同研究によると, 1,000人のロチェスターの労働者のうち平均2.33の有用なパターンが, 1996年から1998年の3年間を越えて示された。アメリカの平均は0.40であった。

32) Verganti and Dell'Era, *I Distretti del Design: Modello e quadro comparator delle politiche di sviluppo* [The Design Districts: A Model and a Comparative Framework of Development Policies].

33) 第6章で述べたように, 巡回するセントロ・スチュディ・アレッシィは, 世界中の主なデザインスクールでワークショップを開催した。それは申し込みなしに参加できるときもあった。学者が, 科学的な仕事におけるインセンティブの動態を調査してきたことに

も注意したい。これらの分析では，科学者がもし収入が減っても科学者になりたいと思うことを示している。
Scott Stern, "Do Scientists Pay to Be Scientists?" *Management Science* 50, no.6 (June 2004): 835-853.

34) 急進的なイノベーションのプロセスにおける柔軟さの重要性に関しては，
Alan MacCormack, Roberto Verganti, and Marco Iansiti, "Developing Products on 'Internet Time': The Anatomy of a Flexible Development Process," *Management Science* 47, no.1 (January 2001): 133-150.
Alan MacCormack and Roberto Verganti, "Managing the Sources of Uncertainty: Matching Process and Context in Software Development," *Journal of Product Innovation Management* 20, no. 3 (May 2003): 217-232.
を参照のこと。

35) Roberto D. Austin and Daniela Beyersdorfer, "Bang & Olufsen: Design-Driven Innovation," Case 9-607-016 (Boston: Harvard Business School Press, September 2007).

36) Roberto Pellizzoni, *Kartell SpA*, Report of the European Value Network Project IPS-2001-42062.

37) Lawrence, "Herman Miller's Brian Walker on Design." からの引用。

38) Austin and Beyersdorfer, "Bang & Olufsen: Design-Driven Innovation,"

39) Michael P. Farrell, *Collaborative Circles: Friendship Dyamics and Creative Work* (Chicago: University of Chicago Press, 2003).
Charles Kadushin, "Networks and Circles in the Production of Culture," *American Behavioural Science* 19 (1976): 769-785. も参照のこと。

40) Claudio Dell'Era and Roberto Verganti, "Strategies of Innovation and Imitation of Product Languages," *Journal of Product Innovation Management* 24 (2007) : 580-599.

41) カデューシン（Kadushin）は，独特で時々「不公平な」性質を持つ集団がイノベーション（特に初期）と妨害（成熟期）の両方の資源となり得ることを強調している。詳細は，Charles Kadushin, "Social Circles and the Organization Environment" (paper presented at the 20th Sunbelt Social Network Conference, Vancouver, April 13-17, 2000).
を参照のこと。この観察は，科学において可視化されない集団を調査することで明らかになったことである。研究者のまとまりのあるクラスターが一度形成されると，新しい情報から自尊心を傷つけられたまま，革新的な変化をしたがらない傾向がある。

42) Farrell, *Collaborative Circles: Friendship Dynamics and Creative Work*.

43) これについての最新の例はさらに異常なものである。デザイナーは，イタリアの製造業者で同意されている排他性によって縛られていないけれども，彼らはほとんど直接の競合他社には協力しない。評判（これは創造的な集団とコミュニティ内では強力な影響力

を持つ）が，この機会への振る舞いを妨げている。しかし特に，集団が下り坂に近づいてくると，名声と職位を利用するための誘惑が，競合他社のために働くメンバーにかけられる。それゆえ，この潜在的な脅威が，イノベーションを起こす企業にとって，新しい解釈者を探索し続けるためのインセンティブとなる。

44) Austin and Beyersdorfer, "Bang & Olufsen: Design-Driven Innovation,"
45) Antonio Capaldoは，"Network Structure and Innovation: The Leveraging of a Dual Network as a Distinctive Relational Capability," *Strategic Management Journal* 28 (2007): 585-608.の中で，イタリアの家具メーカーにおける2層のネットワークの構造とその動態を詳細に分析した。

第8章 解釈する

[自らのビジョンを展開する]

多くの人々は，ケトル 9093 は創造性のひらめきの結果だと考える。おそらくある朝，さえずる鳥が付いたケトルのイメージが，マイケル・グレイブスの心にポッと浮かんだ，と。その憶測は現実ではない。ケトル 9093 はむしろ，アレッシィによる何年もの研究の結果である。(挿絵：アレッシィのケトル 9093)

挿絵：Daniele Barillari

デザイン・ディスコースの解釈者と独占的な関係を築くことだけが，デザイン・ドリブン・イノベーションのプロセスにおける最初のアクションである。これは会社が，ナレッジと解釈へアクセスするために不可欠な行為である。しかし，それだけで十分というわけではない。

このナレッジは，会社自体のビジョンと提案を創造することを通して，プロセスを活性化するに違いない。企業が自ら研究と実験を行うことで，急進的な新しい意味と言語を発展させることができる。

この章では，解釈と創造のプロセスがどのように展開されたのかを示すために，アレッシィのティー・アンド・コーヒー・ピアザ，アルテミデのライト・フィールド（Light Fields），バリラのビヨンド・プリモ・ピアット（Beyond Primo Piatto），アーサー・ボネット（Arthur Bonnet）のデザイン・ディレクション・ワークショップ（Design Direction Workshop）を例として示す。それぞれ異なる形態であり，これらのプロセスにアプローチするために，1つの最適な方法がないことが分かるだろう。しかしながら，すべての例で共通する特徴は存在する。それはデザイン・ドリブン・イノベーションのプロセスが，研究プロジェクトであることである。それは探究的で，革新的な製品群や新しいビジネスそのものを創造し，製品開発の前に行われる（図8-1参照）。それは，典型的なコンセプト開発で行われる短期的な創造性やブレーンストーミングによるものではなく，むしろ技術研究のような，単純で連続的な10ステップの規則でイノベーションを拘束しようとするのを回避するような奥深い研究である。

アレッシィのティー・アンド・コーヒー・ピアザ

これまで多くの人が，建築家であるマイケル・グレイブス作の，注ぎ口に小さなプラスチックの鳥が取り付けられている，風変わりな円錐形のケトルを見ている。1985年にそのケトルが紹介されて以来，アレッシィはその高価なケトルを150万個以上売った。ケトル9093は，ポストモダンのデザインの最初

図8-1
研究としてのデザイン・ドリブン・イノベーションのプロセスとイノベーションの他の段階に関連するその位置づけ

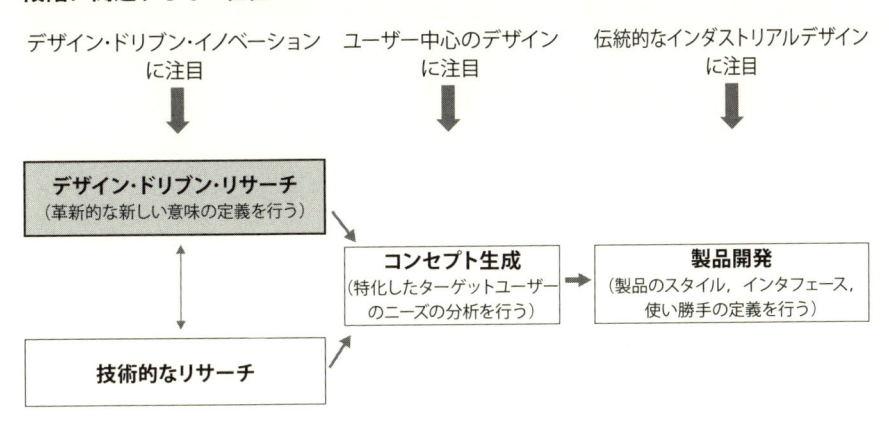

```
デザイン・ドリブン・イノベーション       ユーザー中心のデザイン        伝統的なインダストリアルデザイン
        に注目                          に注目                         に注目
           ↓                             ↓                              ↓
┌──────────────────────┐
│ デザイン・ドリブン・リサーチ │
│ （革新的な新しい意味の定義を行う） │────→┌──────────────────┐      ┌──────────────────────┐
└──────────────────────┘      │   コンセプト生成    │─────→│      製品開発         │
           ↕                          │（特化したターゲットユーザー│      │（製品のスタイル，インタフェース，│
┌──────────────────────┐       │  のニーズの分析を行う）  │      │ 使い勝手の定義を行う）    │
│    技術的なリサーチ      │──────→└──────────────────┘      └──────────────────────┘
└──────────────────────┘
```

の例の1つである。初期のケトルは様々な形、大きさであったが、目的はほとんど例外なしに実利にかなうものであった。それゆえ、それらの形はモダンデザインの教訓通り、機能（お湯を沸かす）に従っていた。

　ポップアートとアールデコの基準が統合されるところでは、議論の余地なく独創的であるけれども、「ケトルとは何なのか」「何をするものなのか」、そして実際に「朝食という行為の本質は何なのか」というように人々が考える中では、ケトル9093は多大な独自性を発揮していた。ケトルが発する鳥のような笛の音は、単なる合図でも、ましてや頭痛の種になることもなく、アロマコーヒーと同じぐらい力強く、朝食が用意されたテーブルに人々を引き寄せる。小さなプラスチックの鳥は、音の合図と喜びに満ちた形は、それ自体が喜びであることを視覚的に示している。BusinessWeek.comのインタビューで、グレイブスは、かつてフランスの詩人から次のように書かれたポストカードを受け取ったことがあると話した。「私は朝起きるとき、いつも不機嫌なんだ。しかし、今は朝起きるとケトルをセットし、ケトルが歌いだすと私は笑顔になる。

第2部　デザイン・ドリブン・イノベーションのプロセス

これはやられた！」[1]

　イノベーション・マネジメントの学者として，私はこのプロジェクトをとても気に入っている。なぜなら，それが常識と平凡なデザインの固定観念に反抗しているからである。多くの人々は，ケトル9093が創造的なひらめきによるものだと考えている。おそらく，ある朝マイケル・グレイブスがシャワーを浴びていると，さえずる鳥の付いたケトルのイメージが，彼の心にポッと浮かんだのだろう。その憶測は現実ではない。むしろ，ケトル9093は，ティー・アンド・コーヒー・ピアザと呼ばれるプロジェクト（1979年に公式に開始され，その起源は1970年代初頭にまで遡る）における数年の研究の結果である[2]。このプロジェクトの主要な原動力となったのはデザイナーではなく，CEOのアルベルト・アレッシィである。彼はデザイン・ドリブン・イノベーションのプロセスとしてその研究を受け止めていた。「私たちは全く新しく，革新的な何かを行う必要があった。そしてそれを実現するために，新しい言語を創造でき，今までこの領域を経験していない，新しい才能が必要であった」。

　その当時，グレイブスは商品をデザインしたことはまだなかったが，アメリカでは有名なポストモダンの建物をいくつかデザインしていた（それらの表面は装飾され，初期の建築の表現法，モダニストのタブーを参考にしていた）。彼のインダストリアルデザインの才能を見抜き，彼に初めてコンタクトをとったのがアレッシィであった。「私たちは時機を得ていた。私たちがアメリカで彼を訪問したとき，彼は私たちに，ちょうどよいときにいらした，と話した。彼は将来，時間の50％をプロダクトデザインのために使いたがっていた」とアレッシィは言っている。

　現在，グレイブスは有名なデザイナーである。しかし，アメリカの製造業者は，アレッシィが見つけるまでは彼の才能を見逃していた。モデル9093の成功は，低価格で洗練されたデザインを提供することで知られる小売業のターゲットの注意を引いた。ターゲットは1999年にこのバード・ケトルの廉価版を含む，新しい製品ラインをデザインするために彼を招いた。アレッシィがターゲット版のケトルの5倍の値段もするモデル9093を大ヒットさせ続けて

いることこそが，オリジナルの神秘性の証であった。研究者として，私はこの珍しい状況に好奇心をそそられた。なぜなら，同じデザイナーがオリジナルと廉価版をデザインしていて，モデル9093の決定的な価値は会社そのものにあるように思えるからである。アレッシィはどのようにその研究プロセスを構築したのだろうか？

　その時期のマイケル・グレイブスは，アルベルト・アレッシィの目の中でだけ輝いており，エットーレ・ソットサスはメンフィスの共同体に参加し始めていた（第7章参照）。アレッシィは，ミラノでのデザイン・ディスコースに夢中になっていた。彼はトリエンナーレ（Triennale：地元の建築とデザインに関する文化センター）で，他の起業家に1年に数回会い，彼はアバンギャルドなデザイン雑誌『モド（Modo）』の創刊の手伝いをし，すでに地元の建築家とプロジェクトを行っていた。そして，1970年代後半に人気となる製品をデザインしたソットサスとは，すでに親密なコンタクトをとっていた。

　議論が進むにつれ，アレッシィは，彼の企業の台所用品が斬新なデザイン言語を必要としていることを認識し，一般的な商品をデザインしたことのない外国人の建築家が，その言語の語彙と文法を開発するために適していると信じるようになった。彼は，そのプロジェクトをティー・アンド・コーヒー・ピアザと呼び，ミラノの建築家と，彼の親密な友だちであるアレッサンドロ・メンディニに，他の10人の建築家を選び，活動に協力してくれるよう頼んだ。メンディニは，グレイブスと同様にポストモダンのデザイナーとして有名なオーストリアのハンス・ホライン（Hans Hollein）やアメリカのロバート・ヴェンチューリ（Robert Venturi）を選んだ。

　アレッシィは，11人の建築家に対し，工業製品の次元にポストモダン建築の言語を持ち込むことによって，紅茶とコーヒーのサービスをデザインするように依頼した（よって，ティー・アンド・コーヒー・ピアザと名付けられた）。アレッシィは，例によって4つの要求に基づいて製品開発プロジェクトを先導した。それは，コスト，機能，コミュニケーション，そして感動である（詳細な議論はこの章の後半に行う）。しかし，これは新製品のデザインを目的とし

た開発プロジェクトではなかった。建築家たちは，新しく将来性のある意味を探究することを目的とした「研究」プロジェクトであると考えていた。アレッシィは，彼らに特にコミュニケーションと感動（それは私たちの枠組みでは，製品の象徴的で感情的な意味に関連する）に集中するよう伝えた。コストと機能の問題はその後の開発時に考えることである。

　ひとたび，アレッシィから大まかな方向性が与えられると，11人は別々に3年間働いた。ブレーンストーミングは一度も行われず，多様性のあるチームも組まれることはなかった。それは個人によって行われる研究と探究であった[3]。建築家たちの中で，グレイブスはコンセプトづくりと製品開発までをアレッシィに依頼された2人のうちの1人であった。CEOであるアレッシィは，彼にプロトタイプの意味と言語を維持した商用のケトルをデザインし，また，コストと機能に対しても要求を満たすように依頼した。

　モデル9093は，すぐにお湯が沸くように幅広い土台と，熟練工の仕事を思い起こさせる，目に見える位置にあるリベット，熱抵抗に加えて装飾として多層構造をした青いプラスチックのハンドル，抽象形態に基づくモダニズムの主張に反抗するように飛び立つ小鳥を備えていた。実際には，前回のケトル（リチャード・サッパーによってデザインされ，夜に通り過ぎる船を思い出させる低く調和した2つの笛を持つ）による会社の成功によって，笛を持つという仕様は，アレッシィがグレイブスに課した1つの条件であった。

　アレッシィは，会社が公に革新的な製品を発表する前に，その背景自体が用意されなければならず，さもなければ，どんな種類の製品を欲しがっているかについて相談されていなかった人々は，それをどのように認識してよいか分からないということを知っていた。それゆえに，グレイブスがケトルの商品化を行っている間，アレッシィはデザイン・ディスコースにおいて，ティー・アンド・コーヒー・ピアザの研究プロジェクトの成果を参加者に示すことに取り組んでいた。その意図は，台所用品に応用されたポストモダン・デザインの新しい言語と感情を広げるために，解釈者たちの魅力的な力を最大限に利用することであった。

図 8-2
アレッシィのティー・アンド・コーヒー・ピアザ・プロジェクトとケトル 9093 の開発

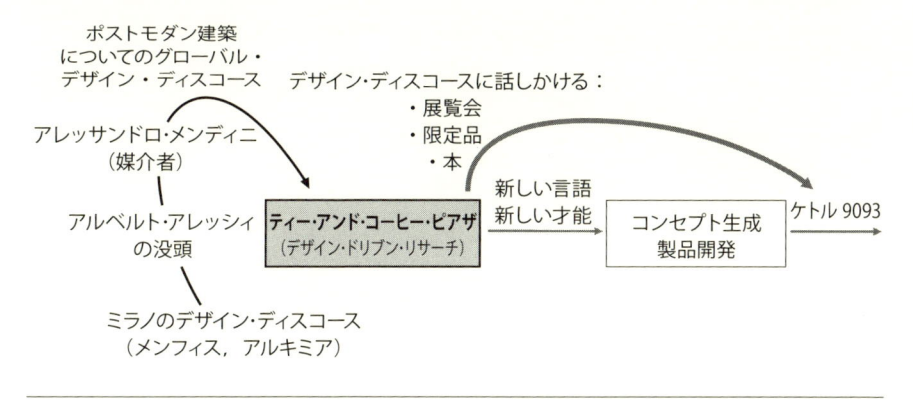

```
ポストモダン建築
についてのグローバル・        デザイン・ディスコースに話しかける：
デザイン・ディスコース              ・展覧会
                                  ・限定品
アレッサンドロ・メンディニ          ・本
（媒介者）
                        ┌──────────────────┐  新しい言語  ┌──────────┐
アルベルト・アレッシィ    │ ティー・アンド・コーヒー・ピアザ │  新しい才能  │ コンセプト生成 │ ケトル 9093
の没頭                  │ （デザイン・ドリブン・リサーチ）  │ ─────────→ │ 製品開発      │ ──────→
                        └──────────────────┘            └──────────┘
ミラノのデザイン・ディスコース
（メンフィス，アルキミア）
```

そうしてアレッシィは，次のようなステップを踏んだ。まず最初に，11人の建築家が創作したプロトタイプを展示するために，サンフランシスコ現代美術館やスミソニアンのような文化センターを説得した。彼はまたプロトタイプを99個の限定版として，それぞれ25,000ドルで影響力のあるコレクターと美術館に販売した。それからアレッシィは，プロトタイプを説明した本を作成し，広くデザインコミュニティに配布した。次には，世界中の高級デパートでプロトタイプの展示会を開催して回り，イタリアやそれ以外の国でもその展示会やプロジェクトについての記事が書かれるように報道関係者を招待した。彼は，デザインの熱狂的なファンの反応を念入りに追いかけた。製品の役割と意味を書き，話し続けることで，デザイン・ディスコースのメンバーは幅広い聴衆にその意味を広げていった。最終的に，デザイン・ディスコース自体がメッセージ増幅器として機能したのである（図8-2参照）。

アルテミデのライト・フィールド

ライト・フィールドは，アルテミデのメタモルフォシィの製品シリーズ（個

図8-3
アルテミデのライト・フィールド研究プロジェクトと一連のメタモルフォシィ製品の開発

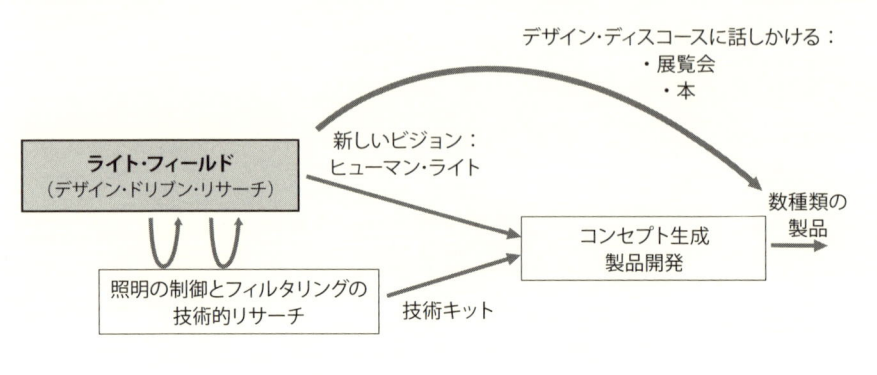

```
                                          デザイン・ディスコースに話しかける：
                                           ・展覧会
                                           ・本
              新しいビジョン：
              ヒューマン・ライト
 ┌──────────────┐
 │ ライト・フィールド │ ─────────────→  ┌──────────┐     数種類の
 │(デザイン・ドリブン・リサーチ)│              │ コンセプト生成 │ ──→  製品
 └──────────────┘              │  製品開発  │
     ↻  ↻                         └──────────┘
 ┌──────────────┐        ↗
 │ 照明の制御とフィルタリングの │ 技術キット
 │   技術的リサーチ   │
 └──────────────┘
```

別にカラフルな雰囲気を創造する照明システム（第2章で紹介した））の開発を導いた研究プロセスである。アルテミデは，世界中の競合相手が誰も考えたことのない，意味の革新的な変化を特定することに目的を定め，プロジェクトを開始した。人々は，この照明を美しさや技術的特徴ではなく，それが放つ光とそれがつくり出す感情のために購入するのである。

　メタモルフォシィは，意味と技術の両方が結びついた研究成果である（図8-3参照）。1995年に，会長であるエルネスト・ジスモンディと，ブランド戦略と開発のディレクターであるカルロッタ・デ・ベヴィラッキャが，生物学的，心理学的，文化的側面から光をとらえるためのプロジェクトを始めるために，親密な友人を集めた。そのチームは，薬学の知識を持った社会心理学の教授であるパオロ・インギレリ（Paolo Inghilleri）がコーディネーターとなり，アンドレア・ブランジ（Andrea Branzi）とエジオ・マンジーニという2人のデザインの理論家かつ教授（前者は建築家の経歴を持ち，後者はエンジニアと建築家の経歴を持つ），3人の建築デザイナー（ミケーレ・デ・ルッキ（Michele De Lucchi），ピエルルイジ・ニコリン（Pierluigi Nicolin），デニス・サンタキアラ（Denis Santachiara）），そしてマーケティングの専門家が参加し

た。参加者は，洞察やビジョンを共有するために打ち合わせを利用した。

　アルテミデは，ミラノ工科大学でのフィリップス・デザインと共同で行ったワークショップのように，同時に他の外部の解釈者とも付き合っていた。6ヵ月後，チームがヒューマン・ライト（人々の気分を良くするライト）のコンセプトをまとめたとき，イノベーションのプロセスは技術的な研究に移行した。そして，アルテミデのR&D部門が，色づけられた包囲光を個別に生み出す技術を完成させた。

　特許を取ったシステムは，技術キットという形をとった（最終的に独立の製品としても販売された）。技術キットと新しいヒューマン・ライトのビジョンは，個々のデザイナーが製品に形を与えることに集中している中で，伝統的な製品開発の段階へ進んで行った。これらのデザイナーの中には，ライト・フィールドの研究プロジェクトに参加していた者（エルネスト・ジスモンディやカルロッタ・デ・ベヴィラッキァなど）や，新しい参加者（アルド・ロッシやリチャード・サッパー，ハンス・ウェッツスタイン（Hannes Wettstein）など）がいた。アレッシィがモデル9093で行ったように，アルテミデはメタモルフォシィを紹介するために展示会や出版を行った。特に，チームメンバーによって書かれ，会社がデザインコミュニティに配布した『ライト・フィールド（Light Fields）』という小さな本は，初期の探究的なプロジェクトの中で発見されたことを要約したものであった。

バリラのビヨンド・プリモ・ピアット

　アレッシィとアルテミデによって行われたプロセスは，その組織と動態が異なっている。アルテミデは，デザイン・ドリブン・イノベーションを展開することに集中した一方で，アレッシィは，次の10年を背負う新しい才能を見つけることにも注力した。しかしながら，両者は共通の特徴を持っていた。これらの探究の初期の原動力は，主に「社会文化的」なものであった。アレッシィにとってはポストモダニズムの出現であって，アルテミデにとってはよく生き

第2部　デザイン・ドリブン・イノベーションのプロセス

ることへの意識を向上させることであった。一方で別の例として，新しい技術が逆に新しい意味の探索の推進力となる，技術が悟る瞬間が挙げられる。

この例として，パスタ製造の主要な会社であるバリラを取り上げる。ここでのデザイン・ドリブン・プロセスは，化学工学の経歴を持ったパスタ・ミール・ソリューション（Pasta Meal Solution）ビジネスのR&Dディレクターによって活性化された。彼のチームは，産業内で現在，主要なトレンドとなっている「利便性」に取り組む一方で，会社が本物の食料を生産できるような新しい生産方法と管理技術の開発を行っていた。観察によって，人々は食料を買い，調理する時間がないことが分かった。しかしながら，産業内に広がるロードマップの中で技術を単に応用するよりも，R&Dディレクターは，バリラが新しく，より強力な意味を切り開くことができるかどうかを認識したかった。

技術が悟る瞬間を求めるために，バリラは，自宅で食事を準備して食べることに関する人々の満たされていない願望を調査する目的で，デザイン・ドリブン・リサーチ・プロジェクトを始めた。バリラの伝統的なビジネスを超えた，新しい食の経験を求めたこのプロジェクトは，ビヨンド・プリモ・ピアットと名付けられ，3つのフェーズで構成され，新しい製品ファミリーのコンセプトを次第に焦点化するために5ヵ月以上の時間をかけた（図8-4参照）。

第1段階として，15人のバリラのマネジャー（R&Dからマーケティング，サービスから包装まで）が，食事の準備と食べるという行為の新しいシナリオの可能性を共有するワークショップを行った。バリラの従業員は絶えず，デザイン・ディスコースに集中していた[4]。バリラは，これらの見識に集中し，共有し，集めるためのプロセスが必要であると思った。このワークショップは，別のやり方では失われてしまう内部のナレッジを利用することを目的としていた。それは，もっと胸を躍らせる食品の調理や消費の社会的体験の中に，人々が長くいられるような革新的な新しいコンテクストに他者が光を当てる中で，より漸進的な食品の利便性のビジョンを確認する様々なシナリオを参加者に想像させた。

このワークショップを行った後，バリラは外部の解釈者とその結果を確認す

図8-4
デザイン・ドリブン・リサーチ・プロジェクトであるバリラのビヨンド・プリモ・ピアット

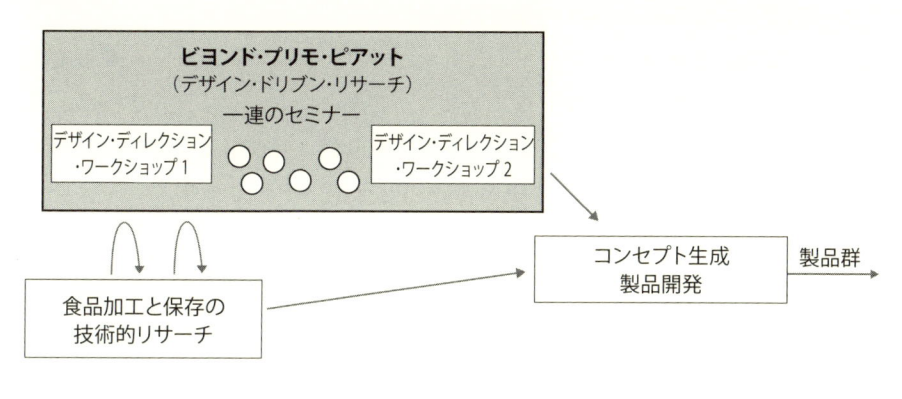

```
┌─────────────────────────────────────────┐
│         ビヨンド・プリモ・ピアット          │
│        （デザイン・ドリブン・リサーチ）      │
│              一連のセミナー                │
│  ┌──────────┐  ○ ○ ○  ┌──────────┐  │
│  │デザイン・  │  ○ ○    │デザイン・  │  │
│  │ディレクション│         │ディレクション│  │
│  │・ワーク    │         │・ワーク    │  │
│  │ショップ1   │         │ショップ2   │  │
│  └──────────┘         └──────────┘  │
└─────────────────────────────────────────┘
       ↓  ↓                      ↘
  ┌──────────┐              ┌──────────┐
  │食品加工と保存の│ ─────────→ │コンセプト生成│ → 製品群
  │技術的リサーチ │              │ 製品開発  │
  └──────────┘              └──────────┘
```

る段階に移行した（第7章参照）。外部の解釈者とはシェフ，『シュテルン（Stern）』のジャーナリスト，バリラと同じように人々が台所でどのような体験をしているかを観察している他の産業のマネジャー，デザイン企業である。バリラは，これらの解釈者と，ビジョンと体験を共有するために個別に面会した。それぞれの面会の後，バリラのシェフはプロジェクトで生まれた見識を実際に形にしたプロトタイプ（食事）を準備した。結局，第2段階のワークショップは，第1段階のワークショップのように，参加者を内部の解釈者だけに絞り，製品戦略を考えることに集中した。

デザイン・ディレクション・ワークショップ

バリラが用いたプロセスは，アレッシィやアルテミデによって行われたものより，構造化されたものであった。アレッシィやアルテミデは，まさしくトップの企業家の数人が，デザイン・ディスコースとの相互作用に集中することで実現した，正当性に欠けるアプローチに頼っていた。バリラのような大きな企

業は，解釈者との相互作用を行う上で，より大きな潜在能力を持っている。なぜなら，彼らの外部のインタフェースは，より豊かではっきりしているからである。しかしながら，この潜在能力を最大限に使うためには，デザイン・ディスコースに関心を向け，ナレッジを共有し，それを新しいビジョンに変えることで，より良い方向性を実現するプロセスが必要となる。バリラの事例は，企業がどのように構造化されたプロセスを創造すればよいかを示している。それは，一連のワークショップ，解釈者との相互作用，そしてデザイン・ドリブン・イノベーションへと次第に導かれる実験である。

そのワークショップには，特別な形式（私たちはそれをデザイン・ディレクション・ワークショップと呼んでいる）があり，デザイン・ドリブン・イノベーションのプロセスにおいて中心的な役割を担っている。私たちは，デザイン・ディスコースからナレッジを共有し，新しい意味と言語を特定することを目的とした，いくつかのデザイン・ディレクション・ワークショップに参加し，観察してきた。私たちの観察と実験は，これらのワークショップが典型的ないくつかの特徴を共有していることを明らかにした。それを次節以降で説明する（図8-5参照）[5]。

着想

デザイン・ディレクション・ワークショップで最初に行うことは，洞察力をつくり出すことである。会社がデザイン・ディスコースに集中する，主要な解釈者を特定すると（第7章参照），これらの解釈者が何ヵ月，何年にもわたって，明示的ないし暗示的に彼ら自身の研究を主導し，解釈を発展させてきた。ワークショップのまとめ役は，参加者に対し，彼ら自身の研究と特定のプロジェクトによって誘発された，探究の貢献を着想することを求める。参加者は，身近な問題にデザイン・ディスコースからのナレッジを応用するために，メタファーやアナロジー，ストーリー，プロトタイプなどの多様なメディアを通して，彼らの洞察に形を与え，この発展的で実験的な活動を利用する。例えば，プロトタイプをつくることによって，アレッシィのティー・アンド・コー

第8章 解釈する

図8-5
デザイン・ディレクション・ワークショップ

```
デザイン・ディスコース                デザイン・ディレクション・ワークショップ              新しい
での没頭からのナレッジ                    （デザイン・ドリブン・リサーチ）                ビジョン
                         着想    共有    つなぐ    選択    具現化する
```

ヒー・ピアザに参加した11人の建築家たちは，彼らの以前の建築に関する研究の台所用品への貢献を着想した。

　この活動は数週間か数ヵ月続く。それは，いくつかの創造的なアイデアを短時間に生み出す手法ではない。むしろ，本当の研究である。それぞれの参加者が新しいシナリオを着想できる可能性は，創造性ではなく，デザイン・ディスコースに以前から参加し，探究の道を発展させてきた範囲に基づいている。もしナレッジの基盤がなければ，何も着想できない。

共有

　第2の活動は，洞察を共有することである。これは，通常はチームとしての活動である。この目的は，これまでの活動の結果を持ち寄り，比較し，議論し，修正やさらなる新しい解釈を特定することで，洞察や見識を強化することである。

つなぐ

　第3の活動は，参加者によって着想された提案の間にある関係を見つけることによって，可能性のあるデザインシナリオをつくることである。効率的なア

プローチは，それぞれ対極に分類された様相を，いくつかの軸に整理することである。図8-6は，フランスの台所用品の製造業者であるアーサー・ボネットによって行われたワークショップから生まれた2つの次元の例である。1つの軸は，家庭における台所の中心的な役割に関するものであり，台所機能が可視化され，利用しやすいかどうかを表す「フロント・オフィス（front office）」と，台所が分離し専門化され，機能が隠されていることを表す「バック・オフィス（back office）」の2つの極性によっている。もう1つの軸は，家族が喜んで伝統的な生活習慣を再解釈するか，新しいライフスタイルを実験するかど

図8-6
台所用品の製造業者であるアーサー・ボネットによって開催されたデザイン・ディレクション・ワークショップで特定されたシナリオ

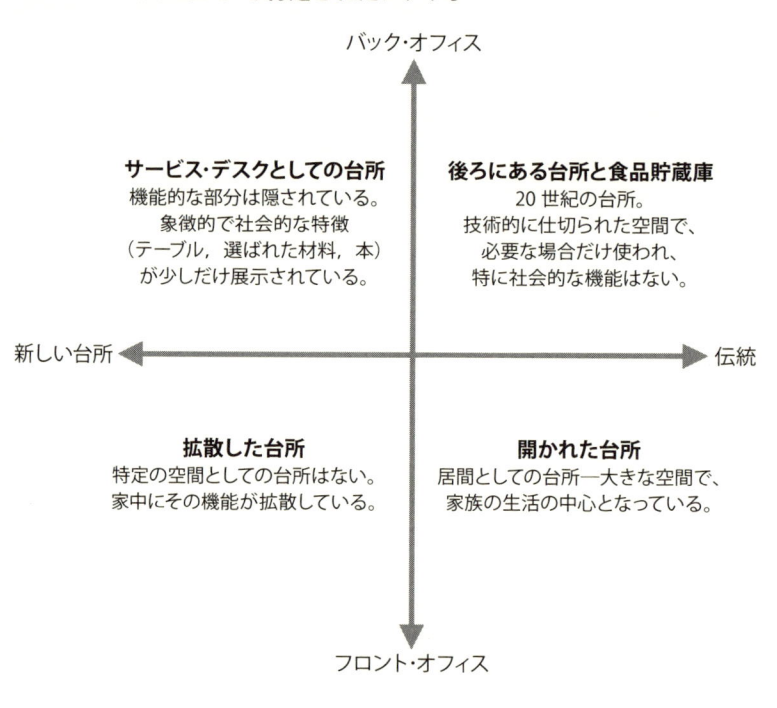

```
                        バック・オフィス
                              ↑
  サービス・デスクとしての台所        後ろにある台所と食品貯蔵庫
  機能的な部分は隠されている。           20世紀の台所。
   象徴的で社会的な特徴            技術的に仕切られた空間で、
  （テーブル，選ばれた材料，本）         必要な場合だけ使われ、
   が少しだけ展示されている。          特に社会的な機能はない。

新しい台所 ←─────────────────┼─────────────────→ 伝統

       拡散した台所                  開かれた台所
   特定の空間としての台所はない。      居間としての台所──大きな空間で、
   家中にその機能が拡散している。      家族の生活の中心となっている。

                              ↓
                        フロント・オフィス
```

うか，ということに関わっている。

　企業は，参加者の洞察をまとめることによって，いくつかの軸を設定するだろう。最も期待できる2軸が設定されると，意味と言語に関する4つにシナリオが提示できる。これらのシナリオには，現在の支配的な意味により近いものがあるかもしれないし，台所機能が拡散していくアーサー・ボネットの例のように，革新的な変化が着想されるかもしれない。

選択

　「同僚は私にいつも，どのように投資するプロジェクトを選択するのか尋ねる」とアルベルト・アレッシィはかつて私に言った。「私はその基準を紙に書き留めた。それは一種の評価システムである。私たちはそれを『成功への公式』と呼んでいる」。そして彼は，「私が評価システムを使っていることを信じられるかい？」と言いたげに，友好的な笑顔を見せた。

　このモデルは，アレッシィが考慮している製品の次元を示し，意味の急進的イノベーションに投資するとき，それらを評価するために使っている要素を明らかにしたものである（図8-7参照）。最初に示す2つの次元は，イノベーション・プロジェクトを比較検討するものである。一方は，製品の実用的価値を示す「機能」で，もう一方は，そのコストであり，つまり「価格」である。他の2つの次元は，「コミュニケーション／言語」と，「感覚／記憶／イメージ」で，デザイン・ドリブン・イノベーションにとって最も興味深く特有のものである（図2-1で紹介した製品とユーザーのニーズに関わる枠組みを反映している）。

　「コミュニケーション／言語」は，製品の象徴的な意味と人々の購買を喚起する社会的な動機づけに言及している。製品はユーザーがその周りの人と交流することに役立つであろうか？　その製品を持つことによって，人々はどのように自己表現を満たすのであろうか？　その製品は人々にどんな地位とスタイルを提案するだろうか？　その製品はどのように人々の文化と信念を伝えるだろうか？

　「感覚／記憶／イメージ」は，製品の感情的で詩的な意味と，人々の購買を

第2部　デザイン・ドリブン・イノベーションのプロセス

図8-7
アレッシィの「成功への公式」

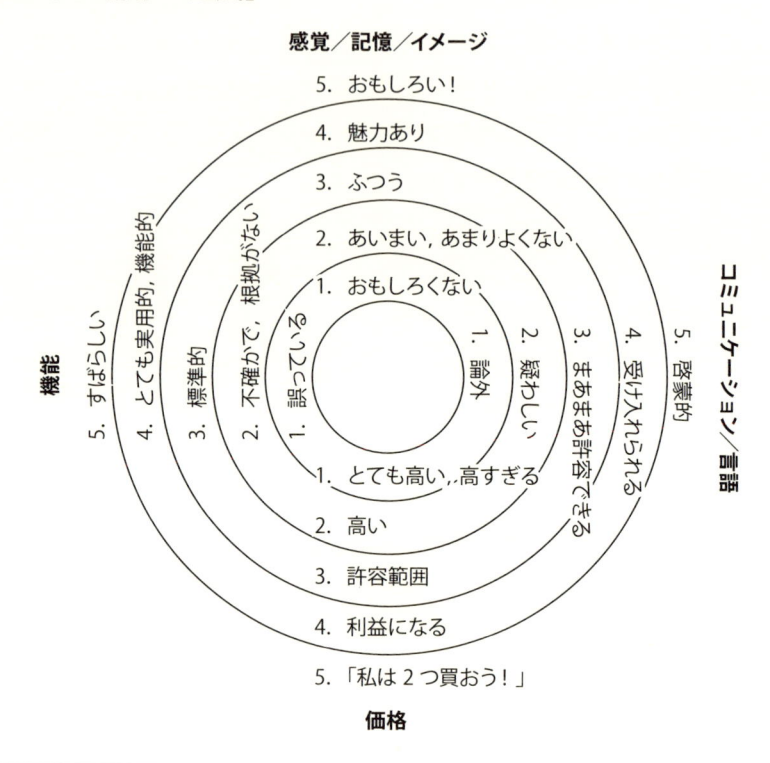

感覚／記憶／イメージ

- 5. おもしろい！
- 4. 魅力あり
- 3. ふつう
- 2. あいまい，あまりよくない
- 1. おもしろくない

機能
- 5. すばらしい
- 4. とても実用的，機能的
- 3. 標準的
- 2. 不確かで，根拠がない
- 1. 誤っている

コミュニケーション／言語
- 5. 啓蒙的
- 4. 受け入れられる
- 3. まあまあ許容できる
- 2. 疑わしい
- 1. 論外

価格
- 1. とても高い，高すぎる
- 2. 高い
- 3. 許容範囲
- 4. 利益になる
- 5. 「私は2つ買おう！」

喚起する個人的な動機づけに言及している。それはユーザーの記憶や想像力をとらえるだろうか？　愛情を刺激するだろうか？　感覚的に気に入るだろうか？

　アレッシィは，図8-7のスケールの中心に位置づけられるような製品は，いつも篩にかけて落としている（それらは標準的で，中立で，受容しやすいものと見なされる）。しかしながら，もしそれらが何か強い特徴（特に啓発的または刺激的）を持っていれば，他のある次元（例えば，機能が疑わしい，または価格が高い）が弱い製品でも販売することを決めるかもしれない。興味深いことに，ケトル9093は，アレッシィの歴史の中で最も高い評価を受けていた。

第8章　解釈する

　企業が追い求めるアイデアを選択するために使用する，もう1つの重要な基準（B&Oによって集中的に使用された）は，製品のライフサイクルの長さである。それは最近の短期的な流行で使われなくなるものだろうか？　それは時間が経っても生き残る独特の言語と個性を持っているであろうか？　それは深いニーズを満足し，人々の賛同を得ることができるであろうか？　それは模倣を通して価値がほとんど生み出せないように，会社のブランドに確かにはっきりと関連しているであろうか？　企業の学習プロセスとそれから長く続くデザイン・ディスコースとの相互作用を開始させるのに役立つであろうか？　すなわち，どの程度，製品が企業の長期的な資産を形成するのに役立つのかということである（それらは第5章で述べている）。

具現化する
　デザイン・ディレクション・ワークショップの最後の活動は，例によって意味と言語に形を与えることである。その目的は，コミュニケーションを容易にすることである。一方では，コンセプトの創造と開発を追い求める会社の役員やチームのためであり，もう一方では，デザイン・ディスコースやその魅力的な力を最大限利用するためである。アレッシィやアルテミデが推進した本や展示会はそのような試みの成果である（第9章では企業の解釈を具現化し，デザイン・ディスコースに取り組むためのより詳細な戦略を示す）。

製品開発中に方針を曲げない

　デザイン・ドリブン・イノベーションの研究が新しいビジョンと意味につながると，イノベーション・プロセスはコンセプト生成と製品開発のより伝統的なフェーズに移行する。この移行において，その焦点は製品の実用的な特徴を考慮するようになる。例えば，アレッシィのティー・アンド・コーヒー・ピアザでは，製品開発に入ることはコンセプトの感情的で象徴的な次元に加えて，価格や機能を考慮することを意味していた。アルテミデのメタモルフォシィで

第2部　デザイン・ドリブン・イノベーションのプロセス

図8-8
イノベーション・プロセスでB&Oはどのようにその焦点を変えているか

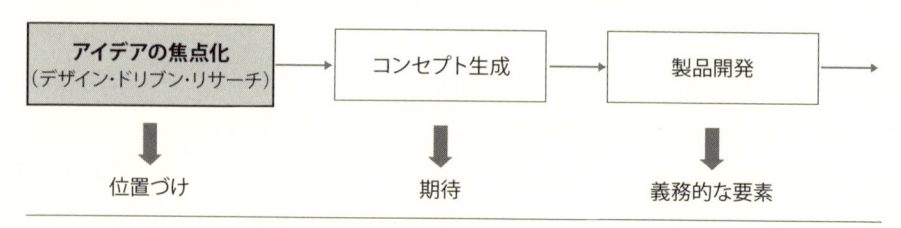

```
┌─────────────────┐    ┌─────────────┐    ┌─────────┐
│  アイデアの焦点化  │ →  │ コンセプト生成 │ →  │ 製品開発 │ →
│(デザイン・ドリブン・│    │             │    │         │
│   リサーチ)      │    │             │    │         │
└─────────────────┘    └─────────────┘    └─────────┘
        ↓                     ↓                  ↓
     位置づけ                 期待           義務的な要素
```

は，このフェーズで，ヒューマン・ライトのビジョンと技術を形にする，適切な製品のスタイルを表現するための伝統的なインダストリアルデザインのスキルを応用することを意味していた。

　すなわち，イノベーションへのアプローチは，デザイン・ドリブン（とテクノロジー・プッシュ）から，革新的なビジョンを機能的な欠点を取り除いた製品へと変えるユーザー中心のプロセスへ移行する。B&Oは，これをそれぞれのフェーズで目的とする製品要求への移行と表現している（図8-8参照）。まず，デザイン・ドリブン・リサーチでは，製品の独自性を定義することがめざされる。その独自性とは，差別化された要求と，消費者がそれを購入する理由となる喜びや楽しさのことである。次に，コンセプト生成は，消費者が期待する特徴に焦点を当てる。それはユーザー分析を通して観察・理解され，そして，もし適切なデザインができれば，漸進的な価値（例えば，TVのメニューの効率的なユーザー・インタフェース）を提供できる。最後に，製品開発は製品の義務的な要素に焦点を当てる。それは消費者が当然と思っていて，製品には欠かせないものである（例えば，TVのリモコン）[6]。

　学者は，コンセプト生成と製品開発のマネジメントの中で，最も効率的な実践を深く調査している[7]。例えば，多領域にわたる専門家チームや，重量型プロジェクトマネジメント，トップマネジメントの支援が重要であるなどのナレッジは，デザイン・ドリブン・イノベーションにも適用できる。しかしながら，企業が意味の急進的イノベーションに従事するのであれば，もう1つの中

心的な懸念を注意深く考慮しなければならない。それは，開発が川下に進むにつれて現れる制約が，ビジョンの独自性を弱体化させることを回避することである。ひとたび妥当な新しい革新的な意味と言語を特定しても，その全体的な性質に妥協すべきではない。不運にも，一般的に広く知られた製品開発のベスト・プラクティスは，時々誤った方向に進むことがある。

　デザインを重要視する会社は，研究の間に考え出されたビジョンに忠実に従っている。この実践は，その会社の製品と生産の技術における能力と柔軟性，そしてその組織を反映している。特に，初期の研究に参加している解釈者と，実践段階から関わるエンジニアやマーケッターとの間のインタフェースを提供している。例えば，B&Oでは，デザインとコンセプトのディレクターであるフレミング・モレー・ペダーセンが，フェラーリ（Ferrari）では，ステファノ・カーマシ（Stefano Carmassi）が，スナイデロではパオロ・ベネディッティ（Paolo Benedetti）が，アレッシィでは，デニロ・アリアタ（Danilo Alliata）がこの役割を果たした。これらのインタフェースを担うマネジャーは注意深く，どちらのコミュニティからも信頼されている。デザイナーは，彼らが新しいビジョンを実現するために労を惜しまず，合理的な理由がない限り，制約に屈しないため，これらのマネジャーを信頼している。エンジニアは，技術的な問題を注意深く考慮するスキルを持ち，アドバイスやサポートを行うので彼らを信頼している。

　企業は，市場でのテストやフォーカスグループからのフィードバックを分析するときにも深く考慮するべきである。前に述べたように，ユーザーはめったに意味の急進的イノベーションが引き起こすことを把握できない。たとえその後に，彼らがそれらの意味にぞっこんになったとしてもである。それゆえ，企業は製品を販売するかどうかを決めるときに市場テストに頼るべきではない。それらはデザイン・ディスコースを通じることによって測定したほうがよい。代わりに，市場テストは，製品の特徴の中で将来性のある改善点を見つけることや，例えば，いくつかのよく知られた記号を加えることで，ユーザーに「概念的な手すり（conceptual handrails）」を与えるような，新しい製品言語を

もっと分かりやすくさせる方法を理解することを意図して用いられるべきである[8]。

　製品開発は，すべての細部において製品の独自性を保つべきである。例えば，エンジニアリングの特徴は，特別な肌ざわりや触感，音のような簡単に真似できない認知心理学的性能をもたらすことができる。第2章で取り上げたブックウォーム（本棚）の表面は，完全に滑らかではなく，少しの気泡がある。簡単には真似できない複雑な押し出し工程を必要とするこの特徴は，見た目と触感の両方に柔らかさを与えている。

　デザイン・ドリブン・イノベーションを実現する会社はまた，感情的な魔法や知性，魅力のオーラをもたらす特徴を紹介できる。例えば，アレッシィのケトル9093のさえずる鳥や，アルテミデのメタモルフォシィの「夢」の機能（照明が徐々に消えていき，ある時間で完全に電源が落ち，人々を優しく夢の中へ導く），B&Oのセレン・モバイル・フォン（Seren mobile phone）を優雅に折り畳む小さな電気モーターの「ヒュー」という音，装置を回転させると自動的に風景から人物像へ移り変わるアップルのiPhoneのスクリーンに現れるイメージなどである。

　会社にとって最初に着想した方向性を貫くための決め手になるのは，リーダーシップである。「このプロセスは民主主義ではない」と，有名な自動車のデザインとエンジニアリング企業であるピニンファリナのチーフデザイナーであるローウィ・バーミールスチ（Lowie Vermeersch）は言う。「明らかな個性を持った製品をデザインするためには，その個性を守るリーダーが必要である」。

【注】

1) Pallavi Gogoi, "Michael Graves: Beyond Kettles," *BusinessWeek*, August 18, 2005.
2) ティー・アンド・コーヒー・ピアザ・プロジェクトの評価に関しては，
　　Roberto Verganti, "Innovating Through Design," *Harvard Business Review* 84, no.12 (De-

第8章　解釈する

cember 2006): 114-122.
も参照のこと。

3) 実際に，科学や技術研究は，特に急進的なイノベーションの場合に，チームワークがいつも最も効果的な手法ではないことを示している。
リー・フレミング（Lee Fleming）は，画期的躍進を起こすことにおいて，特に孤独な発明家の役割を探究した。詳細は，
Lee Fleming, "Lone Inventors as the Source of Technological Breakthroughs: Myth or Reality?" working paper, Harvard Business School, Boston October 2006.
を参照のこと。

4) 食べ物に関するデザイン・ディスコースは，バリラの本社があるパルマで盛んであり，イタリア全土でも行われている。パルマは産業に長い歴史を持ち，パスタだけでなく，コールド・カット（冷肉の薄切り料理：パルマハム（prosciutto di Parma））や，日常使う製品（世界に名の知れたパルメザン（Parmesan））がある。パルマにはまた，欧州食品安全機関（European Food Safety Authority）の本部もある。

5) このプロセスの特徴に関しては，次の論文においてここで示した以上に構造化され，明瞭に述べられている。
Francois Jegou, Roberto Verganti, Alessio Marchesi, Giuliano Simonelli, and Claudio Dell' Era, *Design Driven Toolbox: A Handbook to Support Companies in Radical Product Innovation* (Brussels: EU Research Project EVAN European Value Network, IPS-2001-42062, 2006).

6) 言い換えると，B&Oのプロセスは，狩野（Kano）が自身のイノベーションのモデルで特定している3つの主な製品の要求を並べたものである。それは，魅力的（attractive），一元的（monodimensional），当たり前（must-be）である。詳細は，
Noriaki Kano, "Attractive Quality and Must-Be Quality," *Journal of the Japanese Society for Quality Control* (April 1984): 39-48.
を参照のこと。

7) 例えば，
Kim B. Clark and Takahiro Fujimoto, *Product Development Performance* (Cambridge, MA: Harvard Business School Press, 1991（邦訳：田村明比古訳『製品開発力—自動車産業の「組織能力」と「競争力」の研究』ダイヤモンド社，2009年））.
Mitzi M. Montoya-Wiess and Roger Calantone, "Determinants of New Product Performance: A Review and Meta-Analysis," *Journal of Product Innovation Management* 11 (1994): 397-417.
Shona L. Brown and Kathleen M. Eisenhardt, "Product Development: Past Research, Present Findings, and Future Directions," *Academy of Management Review* 20, no.2

(1995): 343-378.
Karl Ulrich and Steven Eppinger, *Product Design and Development*, 4th ed. (New York: McGraw-Hill, 2008)
を参照のこと。
8) Jeanne M. Liedtka and Henry Mintzberg, "Time for Design," *Design Management Review* 17, no.2 (Spring 2006): 10-18.

第 9 章 話しかける

[解釈者たちの魅力的な力を活用する]

解釈者には2つの性質がある。人々がどのようにモノに意味を与えるかについての研究を行うだけでなく、彼らはまた魅力的な力を持ち、人々の生活のコンテクストに影響を与える。(挿絵：アルテミデのメタモルフォシィを、ドイツのミュンヘンにある光り輝くアリアンツ・アリーナ・スタジアム (Allianz Arena Studium) に蹴り入れている。)

挿絵：Daniele Barillari

第2部　デザイン・ドリブン・イノベーションのプロセス

　第8章「フロイトとウィトゲンシュタイン（Freud and Wittgenstein）」。私は，アルテミデのカルロッタ・デ・ベヴィラッキァが手渡した『ライト・フィールド（Light Fields）』という本の目次を拾い読みした。それはメタモルフォシィのチームによって書かれた本であった。私たちは，製品を購入して，製品の感情的な価値を喚起する企業ブランドに関する短いストーリーや，胸がわくわくするような写真が載せられた小冊子を受け取ることには慣れている。しかし，この本は違った。それはパンフレットのような光沢のあるものではなく，短くなく（厚い記述が58ページにも及ぶ），そして美容師を待っている間に読むような簡単なものでもなかった。それは標準的な照明の顧客のためにつくられたものでは決してない。そして実際に顧客に配られることもなかった。むしろ，言語や構造など，研究書に書かれるような内容（そしてそれを訴えるもの）であった。

　この章では，デザイン・ドリブン・イノベーションのプロセスの第3のアクションについて議論する。あなたは一連の製品のために新しいビジョンを定義した後，そのビジョンと製品を市場に効果的に提案しなければならない。私たちは課題が何かを知っている。人々は，急進的で新しい提案に混乱するかもしれないが，最終的に心変わりし熱狂的になるだろう。デザイン・ドリブン・イノベーションは，社会文化的なパラダイムの変化を示す。もし成功すれば，市場や消費文化は今までと同じではいられない。

　それゆえに，単に製品の販売を開始し，顧客が提案を受け入れるまで待っているより，企業は，顧客が新しい意味を理解し，同化し，容易に適応できるように，積極的に投資をして，このパラダイムの変化を支える必要がある。アルテミデやアレッシィのような小さな企業と同じように大企業でも，デザイン・ドリブンの製造業者は，このプロセスを追求する。小企業の場合は特に悩ましい。コミュニケーションのための予算が限られる小企業が，どのようにして彼らの急進的なイノベーションを広めていくのだろうか？　彼らは業界の中でしばしばそれを超えて，どのようにして世界中の人々が製品に意味を与えることに多大な影響を与えているのだろうか？

第9章　話しかける

これらは特に，予算が少なくコミュニケーション戦略の効果を最大化したいときには，大企業にとっても取るに足らない問題ではない。

解釈者たちに話しかける

意味の急進的イノベーションにおいては，広告は理想的なメディアではない。伝統的なコミュニケーションツールも話にならない。なぜなら，雑誌やウェブサイトの写真やビルボードのスローガン，15秒間の宣伝などは素早く消費されるように意図されているからである。これらのツールは，人々が予想しているものに近い，単刀直入なメッセージを伝える場合には効率がよい。ときに驚きや好奇心を生み出す修辞的な方法とは違って，それらは現代の消費パターンに沿った実用や感情的なメッセージに基づいている。それらは，漸進的でマーケット・プルのイノベーションを広げる場合に効果的である。

意味の急進的イノベーションを支えるために，デザイン・ドリブンの会社は，再びビジョンの解釈者を最大限に利用することで，異なった戦略に適応する必要がある（図9-1参照）。第6章で述べたように，解釈者は2つの性質を持っている。人々がどのようにモノに意味を与えるかについての研究を行うだけでなく，人々の生活のコンテクストに「影響を与える」。それゆえ，彼らは最終的に社会文化的で技術的なシナリオを形成する。作品制作を行う芸術家，普及活動を行う文化団体，新しい製品とサービスを提供する会社，技術を提供するサプライヤー，画期的な実験を行う先進的なプロジェクト，教育を行う学校，クライアントにデザインを提案するデザイナー，革新的な提案を楽しむアーリー・アダプター（early adopter），そしてもちろん，これらすべてを見ているメディアも同様である。すなわち，これらの解釈者たちは「魅力的な力」を持っている。なぜなら，彼らは人々がモノに意味をどのように与えていくかということに影響しているからである[1]。

もし，シナリオの一部となる新しいビジョンを望んでいるなら，それを形成する協同のプロセスに参加しなければならない。新しいビジョンをデザイン・

図9-1
解釈者たちの魅力的な力を利用することによるデザイン・ドリブン・イノベーションの普及

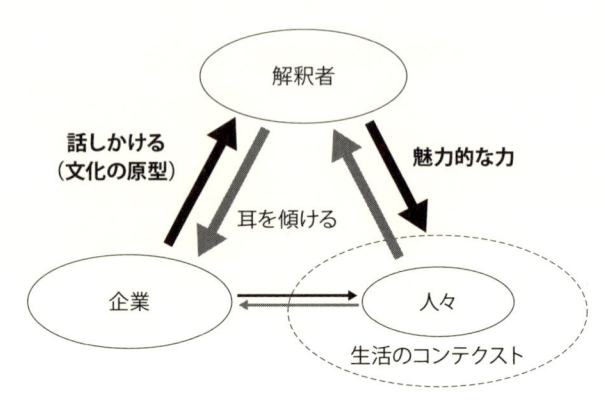

```
                    解釈者
                   ↗    ↘
          話しかける    魅力的な力
        (文化の原型)  
             ↘    ↙
            耳を傾ける
         企業  ⇄  人々
                 生活のコンテクスト
```

ディスコースに普及させ，その参加者が最終的に人々に提案していくような解釈者の一部となる必要がある。アレッシィのティー・アンド・コーヒー・ピアザ・プロジェクトや，アルテミデのライト・フィールド・プロジェクトで進められた本と展示会（両者とも詳細は第8章で述べている）は，この目的を果たしていた。アルテミデは光の生物学的，哲学的，文化民俗学的，心理学的な原則を持った『ライト・フィールド』の本をデザイナーや研究者，建築家，学校，他の会社そしてメディアに配った。これまで述べたように，それは研究者に宛てた研究書である。顧客はそれを見たことがない。しかしながら，顧客は，生活の中で光の色の重要性について話している記事を読み，フィリップスのような企業（アルテミデの直感を最大限に利用し，パネルの背後から色づけられた包囲光を生み出す，アンビライトLCDテレビ（Ambilight LCD TV）がデザインされた）を評価し，感情を創造するために色づけられた光をますます使用する建築家の画期的なプロジェクトを賞賛した。

第9章　話しかける

ライト・フィールドからサッカー・フィールドへ

　2006年6月9日，世界中のたくさんの人々がテレビの前に座り，ドイツワールドカップサッカー大会の開会式を首を伸ばして観戦した。開会式はミュンヘンにあるアリアンツ・アリーナで行われ，放送は空からのパノラマで始まった。人々は驚いた。ドイツの夜に非現実的なスタジアムが現れた。その外観はアリーナ全体を輝かせる色づけられた光によって照らされていた。スタジアムのオペレーターは4,200の青・赤・白の光で，2,874のアリーナの外壁のエアークッションを照らすことによってこの雰囲気をつくり出した。

　この記憶に残るイメージは，公共の空間や自分の家を照らすというアプローチに対する，人々の考え方を変化させることに貢献した。そのイメージはまた，アルテミデが考えていた，色づけられた光の感情的な価値を最も証明するものの1つであった。アルテミデは，そのイベントには一切参加していなかったが，デザイン・ディスコースを通して間接的に大きく関与していた。ジャック・ヘルツォーク（Jacques Hertzog）とピエール・ド・ムーロン（Pierre de Meuron）は，アルテミデの新しい照明（第6章参照）の設計に携わった後すぐに，2002年にアリアンツ・アリーナを設計した。彼らはアルテミデと洞察力を共有し，『ライト・フィールド』で描かれたメタモルフォシィの新しいビジョンについて理解していた。解釈者たちは複数の洞察からイノベーションを生み出しているために，この協力関係が最終的にどの程度，スタジアムのデザインに影響を与えたかを識別することは難しい。しかし，アルテミデとの協力関係は確かに活かされている。ワールドカップの開会式を通して，その建築家は人々の生活にその特徴を印象づけたのである。

　解釈者には，その魅力的な力を実行するために報酬は支払われない。アルテミデは，色づけられた光でアリアンツ・アリーナを覆ったヘルツォークとド・ムーロンに報いなかった。ここで感謝や賞賛についての話はしない。私たちは，解釈者自身が，プロジェクトに組み込むことができる洞察力にアクセスする必要があるという点で，デザイン・ディスコースの自然な内部の動態について話をしていく。特に，最も先進的な解釈者は，彼ら自身の利益のために新し

275

い提案を行う。私たちは，彼らが研究の間に，私たちのビジョンに出会う機会が与えられ，それを自分のものにすることを確実にする必要がある。

　私たちのビジョンが最終的に市場に到達するまでの協同的な解釈のプロセスは，めったに予測やコントロールができない。それは，再解釈されるかもしれないし，他者の活動の中に埋め込まれることで，その意味は適応し，修正されるかもしれない。私たちは，人々のビジョンへの接触の密度やその量をはじめから計画できない。アルテミデは，フィリップスと同様にヘルツォークとド・ムーロンが，どのように会社のビジョンを受容し，市場でそれを増幅するかどうかについて予測することはできなかった。しかしながら，企業は投資が限られていたとしても，次に示すいくつかのガイドラインによって，解釈者の魅力的な力を利用する能力を高めることはできる。

文化の原型（Prototypes）を通じて話すこと

　デザイン・ディスコースに取り組むために，デザイン・ドリブンの会社は「文化の原型」を頼りにする。文化の原型とは，本や展示物，文化的イベント，展示会などで示されるコンセプト製品，雑誌記事，会議でのプレゼンテーション，企業のショールーム，ウェブサイト，画期的で先進的プロジェクトの特別な製品，デザインコンペティションなどである。

　文化の原型は，製造業の研究成果を組み込んだメディアである。それは，会社の新しい解釈とビジョンを体系化して普及させる。それは，特殊な製品（会社が思いついたことのないかもしれない）となるというよりむしろ，新しい意味や言語を明確に表現したものであるため，まさしく「文化」である。

　アルテミデの『ライト・フィールド』の本は，照明について全く記載されていない（その当時，まだメタモルフォシィをデザインしていなかった）。その代わりに，その本は，デザイン・ドリブン・リサーチのプロセスで得られた発見と，新しいビジョンである光と色が人々の生物学的，文化的，心理学的バランスに重大な影響を与えているということを解説した。その本は，イノベー

ション・プロセスの最終的な成果物ではなく，むしろデザイン・ディスコースによって共有され，議論された仮の解釈であるため，あくまで原型である。アレッシィがティー・アンド・コーヒー・ピアザの展示会で展示したものは，ケトル9093ではなく（まだ完成していなかった），むしろ感情的で象徴的な次元のみに焦点を当てた11人の建築家によって創造された実験的な原型であった。

　フィリップスは，多様な文化の原型を伴うデザイン・ディスコースに取り組むために複合的な戦略を持っている。そのオランダの会社は1995年に，技術開発と同様に，社会文化的な変化によって提案された新しいシナリオを探究するために，ビジョン・オブ・ザ・フューチャー（Vision of the Future）という研究プロジェクトを組織した。フィリップスは，そのプロジェクトの成果として，フィリップスが制作したプロトタイプと交流をする人々の生活の中で，日々の断片を特徴づけるものとしてよく知られる映像をまとめた。フィリップスはまた，プロジェクトの結果を紹介するウェブサイトや，アイントホーフェン（Eindhoven）での常設展示，各地で開催された移動展示会（ニューヨーク，ミラノ，パリ，ハンブルグ，ウィーン，テルアヴィブ，香港），本の出版などを行った。

　フィリップスは研究プロジェクトを継続させている間，この戦略を強化し続けた。1995年から2005年の間，デザイン・ドリブン・リサーチをコーディネートする組織ユニットであるフィリップス・デザインは8冊の本を出版した。会社のウェブサイトはより洗練され，解釈者のフィードバックを受けることを可能にした（最近のものではデザイン・プローブス（Design Probes）がある。それは着用者の感情的な状態を表現する衣服や編み物など，製品が「知的」よりもむしろ「感覚的」であるシナリオを着想したものである）。フィリップスはまた，自身の解釈に関する研究報告である年4回のWeb雑誌『ニュー・バリュー・バイ・デザイン（*New Value by Design*）』を刊行した。

　しかし，「この試験的なプロセスは，私たちのシナリオを適合させることに役立つフィードバック以上のことを実現する」とフィリップス・デザインのCEOでチーフ・クリエイティブ・ディレクターのステファノ・マルツァーノ

（Stefano Marzano）は言う．

　それはまた，スウェーデンの神経科学者のデビッド・イングバール（David Ingvar）が「将来の記憶（memories of the future）」と呼んだことを人々の心に想起させる．イングバールとアメリカの科学者ウィリアム・カルビン（William Calvin）は，将来開発が行われる可能性について考えることは，もしそれが起こったときに，その開発を利用するサインを認識する準備ができるため，人の心をオープンにすることを示した．脳は，情報にフィルターをかけ決断を導くために，ちょうど現実の記憶や体験のような計画とアイデアを使用する．これらの将来の記憶は，潜在的に新しい強い願望と欲望を導く．展示会もまた，会社内外の他の潜在的なパートナーを私たちに参加させる[2]．

文化の原型の特徴

　デザイン・ディスコースに取り組むために，文化の原型を開発する場合，会社はいくつかの信念を持ち続けるべきである．まず最も重要なことは，文化の原型が製品を宣伝するためのパンフレットではないということである．それらは，最終的なユーザー向けではなく，解釈者向けである．それゆえ今まで述べたように，企業は研究の結果として，それらを理解する必要がある．もし，それらの文化の原型が，今までにないビジョンを持つのであれば，また，もし概念的に奥深くかつ挑戦的なものであれば，そして，さらなる解釈の余地を残しているならば，デザイン・ディスコースはそれらに興味を持ち，受け入れる．

　だから，文化の原型はマーケティングやコミュニケーション用語ではなく，研究の言語を話すべきであり，会社ブランドは過度に可視化するべきではない．代わりにそれは，著作者と著作権を象徴する言語を通して現れるべきである．文化の原型は，企業またはその提携者によって「著された」本やウェブサイト，展示物として見られるべきである．

　同様に，企業はビジョンの普及と同化を促す活動でない限り，必ずしも文化

第9章　話しかける

の原型から利益を得ることを必要としない。例えば、アレッシィはティー・アンド・コーヒー・ピアザで11人の建築家によって考え出されたプロトタイプを、99個の限定版として、それぞれ25,000ドルでコレクターや美術館に販売した。これはデザイン・ディスコースに対して、アレッシィの解釈の革新的な価値を知らしめた。

　最後に、1種類の文化の原型だけでは通常、十分とは言えない。ここで参照した例では、企業が普及のプロセスの中で、異なったタイプの解釈者に対して、異なった時期において、どのように異なった種類の文化の原型を目標とするかを示している。例えば、そのプロセスの初期に、主要な研究者と誘惑者は、それらを受け入れた場合の優位性を理解するために、非常に重要な情報として文化の原型を認識する。覚えておかなければならないことは、研究と解釈が循環の輪の中を通って起こることである（第7章参照）。もしあなたが、それらの循環の輪に効果的に呼びかけたいのであれば、誰もが利用できるものではなく、彼らに合わせた特別な文化の原型を考えるべきである（例えばアルテミデやアレッシィの本のように）。

　あなたは、後に大勢の解釈者に呼びかけるために、様々なタイプの文化の原型を使うことができる。例えば、デザインコンペティションはこの段階で幅広く普及させることに貢献するだろう。新しいアイデアを隠すより、このようなイベントは、より多くの者たちに新しいビジョンを知らせ、他者にそれを使った実験をさせ、受け入れさせる方法である。例えば、1960年代後期には、アメリカの化学会社であるデュポン（DuPont）は、ロン・アラッド、ロス・ラバーグローブ（Ross Lovergrove）、エットーレ・ソットサス、ジェームス・アーヴィン（James Irvine）のような卓越したデザイナーによって使用された高分子の固い表面物質であるコリアン（Corian）を発明した。デュポンは未だに、デザイン・ディスコースにおいて、製品の幅広い受容を促進するためにデザインコンペティションを行っている。例えば、2006年に開催されたザ・スキン・オブ・コリアン・コンペティション（The Skin of Corian Competition）では、3,000人以上のデザイナーが参加した。

あなたのビジョンを守ること

　文化の原型は，イノベーターがデザイン・ディスコースに取り組む以上に重要な役割を持っており，それゆえに，社会文化的なコンテクストに新しいビジョンを普及させる。例えば，文化の原型は製品開発チーム内でも，新しいビジョンに関するコミュニケーションを活発にする。会社はいつも，そのようなチームに要求が書かれた長いリストを与える。対照的に，文化の原型は，実行していくうちに現れる制約に直面して，品位と独自性を台無しにするよりむしろ，チームに対して，解釈が備える親和性のある感情的で象徴的な価値を理解させる。

　文化の原型はまた，企業がデザイン・ドリブン・イノベーションから利益を得る場合に中心的な働きをする。確かに，デザインにおける主要な関心は，イノベーションの価値をいかにしてとらえるかである[3]。イノベーターは普通，価値を独り占めしようとし，イノベーションの周りに保護壁を張り巡らせることによって模倣を防ごうとする。しかしながら，感情的で象徴的な価値を持つビジョンは，一度公開されると比較的模倣が容易である。特許や著作権のような知的財産を保護するための法的な手段は，言語と記号を生産する場合だけに効果的に機能する。

　より良い方法は，模倣にかかわらず（むしろ模倣のおかげで得られるような）利益の重要な部分をとらえることである。それはどのようにすればよいのだろうか。答えはイノベーターとしての評判から利益を得ることである。人々が単に機能的な特徴を買うのであれば，本来のイノベーターと模倣者とを区別することに注意を払わない。代わりに，彼らは最も実用的な価格を求める。しかし，人々が感情的で象徴的な価値をも求めるとき，真のオリジナルの製品を所有することが並外れた違いをもたらす。デザイン・ドリブン・イノベーションにおいて，人々はイノベーターを探している。競合他社は機能とその形さえ簡単に模倣することができるが，彼らはその本当の意味を模倣することは決し

第9章 話しかける

てできない。なぜなら，その意味はイノベーターのブランドに密接につながっているからである。

　文化の原型は，企業がイノベーションの所有権を宣言する瞬間を予測する。市場に最終製品を販売する前でさえ，そのような原型を開発することができる。文化の原型は，原作者であることの宣言を形成し，そのことでデザイン・ディスコースの解釈者たちがイノベーターの評判をつくり，それを守る支援を行う。その瞬間から，産業内の他の会社は同様のビジョンを用いると，消費者からだけではなく，解釈者からも模倣者としての評価を受けることになるだろう。そして，模倣者はエリートの輪にとって，全く魅力を持たないものになってしまう。

　会社の中には，模倣者と認識されることを心配しない者もいる。それゆえ，今までにないビジョンが現れると，それをコピーしようとする。しかしながら，私が同僚と行った研究では，意味の急進的イノベーションの場合には，模倣物はとても複雑な戦略を必要とすることを示している。イタリアの家具産業における分析では，私たちはイノベーターと模倣者の製品言語を比較した[4]。私たちは，模倣者が製品ポートフォリオの中で，非常に多くの記号に投資を行う一方で，イノベーターはデザイン・ドリブン・リサーチを通して注意深く確認した，少数の言語に投資することを発見した。模倣者はイノベーターが行うことを待ち，観察し，どのように市場が反応するかを確認し，成功した言語のみに投資をする一方で，イノベーターは不確かな手段によって実験と調査を行うことで，複数の製品言語を与えるというような，反対のことを期待したであろう。

　この模倣戦略を非効率にしているのは，市場からのフィードバックは，初期段階ではいくつかの言語が共存した状態であり，曖昧であるからである。私たちが見てきたように，デザイン・ディスコースは直線的な議論ではなく，参加者が同時に異なったビジョンを考えているような，オープンな論争から成り立っている。デザイン・ドリブン・リサーチをうまく実行できない模倣者が，これらの論争の意味を解釈することは困難である。イノベーターによって紹介

された新しい意味は，ゆっくりとユーザーを改心させ，徐々に人気が出るように，最初の段階では，どの製品が勝者になるかは分からない。模倣者は記号のカオスを認知し，最終的に全部を追いかけ，すべてを模倣し，異なった意味と言語を製品化し，さらに彼らのブランドを弱体化させる。

　私たちの研究は，このコンテクストの中で模倣者は，革新的な新しい意味が実際に成功しているかどうかはっきりと理解するために，何年間も待つ必要がある（4年も5年もかかることさえある）ことを示している。そうしているうちに，あなたの会社はオリジナルを構築し，評判を得るためにかなりの時間をかけ，デザイン・ドリブン・イノベーションから利益を得るのである。

【注】

1) 社会学者は，意味の社会的交渉が主な技術のイノベーションの普及にどのように影響を与えるかを徹底的に報告してきた。この交渉は，ユーザーだけでなく，組織や企業，そしてエンジニアなど，最終的な解釈において他者より強力な影響（記号の力（semiotic power）と呼ぶ）を与える人たちの間でも起こっている。詳細は，
　　Bruno Latour, *Science in Action: How to Follow Scientists and Engineers Through Society* (Cambridge, MA: Harvard University Press, 1987).
　　Wiebe E. Bijker and John Law, eds., *Shaping Technology/Building Society: Studies in Sociotechnical Change* (Cambridge, MA: MIT Press, 1994).
　　を参照のこと。
2) Stefano Marzano, "People as a Source of Breakthrough Innovation," *Design Management Review* 16, no.2 (Spring 2005): 23-29.
3) イノベーションから得られる利益のさらなる戦略に関しては，
　　David J. Teece, "Profiting from Technological Innovation," *Research Policy* 15, no.6 (1986): 285-305.
　　Gary G. Pisano and David J. Teece, "How to Capture Value from Innovation: Shaping Intellectual Property and Industry Architecture," *California Management review* 50, no.1 (Fall 2007): 278-296.
　　を参照のこと。
4) Claudio Dell'Era and Roberto Verganti, "Strategies of Innovation and Imitation of Product Languages," *Journal of Product Innovation Management* 24 (2007): 580-599.

Claudio Dell'Era and Roberto Verganti, "Diffusion of Product Signs in Industrial Networks: The Advantage of the Trend Setter" (paper presented at the 14th EIASM International Product Development Management Conference, Porto, Portugal, June 10-12, 2007): 311-324.
これらの研究の概要は，以下の中で紹介されている。
Julia Hanna, "Radical Design, Radical Results," interview with Roberto Verganti, in *Working Knowledge for Leaders*, Harvard Business School, February, 19, 2008, http://hbswk.hbs.edu/item/5850/html.

第3部

デザイン・ドリブン能力の構築

第10章 デザイン・ドリブン・ラボ

[どのように始めるか]

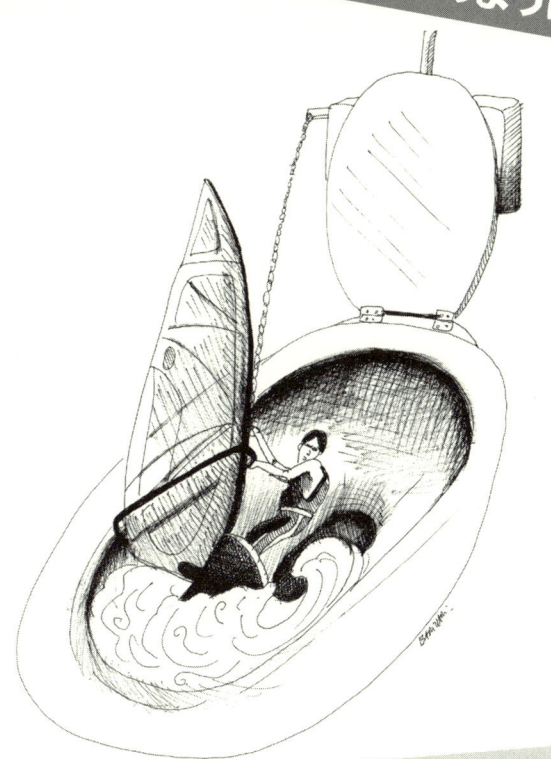

デザイン・ドリブン・イノベーションの支えとなる資産は，道具や手段ではなく，人々の関係の中に埋め込まれている。その暗黙の性質は，模倣を困難にする。ひとたびあなたが独自の関係性の資産を構築すると，競合相手はあなたの競争的な位置に追いつくのが難しくなる。(挿絵：ヘンケル(Henkel)のフレッシュ・サーファー (Fresh Surfer))

挿絵：Daniele Barillari

第3部　デザイン・ドリブン能力の構築

　もし会社が，製品の意味の急進的イノベーションにおいて，リーダーになりたいと願っているのなら，それをどこで始め，どんな資源や組織体制をつくり上げればよいだろうか？　そして，年月が経つうちに，どのようにそれらを維持し，改善し続ければよいだろうか？

　本書の第1部では，デザイン・ドリブン・イノベーションの価値と，企業のイノベーション戦略の中での役割を組み立てている。第2部では，デザイン・ドリブン・イノベーションを導くプロセスを分析している。最後の第3部では，会社にこのような戦略を利用し，プロセスを実行させるための基礎的な能力を探究する。特に本章では，企業がその組織の中で開発すべき重大な能力に焦点を当て，次章では，経営陣の不可欠な役割に特に焦点を当てる。

　本書の第2部を読んだ後，あなたはデザイン・ドリブン・イノベーションがどのような内部能力を必要とするか不思議に思ったかもしれない。結局，そのプロセスは外部の解釈者を最大限に活用することが基本となる。これまで，フェラーリやアレッシィ，アルテミデ，カルテルのように，内部のデザインユニットが十分ではないにもかかわらず，成功する例を見てきた[1]。しかしながら，この驚きの事実はあなたを混乱させるものではない。これらのすべての企業は，競合相手を打ち負かすことができる明らかな内部能力を持っている。

　デザイン・ドリブン・イノベーションは企業にとって，その大きさやデザイナーを雇っているかどうかにかかわらず，特徴的で独占的な能力を開発することを必要とする。本章では，そのような能力を創造するために，どのような投資を行えばよいかを示す。会社が，すでにある能力を所有しているが，デザイン・ドリブン・イノベーションに向けて，それらを認識せず，価値を見出しておらず，目標としていないことがたびたびある。これは特に，小さな企業より，多くのナレッジを有し，外部の解釈者との関係性を持っており，独占的な技術や補完的資産を十分に持っている大会社に当てはまる。しかし，それにもかかわらず，これらの資源の強力な潜在能力をうまく役立てることができない。

第10章　デザイン・ドリブン・ラボ

その能力

　3つの能力がデザイン・ドリブン・イノベーションを支えている。それは，「主要な解釈者との関係資産」「内的資産（あなた自身のナレッジと魅力的な力）」「解釈のプロセス」である。

　第2部が示しているように，デザイン・ドリブン・イノベーションを追い求めることは，デザイン・ディスコースで主要な解釈者と独占的な関係を持ったネットワークを構築することを必要とする。「独占的」ということは，主要な解釈者があなたの企業に対して協力を惜しまないこと，またはより良い洞察力を提供すること，あなたの企業が彼らのナレッジと魅力的な力を最大限，利用できることを示している。どの場合でも，この独占的な関係のネットワークは，競合相手がめったに真似できないイノベーションのエンジンとなる，中核的な資産である。関係資産はあなたの企業の外にはなく，自由に他者がアクセスできるものでもない。それらは外部の解釈者とあなたの間の独特な関係の中で，その境界線上に存在する。

　2つ目の能力は，あなた自身が所有する資産に関係する。それは他のどこでも見つけられない独特のものである。一方で，この能力はあなたの研究プロジェクトや調査，投資から生じる社会文化的モデルと技術の進化のナレッジを含む。他方では，主にあなたのブランドから生まれる魅力的な力（新しい意味の出現を提案し，影響を与える能力）を含む。

　3つ目の能力は，解釈を行うプロセスに埋め込まれている。それは，内的資産と外部の洞察力を統合し，あなた自身のビジョンを特定する能力である。第8章で示しているように，正しいビジョンを選択し，具体的な製品とサービスにそれを翻訳するための能力は，結局のところ，実質的に内部に存在するようになるべきである。

　これらの資産は，主要な解釈者を引きつけるために不可欠である。彼らは，同様の通貨（ナレッジと魅力的な力）を解釈者たちに提供する企業を探してい

る。もし，あなたが自分自身のビジョンをつくらず，独特の技術も持たず，生産システムが柔軟で十分に先進的でなく，それらがイノベーションを阻害しているなら，主要な解釈者と独占的な関係を構築できないであろう。「世界中の面白いデザイナーは，どこに向かいたいのかを分かっていない会社とは協力をしない」と，イタリアの最も成長の早い家具製造業者の1つであるマジス（Magis）の創業者ユージニオ・ペラッツァ（Eugenio Perazza）は言う[2]。

　デザイン・ドリブン・イノベーションに投資を始めたい会社にとって，これらの3つの能力の中で最も挑戦的なことは，1つ目の関係資産をつくり出すことである。対照的に，内的資産を構築することは企業にとって難しい問題ではない。有名な論文を見れば，技術的な能力とブランドを創造する方法が紹介されているし，会社は同じようにプロセス統合やチームワーク，プロジェクトマネジメントのための能力を構築する方法を知っている。しかしながら，会社は主要な解釈者との関係資産にはあまり慣れていない。それゆえに，この興味をそそるプロセスをより詳細に見る価値がある。

関係資産の構築

　マネジャーはイノベーションの方法を体系化することに魅力を感じがちである。彼らはツール，着実なプロセス，アプリケーション，機器を好む。彼らはイノベーション・システムを購入し，すぐに利用できると当然のように考えている。確かに，エスノグラフィーやブレーンストーミングなどのユーザー中心のイノベーションが賞賛される1つの理由は，企業の幹部にとって理解されやすい形で体系化され，提示されてきたからである。しかしながら，そのように高度に体系化された手法は，すでに下落傾向にある。なぜなら競合他社が簡単に真似できるからである。

　デザイン・ドリブン・イノベーションを支える関係資産は，完全に性質が異なっている。道具や手段ではなく，人々の関係の中に埋め込まれているのである。関係資産は，あなたの組織の中で1人またはそれ以上が，解釈者のスキル

や考え方，振る舞いをどれくらい知っているか，彼を引きつける方法を知っているか，時間をかけて信頼を構築すること，そして新しい才能をどこで見つけるかを知っているか，に基づいている。

関係性のナレッジは，住所録に体系化されるのではなく，むしろ人々の中で「暗黙に」保持され育てられる。社会資本を形成するように，それはすぐに購入されるものではなく，時間をかけて構築されなければならない。そのような知識は「累積した」投資を必要とし，成功と失敗を繰り返すことによって実現する。

強みと課題

暗黙的で累積した関係資産の性質は，デザイン・ドリブン・イノベーションの強みであり，課題でもある。

これらの資産の暗黙的な性質は，競合相手が自分のものにするのを困難にしているため，それが「強み」となる。あなたがかつて見つけた主要な解釈者を他者が雇ったとしても，彼らは解釈者との相互作用を行う能力を真似できないだろうし，解釈者がいったい何に貢献するかを理解できない。そして，これらの資産の累積する性質は，正の循環を創造する。デザイン・ディスコースとより独占的な関係を持つと，より主要な解釈者を虜にするブレイクスルーや魅力的なビジョンを生み出す能力が増す。すなわち，ひとたび独自の関係資産を開発すると，競合他社はめったに競争的な位置に追いつけなくなる。確かに，多くのイタリアの製造業者は，何十年も世界的なリーダーとしてのポジションを維持している。

関係資産の性質は，「課題」でもある。なぜなら，それらを構築するプロセスは，はじめはゆっくりとしており，多くの苦しみを伴うからである。あなたは複雑で，多角的で，騒々しい未知の領域であるデザイン・ディスコースに進出し始める。エリートの輪に加わる権利を獲得する必要があり，当初は中心的な貢献者として認識されない[3]。

あなたはどのようにして関係資産を創造し，素早く正の循環を活性化するプ

図10-1
デザイン・ディスコースでの解釈者との関係資産を構築するための戦略

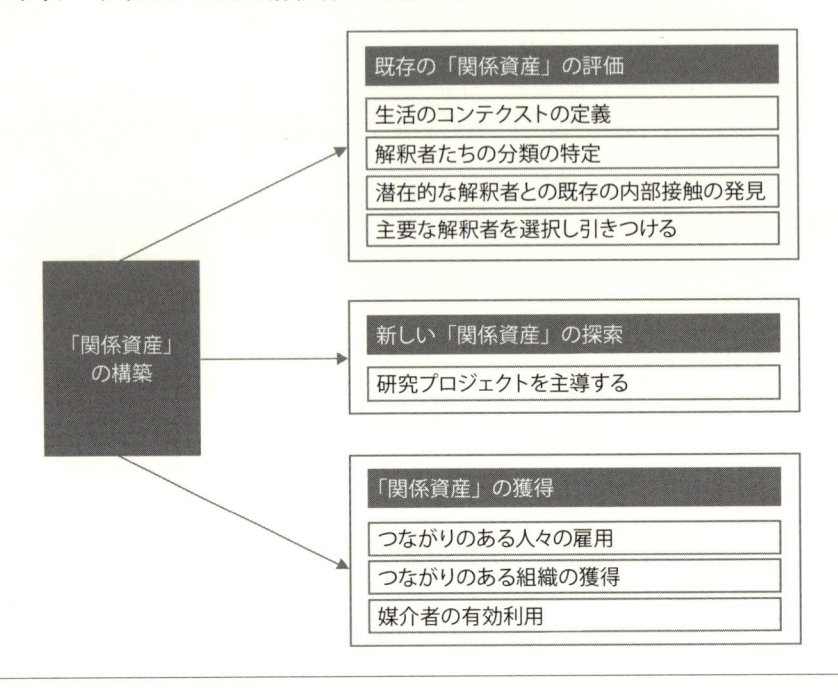

```
                        ┌─────────────────────────────────┐
                        │ 既存の「関係資産」の評価          │
                        ├─────────────────────────────────┤
                    ┌──→│ 生活のコンテクストの定義          │
                    │   │ 解釈者たちの分類の特定            │
                    │   │ 潜在的な解釈者との既存の内部接触の発見 │
                    │   │ 主要な解釈者を選択し引きつける    │
                    │   └─────────────────────────────────┘
┌──────────┐        │
│          │        │   ┌─────────────────────────────────┐
│「関係資産」│────────┤   │ 新しい「関係資産」の探索          │
│ の構築    │        ├──→├─────────────────────────────────┤
│          │        │   │ 研究プロジェクトを主導する        │
└──────────┘        │   └─────────────────────────────────┘
                    │
                    │   ┌─────────────────────────────────┐
                    │   │「関係資産」の獲得                │
                    └──→├─────────────────────────────────┤
                        │ つながりのある人々の雇用          │
                        │ つながりのある組織の獲得          │
                        │ 媒介者の有効利用                  │
                        └─────────────────────────────────┘
```

ロセスを実現できるのであろうか？　これには3つの補完的な戦略である，「評価」「探索」「獲得」（図10-1参照）が不可欠である。

既存の関係資産を評価する

　デザイン・ディスコースで解釈者と重要な関係をすでに持っている会社がよく見られる。アメリカの主要なオフィス・オートメーション企業の科学者が私に次のような手紙をくれた。「私の企業は，印刷業界や大学，グラフィックアート，サプライヤー基盤，内外部両方のデザインコミュニティの様々な解釈者と数えきれないほどの親密な接点を持っていることに私は気づいている。しかしながら，私たちはこれらの相互作用を通してデザインを改善する必要がな

いと思わせるほどの強力な技術的強みを持っている。」

あなたは，従業員が1万人以上いる企業が，外部の専門家や学者，サプライヤー，芸術家，ジャーナリスト，デザイナー，社会学者，マーケッターとの関係をすでにどれくらい持っているかどうかだけを想像することだろう。単純にこの大切なものを評価せず，権限を持たせてこなかっただけかもしれない。多くの企業が，既存のデザイン・ディスコースとの関係網の豊かさと広がりを理解していない。なぜなら，彼らは個々の従業員の資産を，組織の協調的な資産というよりむしろ，個別のものとして扱ったままでいるからである。

それがデザイン・ドリブン・リサーチでないだけで，外部の専門家はすでにあなたの企業と協力関係にあるかもしれない。例えば，本書では神学の学位を持ったドイツ人のジャーナリストが，社会と意味における長期的な変化を読む能力のおかげで，バリラのビヨンド・プリモ・ピアット・プロジェクトにどんな大きな貢献をしたかを見てきた。このジャーナリストは，別の目的で彼に接触し，彼が意味の革新的な変化の解釈者として振る舞うことを決して想定していなかったコミュニケーション部署のメンバーによって，イノベーション・チームに紹介された。

それゆえ，デザイン・ディスコースとの関係を構築するための最初の戦略は，人々がすでに持っている解釈者との個人的な関係を，会社の資産に変換することである。第7章で示したように，終盤に向かい，イノベーション戦略の焦点である生活のコンテクストをまず特定すべきである。次に，その生活のコンテクストと関係する解釈者のカテゴリーを特定すべきである。それから，潜在的な解釈者の特定を支援してくれる人々とすでに重大な接点を持つ企業内の組織ユニットに尋ねるべきである。

あなたのデザイン部門（もし所有していれば）が，そのような接点の重大な情報源となり得るが，それは決してデザイン部門だけではないことに留意すべきである。デザイン・ディスコースとの関係は，あなたの組織全体に広がっている（図10-2はすでに外部の解釈者と関係を持っている内部のユニットを示している）。最後に，主要な解釈者として本当に機能する潜在的な解釈者の名

第3部　デザイン・ドリブン能力の構築

図10-2
組織の様々な部門の至るところに広がる既存の関係資産

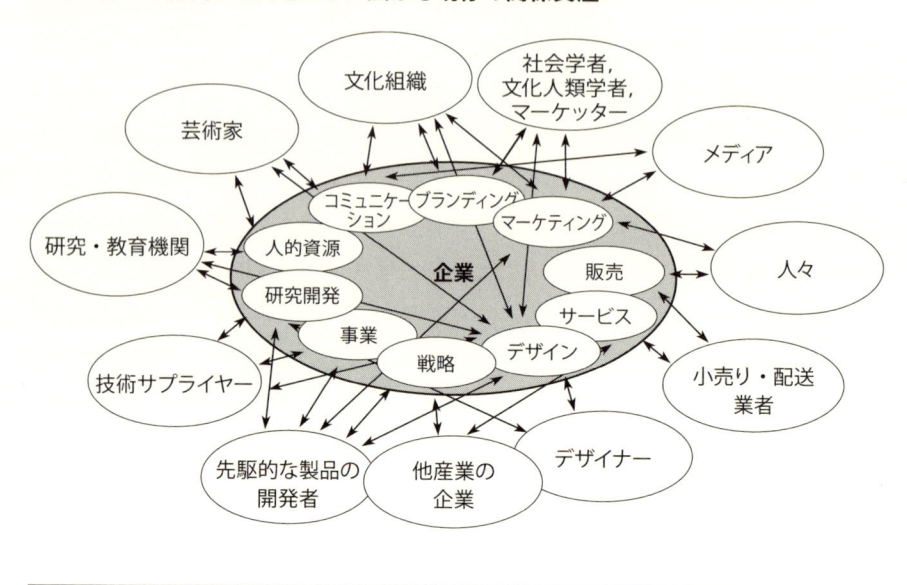

（図：中央に「企業」を含む楕円があり、その中に「コミュニケーション」「ブランディング」「人的資源」「マーケティング」「研究開発」「販売」「事業」「サービス」「戦略」「デザイン」が配置されている。周囲には「文化組織」「社会学者、文化人類学者、マーケッター」「芸術家」「メディア」「研究・教育機関」「人々」「技術サプライヤー」「小売り・配送業者」「先駆的な製品の開発者」「他産業の企業」「デザイナー」が配置され、相互に矢印で結ばれている。）

簿の中から（表7-1のガイドラインを使って）選択する。

新しい関係資産の探索と獲得

　すでに身の回りにある関係資産を認識し，力を与えることは，初期の重要な戦略を形成するが，それらだけでは十分ではない。あなたとデザイン・ディスコースとの現在の関係は，あなたが必要とするすべての主要な解釈者へのアクセスを提供しないだろう。これは特にデザイン・ドリブン・イノベーションに初めて取り組み，別の目的のために自然に開かれた既存の関係網だけしか見ないときに当てはまる。その既存の関係網は，これまで戦略的に計画されておらず，方向づけられていなく，育てられていない。あなたの関係資産に欠けた点を満たすためには，2つの戦略を追加する必要がある。

　第1の戦略は，解釈者の探索に投資することである。第7章と第8章ではそ

のような探索の例を示した。アレッシィの例では，まだ見ぬ解釈者を発見するために，特別にデザイン・ディスコースの未探索な部分で定期的な研究をどのように行うかを示した。

　第2の戦略は，その関係を獲得することである。あなたが目的とする生活のコンテクストで見逃している解釈者との関係をすでに持っている人々を雇うことによって，この戦略を実現できる。アップルは，国産品のデザインを行っていたジョナサン・アイブを雇ったことで，この戦略を実行した（第7章を参照）。

　あなたは，興味を持っているデザイン・ディスコースの部門にすでに集中している組織全体を獲得しているかもしれない。例えば，フィリップスは，最近LED技術の応用に特化したボストンの企業であるカラー・キネティクス（Color Kinetics）を買収した。この買収を通して，LEDのサプライヤーであるフィリップスは，公と私生活の両方を対象にした川下での応用分野のクリエーターとより強力な相互作用を行い始めた。カラー・キネティクスは，ロンドン・アイ（London Eye：世界最大の観覧車の1つ）のイルミネーションとフィラデルフィアの歴史的なボートハウス・ロウ（Boathouse Row）など，いくつかの先進的なプロジェクトを通して，重要な体験と関係資産を開発した。

　最後に，あなたは媒介者（デザイン・ディスコースという未開の地にあなたを案内し，まだ見ぬ主要な解釈者をあなたに引き合わせる外部の人々）を巻き込むことによって，欠けていた関係を獲得することができる。アレッサンドロ・メンディニは，先進的でポストモダンのデザイン言語である国際的な建築家をアレッシィに紹介することによって，重大な役割を果たした。あなたはどんな分野の解釈者においても，媒介者を見つけることができる。例えば，会社はたびたび，ミラノ工科大学の私たちのチームにアプローチをしてくる。なぜなら，大学機関の，様々な領域（工学からデザイン，マーケティングに至る）の交差点に存在し，研究に専念し，それゆえ本質的に外部の解釈者にとって魅力的であるような幅広い領域の解釈者と関係を持っている媒介的な役割を評価するからである[4]。

デザイン・ドリブン・ラボ

　デザイン・ドリブン・イノベーションのための重要な能力に関するこの分析では，これまで「何を（能力とは何か？）」「どのように（どのようにそれらを構築するか？）」という点から検討してきた。次の質問は，「誰が」である。誰がこの能力を構築し，更新するプロセスを先導し，支持し，監視すべきであろうか？

　この問題は，無意味なものではない。今まで述べたように，企業はたびたびデザイン・ドリブン能力の種を持っている。しかし，それらは彼らに認識されていない，またはそれらを育て，異種交配し，使用することによって組織的な資源に変換できていない。これらの後者のプロセスは同時には起こらない。それらには導かれることが必要である。

機能的ユニットによるリーダーシップ

　いくつかの会社では，この役割は次のような機能的ユニットによって担われている。R&D（例えば，バリラ），営業開発（ベイヤー・マテリアル・サイエンス），戦略（STマイクロ・エレクトロニクス，インテュイット），デザイン（フィリップス，ノキア，サムスン），イノベーション（コカ・コーラ（Coca-Cola）），製品開発（レゴ（Lego）），マーケティングとブランディング（ドゥカティ（Ducati motorcycle company））。これらのすべての会社では，機能的ユニットはデザイン・ドリブン能力の展開を行うためにそれらの役割を拡大してきた。

　この拡大は，企業の明確な選択（例えば，フィリップス），その歴史的な進化（例えば，創始者であるスコット・クック（Scott Cook）がデザインリーダーであるインテュイット），その特定の使命や産業（例えば，ベイヤーやSTマイクロ・エレクトロニクスのような技術のサプライヤーは，高度な技術であるR&Dよりむしろ戦略的機能でこの役割に集中しがちである），または機能

的な幹部の考え方やスキル（例えば，バリラではR&D部門の副部長が革新的な技術だけでなく，革新的な意味も探索させる幅広い考え方を持っている）を反映している。

　上に述べたことは，これらの企業が機能的ユニット内部でデザイン・ドリブン・イノベーションを実現することを示しているわけではない。これらの会社は，様々な部門を通して資産（関係やナレッジ，魅力的な力，統合的なプロセス）を広げている。その一方で，そのような資産の開発を活性化し，まとめ，監視するために，主要なユニットを持っている。

　他の会社では，デザイン・ドリブン・イノベーションの促進の責任を複数の部門で明確に共有している。白物家電の製造業であるインデシット（Indesit）は最近，家庭生活のための新しい革新的な意味を提案するための主導力を発揮し始めた。イノベーションおよび技術的ユニットと，マーケティングおよびブランディングユニットの両方が，この主導権を持つ。それらは，企業が技術的・社会文化的な推進力を利用して，幅広い視点の育成を進めるために，合同でそれを先導し，組織内で促進し，目標を定義し，関係資産を獲得している。

献身的なラボによるリーダーシップ

　他の会社では，献身的なデザイン・ドリブン・ラボをつくっている。それは，デザイン・ドリブン能力の開発と監視を支援する，特別な小規模ユニットである。例として，ヨーロッパの家庭用繊維製品の主要な会社であるズッチ・グループ（Zucchi Group）が挙げられる。

　西側の企業が，東側の企業からの侵害に耐えきれず，戦略とビジネスモデルをかなり見直しているように，繊維製品産業は最も魅力的な（そして荒れ狂う）時代の1つに突入している。多くの西側企業で，イノベーションは急流に乗るための唯一の船になるだろう。繊維製品産業は，ファッションによって決定される製品ラインが漸進的でなく，急激な変化を起こすことが知られるが，特に画期的な技術のおかげで，急進的なイノベーションが今，現れ始める機会を得ている。

新しい合成繊維でできた布は，その産業内で最も技術が影響する領域であり，すでに競争に革命をもたらしている（例えば，スポーツ用繊維製品）。今の技術的な機会の波はまた，衣服や室内装飾用に綿や他の天然生地が使われている，最も伝統的な部門を圧倒している。これらの技術は，新しい化学的処理や，薬剤を抜くためのシクロデキストリンの使用が挙げられ，マイクロエレクトロニクスやナノテクノロジーを組み込むことで，布を知的にする，ほんのいくつかの例が挙げられる。

しかしながら，この風変わりな技術が豊富にあるにもかかわらず，企業は人々の現実のニーズと欲望を満たすことのできる応用を必死に探している。繊維製品は，人々によって着用され，優れた感情的で象徴的な内容を持つ家の中で使われる。それゆえ機能的なイノベーションは，もし意味の再解釈を伴わないのであれば役に立たない。この産業は刺激的な段階に入っており，デザイン・ドリブン・イノベーション（特に技術が悟る瞬間の探索）が重大な優位性を生み出すことになるだろう。このコンテクストの中で，ズッチは技術と意味の両方で急進的なイノベーションを促進するために，製品開発部門の前任の副部長が先導的な役割を果たし，献身的なラボをつくった。

企業は2つの理由で，機能的ユニットの壁を超えて機能する献身的なラボをつくることを選択する。第1に，多くの他産業と同じように繊維産業は，流れが速く，荒れていることが特徴である。マーケティングと製品開発は，新しいコレクションを季節毎に提供することを急かされている。これが既存の意味を覆す製品づくりよりむしろ，強化しようとする短期的で漸進的なイノベーションに焦点を当てさせる。日々の活動で精一杯になると，会社は革新的で長期的な努力に焦点を当てることが難しくなる。ズッチのラボはデザイン・ドリブン・イノベーションに対して献身的であるため，この短期に逼迫した圧力から身を守ることができる。

企業は，材料技術からプロセス技術まで，マーケティングからブランディングまで，物流からサービスまで，1つのユニットの中で完結しない複数の考え方を結合することができることでもまた，機能的ユニットを横断する献身的な

ラボをつくることを選択する。

　第2章で議論した台所用品の製造をしているスナイデロは，外部のラボであるRSSF（Rino Snaidero Scientific Foundation）によって，このアプローチを拡大してきた。その財団は，技術的な視点で社会文化的な変化を調査することによって，家庭の生活スタイルの質に関する研究を行っている。自立した外部の研究ユニットの発見を，企業に転移することは難しいけれども，それは解釈者へのアクセスを促している。財団は，特定の企業と製品分類に焦点を当てないため，未来を探究する志向であると認識されている。それゆえ，交流し，協力する解釈者としても面白い存在である。実際に，RSSFは大学（ドレスデン工科大学など）やデザインスクール（ミラノのドムス・アカデミーなど），同じ生活のコンテクストに対するデザイン・ドリブン・イノベーションに興味を持つ企業（ズッチ・グループなど）など，20以上のパートナーを持っている。

デザイン・ドリブン・ラボの役割

　既存の部門の中，または独立したユニットでデザイン・ドリブン・ラボをつくるとしたら，それは企業のデザイン・ドリブン能力の開発を先導していくだろう。特に，デザイン・ドリブン・ラボは次の4つの活動を行う。

　第1は戦略に関わる。そのラボは，デザイン・ドリブン・イノベーションにとって，最も注意深い観察者であり，この上ない機会を持っている。それはあなたの会社が最初に新しい意味を探索し，競合他社の手にこの戦略を手放さないことを確約する。すなわち，デザイン・ドリブン・ラボは，あなたのイノベーションの枠組みにおけるデザイン・ドリブン・イノベーションの位置づけに責任を持っている（図3-1を再参照）。誰も手をつけていない領域を発見し，不安定な計画（漸進的なイノベーションに集中し過ぎること）を避け，新たなプロジェクトを始める必要性を感じ（あなたの会社が時機を逃すことによって，支配的な意味が促進される前に，また，社会文化的なパラダイムの革新的な変化が市場に影響する前に），様々な試みのシナジーを生み出し（例えば，技術が悟る瞬間の探索における社会文化的シナリオの長期的な解析で，テクノ

図10-3
デザイン・ドリブン・ラボと関係資産の創造

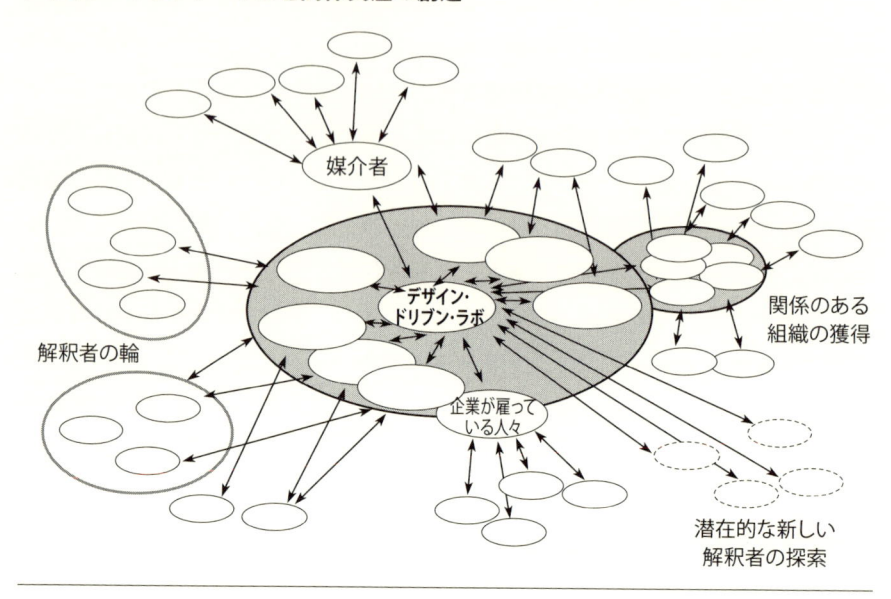

(図中ラベル：媒介者／解釈者の輪／デザイン・ドリブン・ラボ／企業が雇っている人々／関係のある組織の獲得／潜在的な新しい解釈者の探索)

ロジー・プッシュのプロジェクトに参加することによって)，あなたのイノベーションの枠組みの進化を監視する。

　デザイン・ドリブン・ラボの第2の役割は，関係資産の開発と更新を促進することである。それは外部の解釈者との関係構築において，主要なエンジンとして機能する（図10-3参照）。すでに関係を構築している解釈者を見つけるために会社を詳しく調べ，あなたの企業の人々が継続的に発展させる興味深い関係を，組織的資産に変換する中心的な存在となる。ラボがこれらの関係を継続的に支援することによって，デザイン・ドリブン・イノベーションに累積した投資ができる。特に，もし自立的なユニットとして置かれれば，ラボは将来の競争に不可欠となる解釈者のネットワークの出現を特定することができ，この新しいネットワークの調査を目的とした活動を促進していく。そうすることで，ラボは雇うべき個人や，獲得すべき組織，関係を構築すべき媒介者を特定

するだろう。

　デザイン・ドリブン・ラボの第3の役割は，解釈のプロセスを育てることである。すなわち，デザイン・ドリブン・リサーチのプロジェクトを実現させることである。ラボは，あなたの企業と外部の解釈者の中から刺激や洞察力，探究を集める重要な存在となる。もし主要なプロジェクトが行われていなくても，継続的に分析を行っている。このようにして，あなたはいつも意味と製品言語の進化に関する包括的で最新の知識を持つことができる。会社と解釈者は，デザイン・ディスコースにいつも集中し，洞察力の継続的な流れを提供する。デザイン・ドリブン・ラボが，それらを集め，接続し，解釈しなければ，これらの洞察力は無駄になる。例えば，私はたびたび，ある機能的ユニットの代表がワークショップを行っている会社と，学生と一緒に面会していたが，他のユニットはワークショップから現れる豊富なアイデアや刺激，関係に気づいていなかった。

　デザイン・ドリブン・ラボは，企業にデザイン・ディレクション・ワークショップの主導の仕方，または追求するためのコンセプトの選択方法の学習など，デザイン・ドリブン・イノベーションの方法論や手段の獲得と改善を促す。そのようなラボはまた，初期のデザイン研究の参加している解釈者と実現可能性を気にかけるエンジニアとのインタフェースとしても振る舞い，川下の製品開発を支援するための特権的なポジションにいる。

　最後に，デザイン・ドリブン・ラボは，あなたの会社をデザイン・ディスコースに取り組ませる。一方で，ひとたび特定した主要な解釈者を引きつけさせる，革新的で前向きな協力と実践の評価を維持するために，デザイン・ディスコースと継続的にコミュニケーションをとる。また他方で，ラボは，解釈者たちの魅力的な力を利用するために，彼らの間に広がるような文化の原型を創造する。

権限を持ったラボ

　ラボは，デザイン・ドリブン・イノベーションの能力が集中する場所ではな

いことに注意しておきたい。会社内でイノベーションについて考えるためのたった1つの創造的な（そしてラッキーな）人々のチームでもない。これらの能力は組織全体を通して拡散される。すべての人々が解釈者との関係を育て，新しいビジョンと解釈のためのアイデアに貢献する。デザイン・ドリブン・リサーチの参加者は多部門にわたり，組織のすべての資源を利用するため，それがプロセスを効率化させるだろう。

むしろ，デザイン・ドリブン・ラボは助力者（enabler）である。つまり，会社全体の資源を評価し，現実の価値に向かわせ，利用し，集中し，構築し，変換させる役割を持った方法論の保管場所である。ラボは少量で高品質なユニットである。それを運営するために必要な人数は少なくてよい。アレッシィは，アルベルト・アレッシィと，彼のアシスタントのグロリア・バーケリーニ（Gloria Barcellini），デザイン・マネジャーのダニロ・アリアータ（Danilo Alliata）のたった3人で運営しており，アレッサンドロ・メンディニとラウラ・ポリノーロ（以前のデザイン・ドリブン・ラボであったセントロ・スチュディ・アレッシィのディレクター）といった主要な外部の媒介者が支援している。ズッチも3人である。RSSFは3人の従業員と何人かの協力者である。

大企業は，このアプローチが供給できる力を最大化するために，開発する資源（組織全体）と投資する資源（デザイン・ドリブン・ラボ）の好ましい比率を自由に決めることができる。小企業は，限られた大きさでこのアプローチの利用のしやすさを享受する。例えば，小規模な毛糸の製造会社であるフィラチ・マクロディオ（Filati Maclodio）は，布に関する先進的な技術の新しい応用を調査し，技術が悟る瞬間を探究するためにデザイン・ドリブン・ラボをつくった。フィラチ・マクロディオは，学校や研究所，大学にいる解釈者と相互作用をする，たった2人の小さなラボを利用している。

デザイン・ドリブン・ラボでは，質が量を補っている。ラボはその役割を果たすために，企業内に精通し，デザイン・ディスコースにも集中できる人材を必要としている。この課題への取り組みを支援するツールとアプリケーションがある。例えば，ラボの権限を強化するために，ズッチ・グループは，機能的

ユニットと外部の解釈者が同じように貢献と洞察力を提出できるウェブ・ベースのナレッジの保管場所をつくった。中央に位置するラボは，この豊富な情報の管理人として機能し，刺激間の関係を見つけ，進化する性質を分析し，技術と社会文化的な環境における重大な変化を導く微弱な信号と異常を特定し，将来のデザイン・ドリブン・リサーチを育む。

拡張：デザイン・ドリブン能力から得る利益

　企業が持つデザイン・ドリブン能力の価値は，時々サービスとしてその能力を提供することで，直接利益を生み出す。例えば，フィリップス・デザインは，自社のビジネスユニットにデザイン・ドリブン能力を提供するだけでなく，外部の顧客にコンサルタント・サービスを提供するデザイン企業としても機能している。それゆえ，デザイン・リサーチでの会社の投資を埋め合わせする収益源となるだけでなく，企業の相互作用を拡大し，フィリップス自身の製品のための洞察力を新たに供給する。

　IBMは，自社のデザインユニットの派生として，新たにデザイン・コンサルタント・サービスをつくった。その役割は，IBMの中心的なサービスであるビジネス，エンジニアリング，技術的サポートと一緒に，インタラクション・デザイン，ユーザビリティ，ブランドデザインにおけるIBMの専門知識を一括して提供することであった。このアプローチはビッグ・ブルー（Big Blue）が顧客へ複雑なシステムを提供することを可能にさせた。そこには，IBMの技術を組み込んだ製品のデザインとサービスが含まれていた。これらは例えば，ニューヨーク証券取引所のためのハンドヘルド・ワイヤレス装置の開発や，IBMが開発した車載技術を使って，交通渋滞を減らすことを目的としたスウェーデンの道路行政向けの複雑なプロジェクトを実現させた。

　アレッシィもまた，デザイン・ディスコースに基づいた関係資産から直接利益を得ている。200人以上のデザイナーとの関係の巨大な価値を前提として，多くの会社がアレッシィにデザイン・ドリブン・リサーチを行う上での手助け

と戦略に合致した主要な解釈者の特定を求めてくる。例えば，アレッシィは最近，ドイツの洗濯用品や美容用品，家庭用品を製造するヘンケル（Henkel）のトイレ洗浄用の洗剤の開発支援を行った。アレッシィは，適切なデザイン言語と意味の定義を助け，次にその言語と意味を解釈できるデザイナーの選択（ミリアム・ミッリ（Miriam Mirri））を行った。その結果，生まれたフレッシュ・サーファー（Fresh Surfer）という製品は，トイレの水が流れるときにできる波に乗る小さなウインドサーファーのような形になった。アレッシィは，フィアット，シーメンス，フィリップス，セイコー，三菱など多様な企業と同様のプロジェクトを行っており，現在アレッシィの30％程度の収入がここから得られ，重要な収入源となっている。

　デザイン・ドリブン能力は，簡単に購入し複製することができないため，それを創造することは挑戦的なことである。しかしながら，ひとたび構築してしまうと，あなたが成し遂げた競争の中でのポジションは，自分で思い描いていた範囲を超え，他者が真似できない持続可能な利益源となる。

【注】

1) アルテミデは独特な例である。デザイン部門を持たないにもかかわらず，社長のエルネスト・ジスモンディと，取締役でもある彼の妻のカルロッタ・デ・ベヴィラッキャは時々製品をデザインする。
2) Giulio Castelli, Paola Antonelli, and Francesca Picchi, *La fabbrica del Design: Conversazioni con i Protagonisti del Design Italiano* [The Design Factory: Conversations with the Protagonists of Italian Design] (Milano: Skira Editore, 2007).
3) 技術や社会文化モデルで画期的躍進があるような戦略的環境において，破壊的変化が現在のネットワークを時代遅れにするとき，関係資産を構築することが2つ目の大きな課題となる。実際に，関係資産を構築する必要性によって，会社は，彼らがすでに知っている解釈者に小さな追加投資をする。しかしながら，新しい環境が新しい解釈者たちを必要とするとき，進化的な経路をとり続けることも危険で，関係者のネットワークを革新的に再設計することを難しくしてしまう。第5章と第7章ではこの課題に取り組んでいる。環境の素早い変化に取り組むためのダイナミックな能力の開発と更新に関するさ

第10章　デザイン・ドリブン・ラボ

らなる洞察は，
David J. Teece, Gary Pisano, and Amy Shuen, "Dynamic Capabilities and Strategic Management," *Strategic Management Journal* 18, no.7 (1997): 509-533.
を参照のこと。

4) ミラノ工科大学には1,000人以上の非常勤の教授がおり，ほとんどがプロのエンジニアやマネジャー，デザイナーである。講師には，ジオルジエッティ・ジウジアロやセルジオ・ピニンファリーナのようなデザイン企業の創設者，アルベルト・アレッシィやルカ・コルデーロ・ディ・モンテゼーモロ（Luca Cordero di Montezemolo），ジョルジオ・アルマーニ（Giorgio Armani）のような企業の経営幹部，アーノルド・ポモドーロ（Arnaldo Pomodoro）のような芸術家，ニューヨーク現代美術館の展示会のカタログを発行するフェデリカ・オリバース（Federica Olivares）のようなジャーナリストがいる。

第11章 ビジネス・ピープル

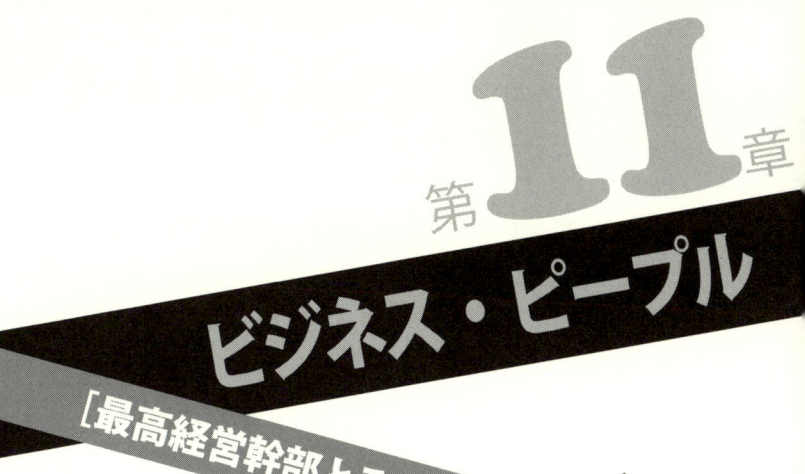

[最高経営幹部とその文化の重要な役割]

これらの経営幹部は，主な競合相手が探索しないところに自身を没頭させる。彼らはわざわざまだ探究されていない領域を探究する。創造性に関する本は「枠の外で考える」と言うのが好きである。むしろ，これらの経営幹部は，「関係者の外で考える」ことに自身を没頭させる。

挿絵：Daniele Barillari

2000年に，若手のコンピュータ・エンジニアであるトニー・ファデル（Tony Fadell）は，彼の革新的なアイデアに投資してくれる会社を探し求めていた。彼は，MP3プレイヤーとオンラインの音楽ストアを結びつけようとしていた。ファデルは，ジョン・スカリー（John Sculley）がアップルを経営していたとき，そこから独立したゼネラル・マジック（General Magic）でハードウェア兼ソフトウェア設計者として働いていた。その後，フィリップス・エレクトロニック（Philips Electronic）のモバイル・コンピューティング・グループで，エンジニアリング・ディレクターとなった。そして，ここも退職し，MP3の音楽産業に彼のアイデアを売り出そうとした。彼はいくつものドアを叩いたが，多くの経営者たちは彼のアイデアを無視した——1人を除いては。その間に，スティーブ・ジョブズは暫定CEOとしてアップルに復帰し，ちょうど彼のような人物を探していた。アップルは音楽産業をひっくり返す1年間のプロジェクト——iPodをデザインするための——を主導するためにファデルを雇った[1]。

　マッキントッシュ（Macintosh）とiMacの開発以来，スティーブ・ジョブズは急進的なイノベーション・プロジェクトにその身を捧げてきた。iPodも例外ではなかった。彼は方向性を定め，市場に参考にするものがなかった製品の仕様をまとめた。ジョブズは，iPodが，アップルが2001年の1月にリリースを計画した音楽アプリケーションであるiTunesと途切れなく動作することにこだわった。彼は，iPodのユーザー・インタフェースの開発を指揮し，自動制御された多くの機能を要求し，1,000曲のメモリー容量も用意した[2]。iPodの開発を支援した，契約業者であるポータル・プレイヤー（Portal Player）の前シニア・マネジャーは，「iPodの面白いところはそれが始まって以来，スティーブ・ジョブズが100％の時間をかけ，プロジェクトのすべてのあらゆる側面に深く参加したことである。彼は，ボタンを押すことを3回以内で，聞きたい曲にたどり着けないことにひどく腹を立てていた。私たちはオーダーを受ける。『スティーブは十分な音量だと思っていない。形のシャープさも十分ではないし，メニューの動きも十分な速さではない』。毎日スティーブから様々な要求に関するコメントをもらった」と述べている[3]。

第11章　ビジネス・ピープル

ビジョンやプライド，才能を見出す力。私たちが本書で出会ったビジネス・リーダーや企業家は――カルテル（ロン・アラッドによってつくられた，らせんの本棚のブックウォームに唯一投資した企業）の創業者のジウリオ・カステリから，STマイクロ・エレクトロニクスのCEOであるアルド・ロマノまで――みなこれらの才能を持っている。

　本書は，イノベーションとデザインの「マネジメント」に関するものである。私は，デザイナー，発明家，エンジニア，科学者がどのように創造的なアイデアを思いつくかについて話してきたわけではない。むしろ，経営幹部が画期的なイノベーションを実現するために，外部や内部の資源と創造性を利用するプロセスを検討してきた。ロン・アラッドがどのようにブックウォームを考え出したのかではなく，カルテルの会長が，この才能あふれるアーティストをどのように見つけ引きつけたか，競合他社が見過ごしていた，彼のアイデアにおけるビジネスの可能性をどのように着想したのか，そしてそれを大ヒット商品へとどのように結びつけたかについて分析してきた。

　刺激的な（inspiring）リーダーなしに，革新的なイノベーションは実現しない。この章では彼らの重大な役割を徹底的に調査する。

これが最高経営幹部の仕事である

　フェラーリと，家具製造のカッシーナとポルトローナ・フラウ（Poltrona Frau）の親会社の会長であるルカ・コルデーロ・ディ・モンテゼーモロ（Luca Cordero di Montezemolo）のように，アルベルト・アレッシィは法律家としての訓練も受けている。アルテミデの会長であるエルネスト・ジスモンディは，航空宇宙産業のエンジニアである。カルテルのジウリオ・カステリや，繊維製品の製造を行うズッチ・グループのCEOであるマテオ・ズッチ（Matteo Zucchi），スナイデロの会長であるエディ・スナイデロ（Edi Snaidero）もまたエンジニアである。ソフトウェア会社のインテュイットの創業者であるスコット・クックは，経済学と数学の学士とMBAを持っており，サムスンの会

長である李健熙（イ・ゴンヒ）も同様である。任天堂の社長兼CEOの岩田聡は，コンピュータサイエンスを学んでいた。スウォッチ・グループの会長兼CEOのニコラス・G・ハイエクは数学・物理・化学を学んでいた。ノキアの会長であるヨルマ・オリラ（Jorma Ollila）は，政治学・経済学・物理工学を学んでいた。

　もし，デザイン・ドリブン・イノベーションに確かなことが1つあるとすれば，それはプロセスを先導するのにデザインの教育や芸術性を必要としないということだ。また，ベジタリアンになる必要もないし，スティーブ・ジョブズを導師として崇拝する必要もない。アルベルト・アレッシィは，公共の場での講演を嫌う，穏やかな人間である。スコット・クックは注意深く，尊敬の念を持って他者の考えに気を遣う。カウンターカルチャーの型にはまらない，品のよい経営幹部である。

　デザイン・ドリブン・イノベーションには，外部と内部の解釈者以上に必要とするものがある。それは，経営幹部である。またそれには，彼らが様々な方法で実行したようなリーダーシップが必要である。

　例えば，彼らの中にはイノベーションのマネジメントに直接，関わりたがる人もいる。アルベルト・アレッシィは，会社のCEOとしてだけでなく，イノベーションやブランディングの責任部門を直接，率いていた。エルネスト・ジスモンディは，アルテミデの製品をつくり出すことによって，照明に対する情熱を解き放っていた。クラウディオ・ルーティは，外部のデザイナーとの会議に毎回出席した。そして，スティーブ・ジョブズは製品の細部まで注意を払う。彼は，開発をする人々に意味とビジョン（マッキントッシュやiMacの電気回路の見栄えのような本当に細かい特徴でさえも）を共有し，尊重してもらいたいと思っている。

　他の経営幹部は，デザイン・ドリブン・イノベーションに創造的思考を与えていた。インテュイットの取締役会長に加えて，CDO（Chief Design Officer）も兼ねていたスコット・クックは，会計アプリケーションは迅速でシンプルであるべきだというビジョンを創造している。彼は，製品のデザインには直接，

関与するのではなく，むしろ才能の増幅器——ソフトウェア・アプリケーションを通して，人々に喜びを与える会社の能力を強化する役割を持ったコーチやメンター——として自分を見なしている。

最高経営幹部の3つの役割

　経歴や姿勢，存在感の強さがどうであれ，マネジャーはいくつかの本質的な特徴を共有し，他の誰にも委任できない役割を担っている。

　第1に，彼らはデザイン・ドリブン・イノベーションのプロセスの方向性を示し，そこに火をつける。結果は，イノベーション戦略がどのように構成されたかに強く依存する。そして，経営幹部は正しい質問をすることによって，戦略の組み立てに重大な役割を果たす。デザイン・ドリブン・イノベーションにおいて，プロセスに火をつける質問は「人々が私たちの製品を購入する本当の理由は何であろうか？　彼らはどのような意味を探しているのであろうか？　私たちは新しい意味を提案する製品を提供することによって，どのようにして彼らの欲望を満たし，より満足してもらえるのだろうか？」と尋ねることである。多くの会社で従業員やデザイナー，エンジニアは，同じ質問を自分自身に問いかけているかもしれないが，最高経営幹部がその質問を行い，真剣に受け入れた企業だけが，答えを見つけるための危険な探索に投資を行う。特徴ではなく意味を考え，改善ではなく革新的な変化を探究し，既存のニーズを満足させるのではなくビジョンを提案することが（これらのすべての努力は組織的な心構えを必要とする）偶然では引き起こせないことを実現する。それは最高経営幹部にしか育てられない。

　第2に，デザイン・ドリブンのリーダーは，関係資産の創造に直接，参加する。彼らは，デザイン・ディスコースの最前線で主要な解釈者を特定する。この直接的な関与は単純で，的確な経済の原理である。経営幹部はいつも，最も重要な投資の決定に時間と労力を割いている。そして，デザイン・ドリブン・イノベーションでは，主要な投資が関係資産に関わっている。クラウディオ・ルーティが言うには，カルテルはデザイナーに投資するが，ソリューションに

は投資しない。最高経営幹部の直接的関与は，才能あふれる解釈者たち（役員室のドアが開かれているために，会社が彼らの貢献を評価することを見ている）を引きつけ，選ぶために重要である。

私はかつてアルベルト・アレッシィに，彼が直接，行っている仕事の中で，どの仕事が組織内の他の人々に委任することが大変であるか聞いたことがある。彼は次のように答えた。

> 私には2つの別個の問題がある。1つは，アレッシィにとって面白みのある新しいデザイナーをどうやって見つけるかである。もう1つは，彼らとの関係を維持し，輝き続けさせる方法である。後者は主要な関心事ではない。私はこれらの関係を維持できる唯一の存在であるとは思わない。それにはある種の資質を必要としている。信頼を示し，彼らが見せるものを信じ，彼らのイメージや夢を実現するために何でもすることを示す必要がある。さらに難しいことは新しい才能を見つけることだ。才能ある人々の群れが大きく，雑音にまぎれている私たちのコンテクストの中では，本当に難しい。そして，良いか悪いかにかかわらず，一度アイデアを受け止めると，理解することも難しくなる。

この証言は，主要な解釈者の特定と引きつけることが，日々の関係のマネジメントよりも重要であることを明らかにしている。だから経営幹部は，そのマネジメントをより容易に，注意深く訓練され，思いやりのあるマネジャーに委任することができる。

また，最高経営幹部の第3の重大な役割が，最終的にデザイン・ドリブン・リサーチ・プロジェクトから生まれる解決策を選択することであるのは明らかである。経営幹部は，会社の将来のイノベーションを左右するであろうビジョン（革新的な新しい意味）を選択するかけがえのない存在である。

方向性を示唆し，主要な解釈者を引きつけ，選抜し，そしてビジョンを選択することが，デザイン・ドリブン・イノベーションを促進する最高経営幹部の

3つの重要な役割である。これらの役割は，分析的ツールが確実で分かりやすい結果を保証できず，投資に対するリターンに最も大きな影響を及ぼすので，委任することができない。ディレクターがデザインに対するROIを気にしすぎる例を紹介した第5章で述べたように，財務諸表や市場テスト，フォーカス・グループはほとんど何も助けてくれない（もし得られたとしても，それはときに間違った答えである）。あるのは判断とリスクだけである。

　判断とリスクが重大な投資と結びつくとき，これがまさに最高経営幹部の仕事である。彼らは個人的に時間を捧げ，引きつけ，選択し，方向性を示すために必要なスキルを育まなければならない。

　最高経営幹部は忙しく，彼らの時間が貴重であることはみな知っている。このため，彼らができる3つの役割だけを抽出した。実際に，彼らがその役割に従事しているときは，時間は心配の種ではない。これらの3つの役割は通常，勤務時間中に行われるが，企業が意味の急進的イノベーションを生み出すためのプロジェクトを始め，それに関わるときには，彼らはほんの少ない時間でも集中するようになる。バランスのとれたイノベーション戦略を採る企業では，これらの重大な瞬間はそんなに起こらない。課題は，その時間の間に効果的なリーダーシップを提供するためのスキルを育てることである。そのため，デザイン・ディレクターであるスーザンが，私にデザインの価値をCEOに理解させるためにはどのようにすればよいかを尋ねてきたとき，私は「彼は，デザインの価値を計る『彼自身の物差し』を持つ必要がある。あなたや他の分析ツールはこれらのスキルの代わりをできない。そして，これらのスキルを育てるために，あなたは彼がデザイン・ディスコースに『没頭する』ように手助けをする必要がある」と提案した。

美術商：没頭することの重要性

　「私の仕事は，時間の精神を表現することができるアーティストを選ぶ美術商に似ている」と革新的なイタリアの家具製造業者であるドリアデの創業者エ

ンリコ・アストーリは言う。「私たちは編集者のようなものだ」[4]。

　実際，経営幹部は，美術商がちょうどアートのビジネスをするように，イノベーションのビジネスを行っている。美術商がアーティストでなくていいように，経営幹部も発明家である必要はない。両者は，主要な解釈者を特定し，引きつけ，選択するための能力に競争優位性を確立する。競合相手がまだ広く，一般に認知され，現在主流であるアーティストを探しているうちに，成功する美術商は将来性のある才能を発見できる人であり，才能ある彼らと特権化された関係をつくり出す。多くのアメリカ人の抽象的表現主義者を見出したベティ・パーソンズ（Betty Parsons）と，キャンベル（Cambell）のスープ缶のウォーホル（Warhol）の絵を初めて販売したレオ・カステリ（Leo Castelli）が良い例である。彼らは成功の公式を持っているわけではない。しかし，革新的なビジョンを持っていた。

　美術商はどのようにしてスキルを磨くのだろうか。それは没頭することを通してである。彼らはアートシーンとその社会的ネットワークに没頭している。ベティ・パーソンズは，1913年に13歳で初めてアートに触れた。それはアメリカ人にモダンアートを紹介するニューヨーク・アーモニー・ショー（New York Armory Show）であった。レオ・カステリは，第2次世界大戦のためアメリカに移住する前に，パリに住んでいた20代のときに美術商と結婚し，フランス人の超現実主義者と友人になった。

　没頭は，美術商が個人的に関係網を通して才能を探し出会うことを意味している。それは，まだ世間に知られていない解釈者のわずかな声を探知できるようになる唯一の方法である。没頭することにより，信頼されるメンバーの一員として新たなサークルに招待され，ネットワーク形成における未知の才能の探究は，規模は小さいが継続的に個人投資することによって累積的なプロセスとなる[5]。

　同様に，デザイン・ドリブン・イノベーションを追求する企業の幹部は，アートではなくデザイン・ディスコースの中で，没頭することを通してスキルを構築し，役割を果たす。おそらく，没頭を通して才能を発掘する最も優れた

第11章　ビジネス・ピープル

企業家は，家具製造業者カッシーナ（B&Bやフロスのように，私が言及した他の卓越した企業から独立した）の創業者であるチェーザレ・カッシーナである。カッシーナは，建築家との密接な協力を基に，ビジネスモデルを構築したイタリアで最初の企業の1つである。彼は，ミラノでピレリ・タワー（Pirelli Tower）を設計した建築家であるジオ・ポンティ（Gio Ponti）と土曜を費やし，彼が24歳のときにガエタノ・ペッシェを見出し，全く新しい探究のために月給で援助し，アフラ（Afra）とトビア・スカルパ（Tobia Scarpa）が有名になる前に長期間自宅に招き入れ，アバンギャルドな建築の展示会に参加し，マリオ・ベリーニ（Mario Bellini）やヴィコ・マジストレッティ（Vico Magistretti）の若い時に彼らと協同していた[6]。

アルベルト・アレッシィは，正しいコミュニティに没頭することの重要性を強調している。「1970年代は，非常に経験が少なかった。しかし，建築家と多くの時間を費やした。一方でソットサスと共にし，もう一方ではマリオ・ベリーニやマルコ・ザヌーゾ，アキッレ・カスティリオーニ（Achille Castiglioni），ガエ・アウレンティなど類い稀な人々と時間を費やした」。私は，アルテミデの創業者であるエルネスト・ジスモンディが，デザインを学ぶ若い学生と同じテーブルに座り，彼らのプロジェクトを議論するようなワークショップやデザインセミナーに参加しているところを見たことがある[7]。

大企業の幹部は，組織がデザイン・ディスコースに没頭しやすい雰囲気であれば，組織全体の支援を活用できる。ハーマン・ミラーのCEOであるブリアン・ウォーカーは言う。「私がCFO（Chief Financial Officer）からCEOに移るとき，デザインレビューを開始するためのチームの打ち合わせには毎回参加した。彼らの仕事を批判するためではなくオブザーバーとして，どこに進んでいくのかを理解しようと，私は現状の詳細に耳を傾けるために多くの時間を割いた。今日でさえ，近くに私たちのデザイナーがいるときは，ハーマン・ミラーの研究・デザイン・開発担当の副社長であるドン・ゴーマン（Don Goeman）は，私に1～2時間でも面会の時間があるかどうか確認する。それは何かを承認するためではない。最新のモデルに触れ，彼らが何を考えているかを

聞くためである」[8]。

「関係者の外側」にあなた自身を没頭させる

　成功する美術商と同様に，成功する経営幹部は，没頭に関する二重の戦略を持っている。一方では，慣行化されたデザイン・ディスコースに目を向け続ける。彼らは，どんな意味が支配的になり，何が現れるかについて最新の情報を持ち続けることで，提案や解釈者が本当に革新的であるか，それともすでに存在するものの複製にすぎないか理解できる。もう一方では，主な競合相手が探索していないデザイン・ディスコースの一部に自身を没頭させる。彼らは探究されていない領域を探究する。創造性に関する本は「枠の外で考える」と言うのが好きである。むしろ，これらの経営幹部は，「関係者の外で考える」ことに自身を没頭させる。

　チェーザレ・カッシーナが行ったことは，彼の産業で誰も考えたことのない場所で解釈者を探したことである。それが建築家であった。大規模なデザインのイベントに参加することで，最もよく知られたトレンドや尊敬されているデザイナーを見つけることができる。しかし，それでは新しいビジョンや才能で優位になれない。例えば，今日ではみんながミラノ，サンフランシスコ，ロンドン，コペンハーゲンを，デザイン・ディスコースが集まり，イベントが行われる主要な場所として見ている。対照的に，中国は製造業にとってだけ興味深い場所として認識されている。すなわち，中国は関係者のネットワークの外側にいるのである。しかし，ドリアデのエンリコ・アストーリは，それに対して異なった見解を持っている。「2000年以来，私はアジアが製造するための場所だけではなく，創造性の供給場所として利用するプロジェクトを注意深く見てきた。中国や他のアジアの国々は，映画産業やグラフィックや写真などの創造性が問われる産業で素晴らしいバイタリティーを発揮している。彼らは，まだデザインの領域に移行しておらず，実際にデザイナーよりアーティストが多い。しかしながら，経済，芸術，創造的能力はたびたび並行して成長する。それゆえ，私はそこでの変化にぴったりついていく」[9]。

第11章　ビジネス・ピープル

マネジャーはマネジャーである前に人間である

　2008年の1月15日午前10時，スティーブ・ジョブズは，サンフランシスコのマックワールド・カンファレンスで基調講演の絶頂の中にいる。彼は演壇に近づき，封筒を取る。そしてそこから薄いノートパソコンを取り出す。MacBook Airである。観客の息が止まる。彼は新製品のすべての機能と，薄いハードウェアの中にどのようにしてエンジニアがそれらの機能を詰め込んだのかについて，詳しく説明する。そして彼は言う。「あなたがどのようにこれを見ようと，MakBook Airで見つけられないものが1つある。それは光学ドライブである。もし，あなたがそれを必要とするのであれば，私たちはこれを提供する（外付けのCD-DVDドライブを見せる）。しかし，あなたは何を知っているだろう。私たちはほとんどのユーザーは，光学ドライブがなくて悲しむとは思っていない。光学ドライブを必要とするとも思わない。なぜならMacBook Airは，ワイヤレスマシーンとしてつくられているからだ」。

　それから彼は，アップルがデザインした，人々がワイヤレスをどのように楽しむかについてのシナリオを説明する。iTunes Storeから映画をダウンロードし，Time MachineやTime Capsuleでバックアップをとり，近くの他のパソコンのディスクにアクセスできる新しい機能でソフトウェアをインストールし，映画のコレクションはiPodに入っているからCDに焼く必要はない。講演の最後に彼はU2の「プライド（Pride）」を大きな音で流しながら舞台を降りる。これ以上適切な曲はないだろう。

プライド

　スティーブ・ジョブズのマックワールド・カンファレンスでの基調講演は，ビッグイベントであった。何千人もの聴衆と，遠隔からつないでいたより多くの人々が，家やオフィス，車でどのように音楽を聴き，映画を楽しむかについてのアップルの最新のビジョンを聞くためにそこにいる。たくさんの人々が集

まっていることが，ジョブズのスター性を明らかに示している。しかしながら，より繊細な側面が徐々に見えてくる—それは私が発見したデザイン・ドリブン・イノベーションに投資する経営幹部の共通項であった。それは製品に対する誇りである。

　あなたは多くの経営幹部が，仕事に強烈な情熱を注いでいると思っているかもしれない。しかしながら，製品についてのプライドは異なる。それはあなたが顧客や人々に提供するモノに対して誇りを持つことを示している。情熱は，あなたが行うことについて持つものである。プライドは，あなたが提供するものについてである。あなたが自分の提案を決して恥じないように，製品と経営幹部としてのビジョンの間に一貫性があることを前提とする。人々はそれを好きにはならないかもしれない。すなわち，あまりに大きすぎる一歩を踏み出している。しかし，あなたはそれにもかかわらず誇りを持ち，学習し，次回の成功に変換する準備をしている。

　私は，何人かの経営幹部が，提供するものに対して恐怖感を持っていると時々感じることがある。もし，彼らに製品やサービスに自分自身の名札を付けてみてはどうかと言ってみたとすると，彼らはおそらく断ってこう言うだろう。「私たちの製品はデザインチームの特徴を反映している」または，「私たちはユーザーの欲しいものをつくろうとしている。つまり，製品はユーザーのニーズで形成されている」。これは，もし製品が失敗したときや，ユーザーがあまり喜ばなかったときに，デザインチームやユーザー自身に責任を取らせることを意味している。しかし，スティーブ・ジョブズは「『私たちは』多くのユーザーは光学ドライブがなくて悲しむとは思っていない」と言っている。そして，彼が言ったことを前提として，製品に名札を付けている。

　スティーブ・ジョブズが行ったように華々しく製品に名札を付けないものの，デザイン・ドリブンの企業の幹部は自分が提案するものに誇りを持っている。アルベルト・アレッシィは，より謙虚に本を用いてビジョンを説明した。アレッシィは新製品を紹介する雑誌を定期的に発行している。他企業の経営幹部が企業の紹介を書いているのに対して，アルベルト・アレッシィは自ら製品

毎に説明を書き，その背後にある動機を説明している。

文化

　すべての産業や会社の経営幹部は，その製品にプライドを持つべきである。実際に，私たちが知っているように，すべての製品には意味がある。製品を通して私たちは否応なしに，一連の価値と基準であるビジョンを運ぶ。言い換えれば，製品は文化を埋め込んでいる。ゲーム機は10代を楽しませることを意味し，そこにゲーム文化の全体がある。

　意味のイノベーションを起こさないで，産業内で支配的なコンセプトに固執し，市場での既存の文化を強化する限り，あなたは心地よさ（人々はこれを求めている）を感じるかもしれない。デザイン・ドリブン・イノベーションは心地のよいものではない。それは，製品を取り巻く支配的な文化への挑戦である。経営幹部が方向性を定め，革新的な新しい製品に投資することを決めるとき，手すりはないし，言い訳もできないし，隠れる場所もない。彼は，新しい意味を受け止めるしかない。「彼」は，生活のコンテクストのビジョンを人々に提案していく。それは，必然的に彼自身のビジョンである。

　私は企業価値，ブランド価値，組織文化については参照していない。これらはすべて重要である。しかし，画期的な変化を導き運営するためには，方向性を定め，選択する人が最も重要となる。意味の急進的イノベーションについて言えば，製品の文化は，それを世に送り出す経営幹部の文化自体を反映している。

　これは大きな課題である。そして，それが，デザイン・ドリブンの企業の経営幹部がたびたび詳細までのめり込む理由である。なぜなら，これらの製品は文化（彼らの価値，基準，信念，直感）を運ぶからである。製品は彼らの名札を持ち，彼らはそれに対してプライドを持つのである。

ビジネス

　企業幹部の個人文化は，極めて優美なものではない。むしろそれは，生活の

コンテクストの中で何年もの没頭を通して構築された個人の資産である。それは，社会的な探索や実験，関係を通して無意識的に創造された，価値，基準，ビジョン，ナレッジを含んでいる。それは学校で始まった累積された投資の継続的な小さな流れから生まれ，企業環境を超えてうまくいく。そしてそれは，大きな個人の研究努力の結果である。

マネジメント理論，特にイノベーション理論は，ビジネスピープルが人間であり，それゆえに彼らが文化を持っていることを無視している。これらの理論は「文化的中立」である。または，意図的に文化的な洞察が決断に影響しないことにしようしている。この仮定では，文化はビジネスを導かず，不利益なものにさえされる。その結果，この巨大な資産は手つかずのままにされている。

私が行った研究は，個人文化がビジネスを導くことを示している。私が調査してきた会社は，何十年も繁栄し続けている。おそらく彼らは過去に時々そうであったように，未来でも苦しむだろう。しかし同時に，彼らはこれまで，ビジネスを行うための利益を生み出し，持続可能なモデルを観察するための機会を私たちに与えてきた。これらの経営幹部の多くが起業家である。彼らは自らのお金を投資してきた。それゆえ，財政的な見返りにも非常に興味を持っている。そして，彼らは，文化的中立ではないときにマネジメントの実践がより財政的に効果があることを示してきた。

本書が提供する枠組みは，本質的に人々の個人文化からどのように利益を生み出すかについて示してきた。逆に言えば，人々は利益を生み出すために文化を利用したがっている。デザイン・ドリブン・イノベーションの戦略とプロセスはその文化を育て，独特のものにし，ビジネスに結びつける。デザイン・ドリブン・イノベーションでは，まだ手がつけられていない3つの貴重な資産，3つの宝物に価値がある。

1つ目は，生活のコンテクストの中で意味に関する研究を通して構築される，企業を取り囲む「解釈者の個人文化」である。

2つ目は，企業の資産へ変換されるのをただ待っているデザイン・ディスコースとの相互作用を通して構築される，「組織の中にいる人々の個人文化」

である。

　3つ目は，没頭することを通して構築される，「経営幹部としての個人文化」である。それは何年もの研究を通して苦労して開発され，プライドを持っているが，ビジネスパーソンとして，ビジネスへの適用の仕方が分からない世界のあなたのビジョンである。あなたはビジネスと文化が異なったものであることをたびたび教えられてきた。前者はあなたの専門性に関わり，後者は私生活に関わっている。ここで提案した枠組みは，お互いを維持でき，維持し続けるべきであることを示している。なぜあなたは分裂症の性格を持たなければならないのであろうか？　結局，マネジャーはマネジャーである前に人間なのである。

【注】

1) ファデルは，最終的にiPod部門の上級副社長となった。Leander Kahney, "Straight Dope on the iPod's Birth," *Wired*, October 17, 2006, http://www.wired.com/gadgets/mac/commentary/cultofmac/2006/10/71956?currentPage=all/
2) Ibid.
3) Leander Kahney, "Inside Look at Birth of the iPod," *Wired*, July 21, 2004, http://www.wired.com/gadgets/mac/news/2004/07/64286?currentPage=all.
4) Giulio Castelli, Paola Antonelli, and Francesca Picchi, *La Fabbrica del Design: Conversazioni con i Protagonisti del Design Italiano* [The Design Factory: Conversations with the Protagonists of Italian Design] (Milano: Skira Editore, 2007).
5) 創造的な産業での美術商の役割に関するさらなる洞察は，
　Charles Kadushin, "Networks and Circles in the Production of Culture," *American Behavioral Science* 19 (1976): 769-785.
　David Hesmondhalgh, *The Cultural Industries* (London: Sage, 2002).
　を参照のこと。
6) Castelli, Antonelli, and Picchi, *La Fabbrica del Design: Conversazioni con i Protagonisti del Design Italiano*.
7) 多くのイタリアの会社（しばしば家族経営である）の構造は，関係資産の構築に適した環境をつくり出している。最高経営幹部が会社のオーナーである場合，長期間にわたり（ときには数十年にわたる）イノベーションのリーダーシップを保ち続けることで，個人的な関係への投資が累積され，没頭を容易にさせることの保証になる。家族経営は，

関係資産を世代にわたり容易に移転をすることもできる。これに関して，家具製造業者のモルテーニの会長であるクラウディオ・モルテーニ（Claudio Molteni）は次のように言っている。「私は幸運である。私が子供のとき，父と素晴らしい建築物を歩き回っていた」。

8) Peter Lawrence, "Herman Millier's Brian Walker on Design," *@issue* 12, no.1 (Winter 2007): 2-7.
9) Castelli, Antonelli, and Picchi, *La Fabbrica del Design: Conversazioni con i Protagonisti del Design Italiano*.

[付録A]

本書で紹介した企業・業種・市場

企業名	業種	国	製品 (P) サービス (S)	BtoC (C) BtoB (B)	大量生産 (M) ニッチ市場 (N)	中小企業 (SM) 大企業 (L)	章
アレッシィ	家庭用品	イタリア	P	C	N	SM	1, 3, 6, 7, 8, 11
アップル	IT	アメリカ	P, S	C	M	L	1, 3, 4, 7, 11
アプリリア	二輪車輌	イタリア	P	C	M	L	7
アルテミデ	照明	イタリア	P	C, B	N	SM	1, 2, 3, 6, 7, 8, 9
アーサー・ボネット	台所用品	フランス	P	C	M	SM	8
バリラ	食品	イタリア	P	C	M	L	7, 8, 10
バイヤーマテリアルサイエンス	原材料	ドイツ	P	B	M	L	4, 6
バング&オルフセン（B&O）	家電	デンマーク	P	C	N	L	3, 5, 7, 8
ブレンボ	制動機	イタリア	P	B	N	L	4
B&Bイタリア	家具	イタリア	P	C	N	SM	6, 7
カシオ	家電	日本	P	C	M	L	1, 4
カラーキネティクス	LED照明	アメリカ	P	B	M	SM	10
コーニング	原材料	アメリカ	P	B	M	L	4, 7
クリエイティブテクノロジー	マルチメディア	シンガポール	P	C	M	L	4

付録 A

企業名	業種	国	製品 (P) サービス (S)	B to C (C) B to B (B)	大量生産 (M) ニッチ市場 (N)	大企業 (L) 中小企業 (SM)	章
ダイヤモンド マルチメディア	マルチ メディア	アメリカ	P	C, B	M	L	4
ドリアデ	家具	イタリア	P	C	N	SM	11
デュポン	原材料	アメリカ	P	B	M	L	9
エンデモル	放送	オランダ	S	B	M	L	3
フェラーリ	自動車	イタリア	P	C	N	L	8, 10
フィアット	自動車	イタリア	P	C	M	L	5
フィラティ マクロディオ	繊維	イタリア	P	B	M	SM	10
フロス	照明	イタリア	P	C	N	SM	6, 7
ヘンケル	化粧品, 家庭用品	ドイツ	P	C	M	L	10
ハーマンミラー	家具	アメリカ	P	B	N	L	3, 7, 11
IBM	IT	アメリカ	P, S	B	M	L	10
インデシット	白物家電	イタリア	P	C	M	L	10
インテュイット	ソフトウェア	アメリカ	P, S	C, B	M	L	2, 11
カルテル	家具	イタリア	P	C, B	M	SM	2, 6, 7
LSI コーポレーション	IT	アメリカ	P, S	B	M	L	4
ルセスコ	照明	アメリカ	P	C	N	S	7
マクドナルド	食品サービス	アメリカ	S	C	M	L	2
マテリアル コネクション	原材料	アメリカ	S	B	M	SM	6, 7
マイクロソフト	IT	アメリカ	P	C, B	M	L	4

企業名	業種	国	製品 (P) サービス (S)	B to C (C) B to B (B)	大量生産 (M) ニッチ市場 (N)	大企業 (L) 中小企業 (SM)	章
モルテーニ	家具	イタリア	P	C	N	SM	6, 7, 11
ニューホールズ ウィールチェアズ	車イス	アメリカ	P	C	N	SM	6
任天堂	ゲーム機器	日本	P	C	M	L	1, 3, 4
ノキア	通信	フィンランド	P	C, B	M	L	4, 6
フィリップス	家電	オランダ	P	C, B	M	L	2, 6, 9, 10
サファリコム	通信	ケニア	S	C	M	L	2
シーハン インフォメーション システムズ	IT	韓国	P, S	C, B	M	L	4
サムスン	家電	韓国	P	C	M	L	6
スナイデロ	台所用品	イタリア	P	C	M	L	2, 7
ソニー	家電	日本	P	C	M	L	4
スターバックス	食品サービス	アメリカ	S	C	M	L	2
STマイクロ・エレクトロニクス	半導体	フランス, イタリア	P	B	M	L	4, 7
スウォッチ グループ	時計	スイス	P	C	M	L	1, 4
テキサス・インスツルメンツ	IT	アメリカ	P	C, B	M	L	3
ホールフード マーケット	小売り	アメリカ	S	C	M	L	1
ゼロックス	画像	アメリカ	P	C, B	M	L	7
ズッチ・グループ	繊維	イタリア	P	C	M	L	10

[付録B]

教育とデザイン政策への示唆

　多くの政府が，デザインのより優れた活用を支援するための政策を様々な分野で始めている。一国の経済成長におけるデザインの価値とインパクトを認め始めているということである。早い時期に動き出した国の代表がイギリスであった。1944年にデザインカウンシルを設立し，その後において先駆的な政策を進めてきた。最近ではサービス業や公共サービスにおいても，デザインの適用を強く推し進めている。（例えば，デザインカウンシルは「パブリック・サービス・バイ・デザイン」と呼ばれる新たなプログラムを始めている。病院の緊急処置室内での医療ミスの軽減や，国有郵政サービスの改善といった問題に取り組んでいる。）

　近年では，デンマーク，ノルウェーなどのスカンジナビア諸国をはじめとする他の国々，その中でも特にフィンランドが，イギリスの動きに加わり出した。フィンランドは，最初の国家デザイン戦略を2000年に立ち上げた。これは2008年に国家イノベーション戦略の主軸となった。ヨーロッパ諸国がこの分野においては進んでいるが，デザイン政策は世界中に根を張るようになっており，香港からブラジルまで，韓国からインドまで，タイからニュージーランドまでに広がっている。

　ほとんどのデザイン政策は，政府が試行錯誤を繰り返しており，未だ発展途上にある。それらの政策は通常4つの共通特徴を持っている（表A-1の左側参照）。

　1つ目は，デザイン政策は，メーカーとデザイナーのコラボレーションを推進するということである。例えば，何人かの熟練デザイナーが所与の地域に住み，地域メーカーがその才能に容易に近づけるようにお膳立てをすることで，イノベーションが興るのである。政府役人は口を揃えて，メーカーとデザイナーのコラボレーションが驚くほど強力にできたところでは，イタリアンデザ

表 A-1

デザイン政策の典型的なアプローチ（左）と，デザイン・ドリブン・イノベーションによって呼び起こされる別の展望

意味の漸進的イノベーションを支援するデザイン政策	意味の急進的イノベーションを支援するデザイン政策
コラボレーションの中心 —多ければ多いほどよい	誰とどのようにコラボレーションを行うかということの中心
ローカルなコラボレーションを促進する	グローバルなコラボレーションを促進する
企業とデザイナーのコラボレーションに焦点化	企業と多様な解釈者のコラボレーションに焦点化
ビジネスにおけるデザイナーの教育	デザインにおけるビジネスリーダーの教育

インの奇跡を再現できたかのようだったと語る。だが，これはイタリアで起こったこと，そしてデザイン・ドリブン・イノベーションのダイナミクスの不完全な解釈である。

　第7章で明らかにしたように，イタリアの成功した会社も，そうでない会社も，デザイナーとのコラボレーションはかなり行っている。成功するか否かの明暗を分けるものは，彼らが「誰と」協力したかではなく，「どのように」協力したかである。一般的なデザイナーとコラボレーションするだけでは何も変わらない。下手をすれば，さらに悪いことに，そういったデザイナーとのコラボレーションは，企業にとって損失的ですらある，なぜなら，すべてのデザイナーに才能があるわけではないからである（これはマネジャーやエンジニアなど他の職能にも言えることだが）。だから，公共政策によって企業を助けることに尽力しなければならない。企業の代わりに，彼らが求める条件に最も見合うデザイナーを探してあげるべきである。そのためには，無名だが才能のあるデザイナーを発見し，出会い，選定し，引きつける能力が必要となる。

　ノルウェーのデザインカウンシルは，この点に関して興味深い政策を実験的に施行している。メーカーに接近する際，カウンシルはイノベーションへの挑戦と機会を明確化し，メーカーの活動内容に適したデザイナーの候補をメー

カーに紹介する．紹介されたデザイナーは，それらの挑戦と機会に対する自らの解決案を提示し，メーカーはその中から最も有望なデザイナーを選ぶのである．

2つ目は，ほとんどの公共デザイン政策が，視野を絞った地域志向であるということである．政府は，地元企業と地元デザイナーのコラボレーションに限定して促進する．しかし，デザイン・ディスコースはグローバルなものである．才能ある人物は世界中に散らばっている．その企業にとっての最高の解釈者が，本部から数百マイル程度のところに住んでいるということは，あまり期待できない．革新的なイタリア家具メーカーがなすコラボレーションの46％は，外国デザイナーとのものである．それに対して，成功していないメーカーが，外国デザイナーと組んでいる割合は16％である．もっと言えば，地元デザイナーは，自分のサービスおよび地域文化や市場への洞察力を，国際的企業に売り込んだほうが，地元企業へそうするよりも多くの利益を得ることができるのである．したがって，政策というものは，グローバル・デザイン・ネットワークへの地域参加を強めることを狙うべきなのである．このアプローチは，地域的なつながりの限界をなくして，地元メーカーと地元のデザイン産業の双方を強化するものとなる．

3つ目に，公共政策は，企業がデザイナーだけとコラボレーションすることに注力しがちだということである．デザイン・ドリブン・イノベーションにおいてデザイナーが重要な役割を担うとはいえ，彼にいかなる才能があろうとも，企業は1人のデザイナーに頼りきることを控えたほうがよい．あなたはすでに見てきたはずである．様々な領域（デザイナー，他業種企業，サプライヤー，小売業者，アーティスト，社会学者など）の解釈者たちによる洞察を組み合わせることによって，新しいシナリオと急進的な新しい意味を描いた会社を．

プロセス支援のため，プロジェクト・サイエンスの我がチームと私は，政府がイノベーションに対する，より深く，多面的な洞察を促進するプログラムをつくる手伝いをした．これらのプログラムは，食料や移動手段，国内の生活様

式といった所与のコンテクストにおいて，補完的な製品とサービスを提供する地元企業を寄せ集める。それらの企業は（互いに競争し合ってはおらず）国際的で多様な解釈者たちと協力し，個々の会社では協力者や資源不足により実現し得ないような，共通のシナリオを築き上げる。どの企業も，自身の革新的製品をつくり上げるために，このシナリオを活用することができる。

最後に4つ目は，デザイン政策の多くが，教育的プログラムを通じて，デザイナーのビジネススキルの向上を目的としていることである。なぜなら，ビジネスのいろはを分かっているデザイナーは，マネジャーとより巧く協働し，きちんとしたビジネス的価値を有した製品コンセプトを提案できるからだ。デザイン学校はこの思惑を2つの方法で射止めてきた。1つは，インダストリアルデザインのコア・プログラムにいくつかの経営管理科目を含めることによって。もう1つは，もっとビジネス知識を得たいと思っているデザイナーをターゲットとした，デザインマネジメントに焦点を絞った新しいプログラムの開設である。この教育戦略は，2つの方法を近づけていき，デザイナーを実利主義に仕立て上げることで，デザイナーとマネジャーとの間での食い違いを減らそうとするものだ。しかし，このアプローチには好ましくない点もある。それは，デザイナーが，ビジネスのダイナミクスの制約を気にするようになること，そして，市場がまだ求めていない革新パターンを探索しようとしなくなることである。

私の研究（第7章を参照）で示したのは，デザイン・ドリブン・イノベーションが反対通路を行くものであるということだ。デザイン・ドリブン・イノベーションは，未来志向の研究者から生まれるが，彼らはビジネスに明るくない場合があるし，デザインを十分に理解したビジネスリーダーによって発見された者の場合もある。このギャップは「マネジャーがデザイナーに近づく」ということで縮まっていく。それを実践するマネジャーはこう語る。「人々がどのようにモノに意味を与えるかという，革新的で新しいシナリオを遠慮せずに探索せよ。ビジネスへの示唆は気にするな！それは私が考えることだ。とにかく，ユーザーにとって起こりうる新しい意味だけを考えよ」と。

それゆえ，デザイン・ドリブン・イノベーションは，デザイナーとマネジャーの教育に深い示唆を与える。一方で，それには，ユーザーがまだ求めていない経験を実現できるような革新的研究者たちからの支援が必要となる。他方では，このメカニズムのバランスを図るものとして，マネジャーにもっとデザイン能力が求められる。不運なことに，ビジネススクールはいくつかの例外を除いて，デザインの重要性を未だに理解していない。トロント大学ロットマン・ビジネススクール，コペンハーゲン・ビジネススクール（CBS），ミラノ工科大学などは理解している。

理解できないのは，デザイン・ドリブン・イノベーションには，伝統的なデザイン政策と比べて，完全に正反対の方向に根ざすような独自の政策が必要となるからだ。伝統的なデザイン政策というのは，ビジネスを意識する現地の企業とデザイナーとの間で，一般的な共同作業に焦点を当てる。その結果，ほとんどが漸進的イノベーションとなってしまい，デザインもありきたりの用途が促される傾向になる。そのような政策は，デザインの使用が未成熟な国では適している。産業の向上に拍車をかける。こうした伝統的な政策は確かに効果があり，国のデザイン能力を高めることになるが，差別化の源泉になるとは言いがたい。

デザイン・ドリブン・イノベーションを狙いとする政策は近年，注目されており，その効果も期待されている。この政策は，より伝統的なアプローチと共存でき，ビジネスリーダーにデザインを気づかせ，解釈者たちのエリート・グローバル・ネットワークへの参加を促すものとなる。こうした政策によって促進される，意味の急進的イノベーションは，現地（もしくは地域，さらには一国レベルにもその範囲は広がりうる）メーカーとデザイナーが，持続可能な競争優位を獲得できる機会を増やすものである。

訳者あとがき

　2月のコペンハーゲンは何もかもが凍りついてしまうくらいの寒さだった。私たちは，初対面のそのイタリアの紳士との大切な会話が凍りつかないように細心の注意を払っていた。
　「少し堅い話になってきたので，お酒でも軽く飲みながら話しませんか」
　会議中にもかかわらず，私たちはベルガンティ氏にこう話しかけた。予想を裏切らず，彼は快諾した。日本のおみやげとして持参した日本酒を開け，私たちは乾杯した。
　「日本でデザインという考え方は，マネジメント分野でもよく理解され体系化が進んでいるのですか？」
　外の寒さで紅潮していた私たちの頬は，アルコールによるそれに姿を変え，通訳を通したことばのやりとりもやっと角が取れてきたように感じ始めたころ，ベルガンティ氏は私たちにこう尋ねた。

　2011年2月，本書の著者ロベルト・ベルガンティ氏に面会するために，私たちはコペンハーゲン・ビジネススクール（CBS）を訪ねた（ミラノ工科大学教授のベルガンティ氏は，CBSにて客員教授も務めており，ちょうどその時コペンハーゲンに滞在していた）。
　私たちは，立命館大学経営学部において「デザインマネジメント」に関する体系的な研究を行う研究グループ「DML（Design Management Lab）」を組織し，2010年半ばより活動を行っている。近年，製品におけるかたちと機能を受け持つ狭い領域としての「デザイン」ではなく，組織の経営戦略やイノベーションにおいて「デザインの知」を活用していく動きとしての「デザインマネジメント」が注目されている。現在でも「デザインマネジメント」に関して，企業活動の現場では様々な実践が行われているが，体系的な研究はまだそう多くない。その研究を困難にしている理由として，対象領域が多岐にわた

り，そこに様々な知が複雑に絡み合っていることが考えられる。そこで，私たちは，「デザインマネジメント」に関する体系的な研究の実現をめざし，国内外の研究ネットワークの構築と，研究知見の交流・集積・発信の場づくりを積極的に行っていくことで，複雑に絡み合う様々な知を整理統合していくことを目的としている。

ベルガンティ氏が尋ねた先の問いに対して，私たちはこう答えた。
「日本でデザインという考え方は，残念ながら，まだ製品の色やかたちを扱う狭い分野でしか扱われていません。しかし，私たちはそれを狭くとらえず，特にマネジメント分野でよく理解され体系化されていく必要性を感じており，その活動を進めています」
彼は黙って深く頷いた。ことばではない。私たちは遠く離れた異国にて同志であることを理解した。

本書の冒頭では，「本書は，デザインに関する本ではない」と述べられている。しかし，私たちは，本書は十分にデザインの本であると考える。確かに現在では「デザインに関する本」と名乗ると，かたちを生成する技法や，歴史的な名作のカタログと認識されてしまうのかもしれない。このような一般的な理解と差異化するために，ベルガンティ氏は「本書は，デザインに関する本ではない」と述べているのだろう。しかし，企業のマネジメントにおいてデザインに着目することが有用であるということには，みな薄々気づき始めている。デザインを単に美しいかたちを生成する技法ということだけにとどめていては，その知見をよく利用できない。よって，デザインをどのように利用していくべきか，という観点からまとめられたものが必要とされている。現在の一般的な理解から本書が「デザインに関する本ではない」とされてしまうのはもったいない。だから，私たちは積極的に本書を「これからのデザインの本」ととらえたい。
日本語訳に関しては，できるだけ意訳を避け，原文に忠実であることを意識

した。でももし，私たちの思いを前面に出すことが許されるなら，本書の冒頭は以下のように記したい。

「本書は，<u>これまでのようなデザイン</u>に関する本ではない。デザインを狭い範囲にとどめず広範囲に利用な知見をまとめた，<u>これからのデザイン</u>の本である。」

デザインの知が持つ広範囲の有用性はまだよく実証されていない。ベルガンティ氏と私たちDMLの活動の今後に期待していただきたい。

最後に，本書の編集に尽力いただいた㈱同友館出版部の鈴木良二氏に厚くお礼申し上げる。訳出に関する議論に多くの時間を割いていただいた立命館大学大学院経営学研究科の深井弘晃さん，安藤拓生さん，福田卓哉さん，同経営学部の田中千春さん，図版データ作成に協力いただいた津村有香さん，冨田梨羅さんにも感謝したい。

2011年2月コペンハーゲンにて
（中・ベルガンティ氏，左・後藤，右・八重樫）

デザイン・ドリブン・イノベーション日本語訳，
立命館大学経営学部DML（Design Management Lab）一同
2012年，6月

索　引

【A〜Z】

B&Bイタリア　186, 234, 240
GE（ゼネラル・エレクトロニック）　75
IBM　303
IDEO　43, 207, 219
iMac　84, 219, 220, 221, 308
iPhone　146, 162, 268
iPod　21, 46, 117, 118, 146, 308, 317
MacBook Air　317
SMH　111, 115
STマイクロ・エレクトロニクス　127, 128, 129, 209, 309
Wii　20, 84, 98, 101, 104, 128, 131, 144, 145, 150
Xbox360　20, 101, 105

【あ行】

アーサー・ボネット　250, 262, 263
アキッレ・カスティリオーニ　315
アップル　2, 21, 26, 78, 84, 119, 120, 146, 162, 219, 220, 308, 317
アプリリア　202
アルキミア　235
アルテミデ　16, 19, 47, 48, 49, 86, 89, 146, 175, 176, 181, 188, 255, 257, 272, 274, 275, 276
アルド・チビチ　216
アルド・ロッシ　240, 257
アルド・ロマノ　128, 309
アルベルト・アレッシィ　72, 79, 80, 166, 230, 231, 238, 240, 252, 263, 309, 310, 312, 315
アレッサンドロ・メンディニ　70, 229, 253, 295, 302
アレッシィ　22, 70, 73, 74, 147, 148, 149, 166, 229, 240, 250, 252, 253, 263, 264, 279, 303, 304
アントニオ・チッテリオ　233, 244
アンドレア・ブランジ　256
アンナ・カステリ・フェルリエリ　59
意味の急進的イノベーション　18, 19, 31, 52, 54, 58, 71, 74, 80, 88, 89, 91, 98, 111, 119, 120, 145, 146, 209, 233, 266, 273, 281, 288, 319
岩田聡　84, 310
インデシット　297
インテュイット　55, 76, 309, 310
ヴィコ・マジストレッティ　315
ウェンデル・キャッスル　225
ウォークマン　21
ウォーホル　314
ウルム造形大学　235
ウンベルト・カッシーナ　231
エカード・フォルティン　130
エジオ・マンジーニ　42, 151, 256
エツィオ・ロンギ　236
エットーレ・ソットサス　216, 243, 253, 279
エディ・スナイデロ　309

エルネスト・ジスモンディ　16, 17, 26,
　　48, 80, 89, 141, 217, 256, 257, 309,
　　315
エンデモル　74
エンリコ・アストーリ　231, 313, 316
オズヴァルド・ボルサーニ　236

【か行】

カーティス・アボット　203
ガーネット新聞網　225
カール・ラガーフェルド　182
解釈者たち　29, 148, 167, 176, 179,
　　184, 194, 207, 254, 273, 275, 281,
　　312
ガエ・アウレンティ　181, 315
ガエタノ・ペッシェ　187, 236, 315
カッシーナ　24, 231, 243, 309, 315
カラー・キネティクス　295
カリム・ラシッド　230
カルテル　24, 58, 59, 74, 116, 186, 211
カルロッタ・デ・ベヴィラッキァ　48,
　　79, 256, 257, 272
カルロ・バラシ　236
関係資産　31, 290, 294, 300, 311
感情的デザイン　22, 74
記号の汚染　151
技術が悟る瞬間　100, 105, 117, 124,
　　130, 186, 258, 298, 302
技術的代替　115, 123, 124
技術の急進的イノベーション　33, 90,
　　98, 99, 111, 120
クオーツ・ムーブメント　108, 113, 122
クラウス・クリッペンドルフ　49
クラウディオ・デルエラ　205, 236
クラウディオ・モルテーニ　188, 232,
　　322
クラウディオ・ルーティ　211, 231, 310,
　　311
クリフォード・ギアツ　95
クレイトン・クリステンセン　51, 85,
　　168
グロリア・バーケリーニ　302
ゲームキューブ　101
ゲームボーイ・ポータブル　103
ケトル9093　145, 152, 214, 250, 264
コーニング　132, 225
コカ・コーラ　296
コダック　225, 226
コンパソ・ドーロ　35, 48, 160, 188, 229

【さ行】

差異化要因　122, 132, 133
サムスン　132, 192, 228, 309
シーハン・インフォメーション・システム
　　ズ　117
ジアムパオルプ・プロニ　122
ジアンカルロ・ファッシナ　48
ジウリオ・カステリ　59, 223, 231, 309
ジウリオ・ナッタ　59
ジェームス・アーヴィン　279
ジェネ・フランツ　83
ジオ・ポンティ　236, 315
ジオルジエッティ・ジウジアロ　156,
　　159, 214
シドニー・レビィー　51
シトロエン2CV　152, 162
ジャック・ヘルツォーク　188, 275
ジャン・ヌーヴェル　188
ジューシー・サリフ　152
ジュリオ・カステリ　236

ジョージ・イーストマン　52
ジョナサン・アイブ　220, 295
ジョバンニ・ドーシ　95
ジョルジオ・アルマーニ　305
ジョン・スカリー　308
スーザン・サンダーソン　162
スウォッチ　35, 88, 108, 144, 147, 310
スカイライン・ラボ　62
スコット・クック　296, 309
スターバックス　55
ズッチ・グループ　297, 302, 309
スティーブ・ジョブズ　3, 4, 26, 35, 84, 141, 219, 308, 310, 317, 318
ステファノ・カーマシ　267
ステファノ・ジオバンノニ　70, 82
ステファノ・マルツァーノ　277
スナイデロ　62, 207, 299, 309
スロー・フード　235
セアト・マルベーリャ　162
セイコー　34, 108
ゼネラル・マジック　308
セルジオ・マッザ　48
セレネ　57
ゼロックス　225, 226
セントロ・スチュディ・アレッシィ　73, 149, 245, 302
ソニー　20, 101, 103, 105, 119, 124, 150

【た行】

ターゲット　145, 228, 239, 252
ダイヤモンド・マルチメディア　117
ダエウー＝シボレー・マティス　158
ダニロ・アリアータ　302
タンジェリン　220

チェーザレ・カッシーナ　236, 243, 315, 316
チンクエチェント　156
ティー・アンド・コーヒー・タワーズ　74, 240
ティー・アンド・コーヒー・ピアザ　93, 222, 240, 250, 255, 260, 265, 274, 277, 279
ディーゼル　163, 164
ディーノ・ガビーナ　236
ティジオ　16, 48, 203
テキサス・インスツルメント　82, 83
テクノロジー・プッシュ・イノベーション　90, 100
デザインカウンシル　326, 327
デザイン・ディスコース　175, 178, 193, 194, 195, 204, 207, 208, 215, 219, 221, 222, 224, 228, 235, 238, 250, 276, 278, 292, 294, 316, 320
デザイン・ディレクション・ワークショップ　250, 260, 265, 301
デザイン・ドリブン・イノベーション　2, 19, 20, 27, 28, 31, 32, 33, 91, 99, 122, 142, 163, 174, 177, 194, 202, 250, 265, 272, 280, 288, 289, 296, 327, 330
デザイン・ドリブン・ラボ　297, 299, 300, 301, 302
デザイン・プッシュ　91
デザイン思考　46
デザイン態度　46
テッド・コッペル　43
デニス・サンタキアラ　256
デニロ・アリアタ　267
デビッド・ルイス　231, 240
デュポン　279

東芝　128
トーマス・エジソン　88, 220
トーマス・クーン　42
トーマス・マルドナード　45, 65
ドクター・グロブ　232
ドナルド・ウィンニコット　71, 93
トニー・ファデル　308
トビア・スカルパ　315
トム・ウォルフ　213
トヨタ　52, 87
ドリアデ　231, 313, 316
トロメオ　48, 146

【な行】

ナッティ・ザ・クラッカー　22
ニコラス・ネグロポンテ　189
ニコラス・ハイエク　108, 109, 110, 125, 144, 164, 310
ニュー・ホール・ホイールズ　193
任天堂　20, 27, 98, 127, 144, 150, 310
ノーマン・フォスター　188
ノキア　54, 185, 186, 310

【は行】

ハーバート・サイモン　45
ハーバード・ビジネススクール　9, 23, 85
ハーマン・ミラー　83, 92, 205, 233, 315
ハーレー・ダビッドソン　57, 145
バウハウス　44, 235
パオラ・アントネッリ　223
パオロ・インギレリ　256
パオロ・ベネディッティ　267
ハビエル・マリスカル　216

バリラ　206, 207, 215, 257
ハレー・ランプ　203
ハロルド・ブリッジャー　93
バング＆オルフセン（B&O）　57, 75, 81, 83, 141, 168, 234, 239, 266, 267
ハンス・ウェッツスタイン　257
ハンス・ホライン　253
パンダ（フィアット・パンダ）　150, 153, 154, 155, 159, 160
ピーター・ブテンスクホン　42
ピアッジオ　203
ピエール・ド・ムーロン　188, 275
ピエト・モンドリアン　180
ピエトロ・ペルジーノ　220
ピエリ　236
ピエルルイジ・ニコリン　256
ピエロ・アンブロジオ・ブスネッリ　186
ピエロ・ガンディーニ　68, 231, 232
ビクター・マルゴリン　50
ピニンファリナ　44, 268
ビヨンド・プリモ・ピアット　250, 258, 293
ファミリー・フォローズ・フィクション　70, 72, 147
フィアット　44, 150, 153, 154, 155
フィラチ・マクロディオ　302
フィリップス　190, 274, 277, 303
フィリップ・スタルク　59, 152, 186, 188, 202, 217, 231, 241, 244
フェデリカ・オリバース　305
フェデリコ・ブスネッリ　234
フェラーリ　157, 267, 288, 309
フォルクスワーゲン　152, 158, 162
ブックウォーム　58, 232, 268
ブラウン　52

フランコ・フォリナーリ　72
フランコ・ボシシオ　111
フランセスカ・ピッチ　223
ブランド・エクイティ　145, 146
ブリアン・ウォーカー　92, 205, 233, 315
プリウス　52, 87
ブルーノ・ムラリ　127, 128, 209
ブルーノ・ラトゥール　134
プレイステーション3　20, 101, 104
フレッシュ・サーファー　304
フレミング・モレー・ペダーセン　81, 234, 267
ブレンボ　127
フロス　188, 232, 233
文化の原型　276, 278, 280, 301
ベイヤー・マテリアル・サイエンス　125, 129, 176
ベティ・パーソンズ　314
ベネデット・ビグナ　128
ヘンケル　304
ボーダフォン　334
ポータル・プレイヤー　308
ホール・フーズ・マーケット　21
ポール・ブリードラブ　82
ポウル・アルリック・スキフター　83
ボシュロム　225
ボフィ　163
ボブ・ウッド　83
ボブ・ホール　193
ボルドーテレビ　192
ポルトローナ・フラウ　309

【ま行】

マーク・ニューソン　217

マーケット・プル・イノベーション　90
マーシャル・ワンダース　241
マイクロソフト　20, 99, 101, 104, 129
マイケル・グレイブス　145, 148, 214, 228, 230, 240, 250, 252, 253
マイケル・ファレル　235
マクドナルド　54
マジス　290
マセラティ・グヒブリ　157
マッキントッシュ　308, 310
マッダレーナ・デ・パドヴァ　236
マッティア・ディ・ローザ　70
マッテオ・トゥン　216
マテオ・ズッチ　309
マテリアル・コネクション　187, 222
マリオ・ベリーニ　315
マルコ・ザヌーゾ　236, 315
マルコ・ミグリアリ　73
ミケーレ・デ・ルッキ　214, 216, 256
ミス・シィシィ　188, 244
ミッシェル・デ・ルッチ　48
ミニ　152
ミハイ・チクセントミハイ　50
宮本茂　84, 101
ミラノ工科大学　23, 185, 213, 257
ミリアム・ミッリ　304
メイタグ　128
メタモルフォシィ　16, 47, 56, 80, 86, 117, 146, 255, 256, 265, 272, 275, 276
メモリー・コンテイナーズ　93
メンフィス　216, 253
モト6.5　203

【や行】

ヤコブ・イエンセン　75, 141
ユーザー中心のイノベーション　17, 24, 27, 202, 218, 290
ユーザー中心のデザイン　5, 85, 90, 174, 194
ユージニオ・ペラッツァ　290
ユージン・ロチバーグ−ハルトン　50
ユーロ・パレット・システム　54
ヨルマ・オリラ　310

【ら行】

ライト・フィールド　250, 255, 257, 274
ラウラ・ポリノーロ　73, 185, 302
ラストラ　233
ラックオティカ　132
ラファエロ・サンツィオ　220
ラ・マリエ　59, 186, 232
ラリー・ブランティングハム　82
リーバイ・ストラウス　163, 191
リチャード・ウィッギンス　83
リチャード・サッパー　48, 203, 254, 257
リチャード・ブキャナン　50
リチャード・フロリダ　7, 225
リチャード・マイヤー　137
ルートヴィヒ・ミース・ファン・デル・ローエ　44
ルイス・ゴースト　59
ルイス・サリバン　44
ルカ・コルデーロ・ディ・モンテゼーモロ　305, 309
ルカ・ベルセルロニ　73
ルカ・ロンコーニ　181, 182
ルセスコ　203
レイモンド・ローウィ　44
レオ・カステリ　314
レス　189
ローウィ・バーミールスチ　268
ローラ・ポリノーロ　149
ロス・ラバーグローブ　279
ロバート・ヴェンチューリ　253
ロリー・クーパー　193
ロレンゾ・ラマッチオッティ　44
ロン・アラッド　230, 232, 279, 309

【わ行】

ワールプール　207

［著者について］

　ロベルト・ベルガンティ（Roberto Verganti）は，ミラノ工科大学のマネジメントとデザインの学部で教え，経営者に対してデザインとイノベーションのマネジメント教育を行う研究組織であるMaDe In Labを指揮するイノベーション・マネジメントの教授である。彼はまた，コペンハーゲン・ビジネススクールの客員教授であり，*Journal of Product Innovation Management*の編集委員，Design Management Instituteの顧問でもある。

　20年以上の研究を通して，ベルガンティ教授は，マイクロソフトやボーダフォンなどの有力な企業から，アレッシィや任天堂のような小さく力強い企業まで，100社以上のイノベーションのプロセスとその課題を調査してきた。彼の研究は，戦略・デザイン・技術マネジメントの交点にあり，*Management Science*や*Harvard Business Review*などの学術専門誌で多くの論文を発表している。それらの研究では，経営者がいかにして画期的な戦略を考え出し，外部のイノベーターとの協力関係を築き，柔軟な開発プロセスを展開できるか，また経営者たちはそのチームの中でどのように創造性と学習を促進できるかについて新しい光明を投じてきた。イタリアでのデザインマネジメントに関する研究では，イタリアの最も権威あるデザイン賞であるCompasso d'Oroを受賞している。

　ベルガンティ教授は，会社が戦略的なイノベーションを成し遂げるための支援を行うコンサルタント組織であるPROject Science（www.pro-jectscience.com）の創設者で会長でもある。彼は，Fortune 500に名を連ねる多様な企業のシニア・マネジャーに対してアドバイスを行い，また，世界中の国や地方でデザインとイノベーション政策を支援している。メールアドレスは［roberto.verganti@polimi.it］。

［訳者紹介］

＜監訳＞

佐藤　典司（さとう　のりじ）

立命館大学経営学部教授，立命館大学経営学部DML（Design Management Lab）代表。
早稲田大学政治経済学部経済学科卒業。
1980年㈱電通入社の後，㈳ソフト化経済センター出向などを経て，1998年㈱電通を退社し現在に至る。
専門はデザインマネジメント，情報・知識価値マネジメント。
著書に『デザインに向かって時代は流れる』PHP研究所，1987年
　　　『デザインの経済学』PHP研究所，1989年
　　　『文化の時代を生きるために』PHP研究所，1992年
　　　『情報消費社会を勝ち抜くデザインマネジメント戦略』NTT出版，1999年
　　　『経済成長は，もういらない』PHP研究所，2006年
　　　『情報消費社会のビジネス戦略』経済産業調査会，2007年
　　　など。

＜監訳，訳＞

岩谷　昌樹（いわたに　まさき）

東海大学政治経済学部准教授，立命館大学経営学部DML（Design Management Lab）客員研究員。
立命館大学経営学部卒業，同大学大学院経営学研究科修了。
同大学経営学部助手，非常勤講師を経て，2003年東海大学政治経済学部専任講師，2006年同大学同学部助教授，2007年より現在に至る。博士（経営学）。
専門は国際経営論，グローバル企業の戦略，デザインマネジメント。
日本経営管理協会主催「経営管理黒澤賞」協会賞2回受賞（1999年，2002年），共立総合研究所主催「懸賞論文」優秀賞受賞（2000年），2006年度および2009年度東海大学Teaching Award優秀賞受賞。
著書に『ケースで学ぶ国際経営』中央経済社，2005年
　　　『トピックスから捉える国際ビジネス』白桃書房，2007年
　　　『グローバル企業のデザインマネジメント』学文社，2009年
　　　など約10冊。

八重樫　文（やえがし　かざる）

立命館大学経営学部准教授，立命館大学経営学部DML（Design Management Lab）事務局長。
武蔵野美術大学造形学部基礎デザイン学科卒業，東京大学大学院学際情報学府修士課程修了。
デザイン事務所勤務，武蔵野美術大学造形学部基礎デザイン学科教務補助員，デザイン情報学科助手，非常勤講師を経て，2005年福山大学人間文化学部人間文化学科メディアコミュニケーションコース専任講師，2007年立命館大学経営学部環境・デザイン・インスティテュート准教授，2012年より現在に至る。修士（学際情報学）。
専門はメディアデザイン論，デザインマネジメント，デザイン教育。
2008年度グッドデザイン賞受賞（「東京大学情報学環・福武ホール」），2010年度学校法人立命館教職員評価・報奨者。
著書に『eラーニング・マネジメント―大学の挑戦』（共著）オーム社，2003年
　　　　『学生主体型授業の冒険』（共著）ナカニシヤ出版，2010年
　　　　など。

<訳>

後藤　智（ごとう　さとる）

立命館大学経営学部DML（Design Management Lab）研究員。
立命館大学理工学部ロボティクス学科卒業，立命館大学理工学研究科修士課程修了。修士（工学）。
現在，株式会社堀場製作所勤務，立命館大学テクノロジーマネジメント研究科博士後期課程在学中。
専門はデザインマネジメント，イノベーション論。

重本　祐樹（しげもと　ゆうき）

立命館大学経営学部DML（Design Management Lab）研究員。
立命館大学経営学部環境・デザイン・インスティテュート卒業。
現在，Master of Science in Modern Japanese Studies, The Nissan Institute of Japanese Studies, University of Oxford在学中。
専門はデザインマネジメント，現代日本文化論。

2012年7月10日　第1刷発行

デザイン・ドリブン・イノベーション

　　　　　　　　　　　　　　　佐藤　典司
　　　　　　　　　監訳者　　　岩谷　昌樹
　　　　　　　　　　　　　　　八重樫　文

　　　訳　者　　立命館大学経営学部 DML

　　　　　　　　　発行者　　　脇坂　康弘

発行所　株式会社 同友館　〒113-0033 東京都文京区本郷 3-38-1
　　　　　　　　　　　　　　TEL.03(3813)3966
　　　　　　　　　　　　　　FAX.03(3818)2774
　　　　　　　　　　　　　　http://www.doyukan.co.jp/

落丁・乱丁本はお取り替えいたします。　　装丁：Primus design
ISBN 978-4-496-04879-1　　　　　　　　　西崎印刷・藤原印刷／東京美術紙工
　　　　　　　　　　　　　　　　　　　　Printed in Japan

> 本書の内容を無断で複写・複製（コピー），引用することは，
> 特定の場合を除き，著作者・出版者の権利侵害となります。
> また，代行業者等の第三者に依頼してスキャンやデジタル化
> することは，いかなる場合も認められておりません。